南京大屠杀

第二次世界大战中被遗忘的大浩劫

[美] 张纯如（Iris Chang）著
谭春霞 焦国林 译

THE RAPE OF NANKING
The Forgotten Holocaust of World War II

中信出版集团·CHINA CITIC PRESS·北京

图书在版编目（CIP）数据

南京大屠杀／（美）张纯如著；谭春霞，焦国林译 . —2 版 . —北京：中信出版社，2015.8（2025.8重印）
书名原文：The Rape of Nanking：The Forgotten Holocaust of World War Ⅱ
ISBN 978-7-5086-5338-9
Ⅰ. ①南… Ⅱ. ①张… ②谭… ③焦… Ⅲ. ①南京大屠杀—史料 Ⅳ. ①K265.606
中国版本图书馆CIP数据核字（2015）第 151352 号

The Rape of Nanking by Iris Chang
Copyright © 1997 by Iris Chang
Simplified Chinese translation copyright © 2015 by China CITIC Press
Published by arrangement with Basic Books, a member of Perseus Books Group through Bardon-Chinese Media Agency
Simplified Chinese edition © 2015 by China CITIC Press
All rights reserved
本书仅限中国大陆地区发行销售

南京大屠杀

著　者：[美] 张纯如
译　者：谭春霞　焦国林
策划推广：中信出版社（China CITIC Press）
出版发行：中信出版集团股份有限公司（北京市朝阳区东三环北路 27 号嘉铭中心　邮编　100020）
（CITIC Publishing Group）
承　印　者：北京通州皇家印刷厂

开　本：787mm×1092mm　1/16	插　页：24
印　张：19.25	字　数：205 千字
版　次：2015 年 8 月第 2 版	印　次：2025 年 8 月第 82 次印刷
京权图字：01-2012-3555	审 图 号：GS 京（2023）2209 号
书　号：ISBN 978-7-5086-5338-9 / K · 472	
定　价：49.00 元	

版权所有 · 侵权必究
凡购本社图书，如有缺页、倒页、脱页，由发行公司负责退换。
服务热线：010-84849555　　服务传真：010-84849000
投稿邮箱：author@citicpub.com

由于张纯如的这本书,"第二次南京大屠杀"为之终结。

——乔治·威尔(George Will)
《华盛顿邮报》专栏作家

    2014年2月27日,中国十二届全国人大常委会第七次会议通过决定,将每年的12月13日设立为南京大屠杀死难者国家公祭日。

THE RAPE OF
NANKING

媒体与专家热评

对历史和道德进行探究的最新力作。张纯如极其认真地对这场大屠杀的各个层面进行了详细叙述。

《芝加哥论坛报》

张纯如的外祖父母侥幸逃过了南京大屠杀……她在这部最新力作中,详细叙述了这场骇人听闻的大屠杀,她在文中表现的愤怒之情是可以理解的。

夏伟
《纽约时报》书评

该书结构严谨,可读性强……张纯如让这段鲜为人知的历史广受关注。

拉塞尔·詹金斯
《国家评论》

在这个动荡的世纪即将结束之际,张纯如的著作唤起了民众对"二战"中这段最黑暗历史的关注,为通向未来和平的道路洒满阳光。

史咏
《南京大屠杀:历史照片中的见证》的合著者

张纯如的故事读来字字惊心……书中详尽地记录了对这一道德暴行的控诉。

《休斯敦纪事报》

这是一段不容否认的历史，该书的意义在于，它既记录了人类在实施暴行时的冷酷无情，又通过个人的英雄主义行为让我们看到了希望。

《圣何塞水星报》

张纯如提醒我们，不论发生在南京的种种暴行多么令人难以理解，它们都不应该被遗忘——至少不能让遗忘危及文明自身。

《底特律新闻报》

张纯如所做的恢复历史的工作非常急迫……她的著作促使世人迈出了承认这场悲剧的重要一步。

《海湾卫士报》

正如张纯如在其著作《南京大屠杀》中所言，中国在历史上饱经苦难。该书历数了20世纪30年代后期在中国东部城市南京发生的一桩桩恐怖事件。张纯如写道，南京成为日本士兵练习屠杀手无寸铁、不予反抗的平民的实验室，随后他们将施暴范围扩展到整个亚洲。日本侵略者把受害者比作蝼蚁或畜生，他们精心策划了一场战争，导致几十万（没有人知道确切数字）中国士兵和非战斗人员死于非命。张纯如在研究过程中发现了一位出人意料的英雄人物——德国商人约翰·拉贝，他本是纳粹党的忠实成员，目睹这一暴行后一再请求阿道夫·希特勒干预并阻止日本在南京的屠杀，他本人也亲自拯救了无数南京居民的生命。张纯如还提议要求日本政府为其军队的恐怖行径进行道歉和赔偿。

亚马逊书评

这本书所描述的事件令人极为愤慨，而这正是它们不应该被忘却的原因。张纯如讲述了 1937 年 12 月日本军队侵略南京期间所犯下的战争暴行，在短短八周时间内，他们屠杀了大约 35 万士兵和平民，其中许多人在被杀害之前已经惨遭强奸或各种折磨。这本书不仅通过一张张血淋淋的图片向读者展示了日军暴行的众多细节，还讲述了一个外国人小团体中许多成员的英雄事迹，尤其是一位在中国居住了 30 年的纳粹商人拉贝的故事。他的英勇事迹具有讽刺意味，即身处邪恶阵营的人却在行善。作者在揭露了日军的暴行之后，接着讲述了这位德国商人返回德国以至战争结束之后的故事，这同样引人入胜而且讲起来轻松得多。关于拉贝的资料就足够拍一部电影了。作者讲述和分析了为什么日本政府不但允许这种暴行发生，而且至今仍在不断否认这段历史的原因。她非常客观地提醒读者说，每种文化的历史上都有过类似的暴行，南京大屠杀之所以重要，是因为遭受屠杀和折磨的人数之巨、日军的残忍之极，以及日本不断拒绝承担责任之顽固。成熟的读者会透过骇人听闻的残忍行为，去思考人类灭绝人性地对待同胞的恐怖行径和野蛮行为发生时仍然存在的英雄主义的典范。

《学校图书馆杂志》书评

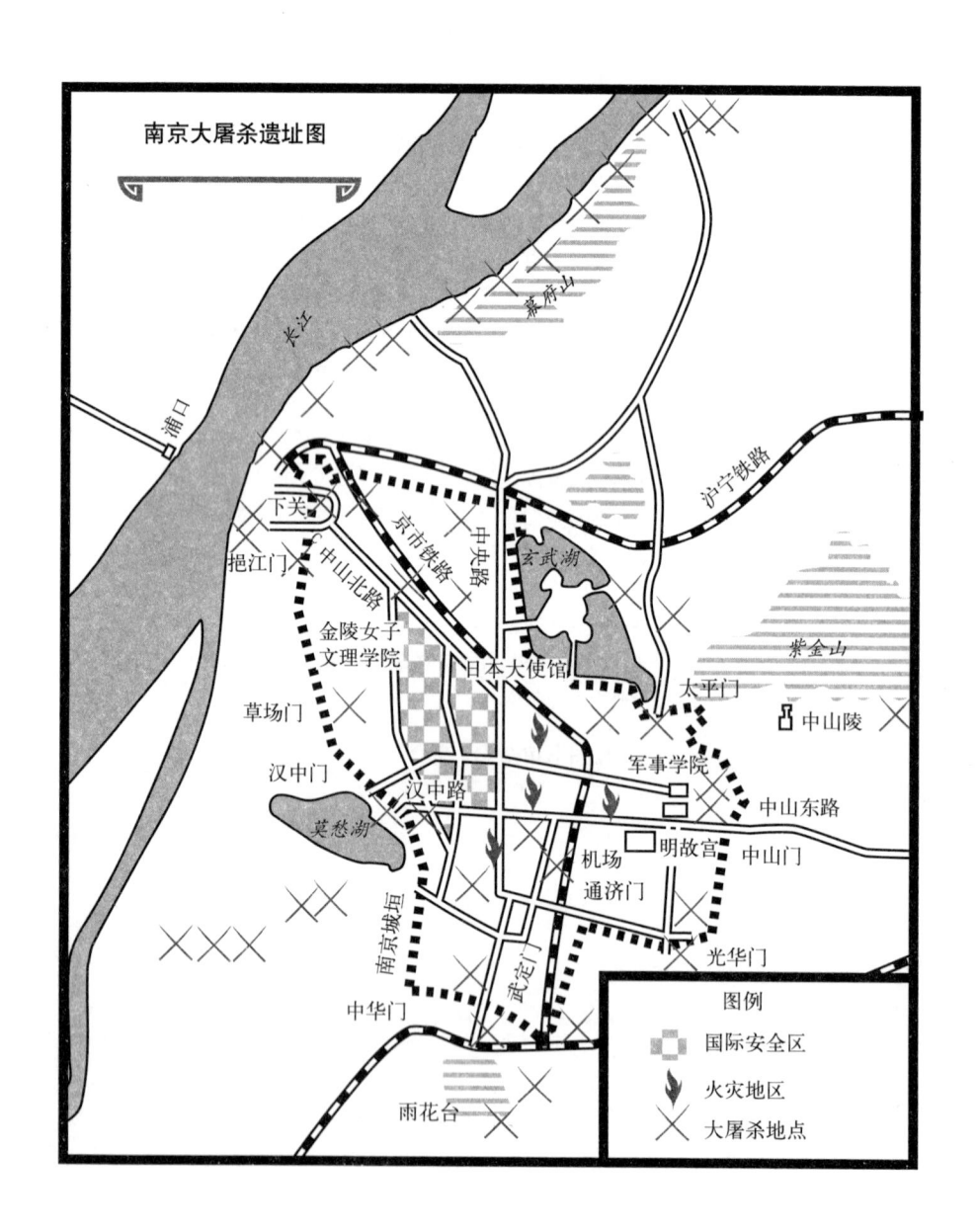

南京大屠杀遗址图

XI 中文版序
XVII 序言
XXI 前言

第一部分

第一章
003 通往南京之路

第二章
019 六周暴行

第三章
045 南京沦陷

第四章
063 恐怖的六星期

第五章
087 南京安全区

第二部分

第六章
125　世人所了解的南京大屠杀

第七章
141　日本占领下的南京

第八章
151　审判日

第九章
163　幸存者的命运

第十章
179　被遗忘的大屠杀：再次凌辱

195　结　语
207　尾　声
221　致　谢
227　参考文献

中文版序

该书中译本《南京浩劫：被遗忘的大屠杀》在 2007 年南京大屠杀 70 周年时出版，又已过了 5 年。2012 年是南京大屠杀 75 周年，在这 5 年间发生了许多事情，其中包括我为我女儿纯如写的英文回忆录《*The Woman Who Could Not Forget: Iris Chang Before and Beyond The Rape of Nanking*》已于 2011 年在美国出版，中译本《张纯如：无法忘却历史的女子》也已由中信出版社在 2012 年 4 月出版。在回忆录中我详细记载了纯如自出生到逝世的 36 年短暂的一生，其中最重要的一章即她写作该书的详细经过。中信出版社为南京大屠杀 75 周年重新翻译出版纯如的这本著作，我感到非常荣幸能为这本书再做介绍。

纯如在该书写作及出版的过程中付出许多努力，最后克服困难完成写作。纯如在 1995 年 1 月就前往美国国会图书馆及耶鲁大学神学院图书馆收集数据，后来又在 1995 年

7月到南京实地采访南京大屠杀的幸存者。回美后，纯如努力阅读整理所得资料，并在1996年找到南京大屠杀期间安全区领袖德国商人拉贝的外孙女而发现了《拉贝日记》。这一连串的活动都是纯如孜孜不倦的努力得到的结果。纯如在写作过程中阅读了大量有关屠杀的血腥的文献和报告，以致精神上受到很大的震撼，导致失眠、厌食。但她仍然坚持完成该书，她对我说："作为一个作家，我要拯救那些被遗忘的人。为那些不能发声的人发言。"这都基于她为受害者鸣不平的执着。这是她维护历史真相、保护人权的一种热忱的表现，当然亦是她本身敬业精神所至。

该书于1997年11月南京大屠杀60周年之际出版，出版后不久就登上了《纽约时报》非小说类畅销书排行榜，并达3个月之久。纯如是当时唯一一位作品登上非小说类排行榜的美籍华人，因此该书立刻受到了美国出版界的重视，在美国引起轰动。后来该书被翻译成十几种语言文字，成为一本国际畅销书。一般来说，美国主流社会对第二次世界大战中犹太人被德国纳粹迫害的历史非常熟悉，对"二战"中日本对中国及邻国的侵略历史却所知有限。这要归根于美国等西方国家对亚洲"二战"历史的漠视。该书当时是唯一用英语专题讨论南京大屠杀的书，不仅叙述了这段不为西方国家所了解的可悲历史，更重要的是深刻地揭示了人性的善与恶，批评了人类的种族歧视现象，并探讨了幸存者人权的问题，体现了纯如维护人权及正义的热忱。该书对美国等西方国家了解"二战"亚洲战场中日本侵华历史有极大的贡献和深远的影响。

1999年9月，纯如在一封给我们的家书中写道："南京大屠杀终于在世界历史中展开了自己最真实的那一页。我上周去本地的书店时，发现许多新近出版的有关20世纪历史的著作中都写到了南京大屠杀。例如，马丁·吉尔伯特在他的长篇巨著《20世纪世界史（第二卷）：1933~1951年》中就写到了南京大屠杀，甚至还直接引用了我书中的内容。彼得·詹宁斯的《世纪》以及史蒂芬·安布罗斯的《新编"二战"历史》中也提到了南京大屠杀。"该书的出版改变了西方英语国家没有关于南京大屠杀这一历史事件详细记载的状况。

另外，该书在国际上产生了影响，例如2005年，当日本想进入联合国安全理事会成为常任理事国时，在美国的华人发动签名请愿上诉运动，反对日本得到这个特殊地位。那时全球网民在短短几周内就征集了数千万签名，向联合国请愿，成功地阻止日本野心得逞。很多文章及新闻报道都提到日本没有资格进入联合国安理会的原因，就是日本仍然没有真诚地为"二战"中的战争罪行道歉。而提到日本在华罪行时，首先想到的就是南京大屠杀，许多的报道均提到纯如的这本书。由此可见，南京大屠杀惨剧因这本书在国际上已被广泛地认知。

2007年为南京大屠杀70周年，各地举办许多活动纪念这段历史。其中有加拿大制作的电影《张纯如：南京大屠杀》和美国制作的纪录片《南京》，在国际上都轰动一时。影片《张纯如：南京大屠杀》描述了纯如追溯这段历史的经过；《南京》以纪录片的形式描述南京大屠杀，是美国在线前副总裁特德·莱昂西斯受到纯如这本书的启发和感召，个人投资200万美元拍摄而成。2009年，中、德、法合作制作的电影《约翰·拉贝》是根据《拉贝日记》拍摄而成，描述拉贝在南京大屠杀期间英勇拯救并保护中国难民的事迹。《拉贝日记》是纯如1996年在德国找到拉贝的后裔而发现的，这是南京大屠杀一个非常重要的不可磨灭的证言。所有历史学家都认为，发现《拉贝日记》是纯如对这段历史最大的贡献之一。所以该书在帮助世界民众了解这段历史方面起了很大的作用。

当时纯如的这本书一出版，美国的各大报纸刊登了许多关于该书的书评，这些书评对这本书有着高度的评价。就在这本书受到许多人的推崇时，日本右翼分子感到惶恐不安，他们开始了针对这本书的一连串攻击。不久，美国国内也有一些所谓的"历史学家"开始批评这本书。但与正面的评论相比，批评的声音只是极少数。这也是一种正常的现象，是任何成功的作家（特别是成功的年轻作家）不可避免的。其实，纯如从来都未自我标榜过这本书是这段历史的权威著作。她在该书的前言中明确表示，希望这本书起到抛砖引玉的作用，引起更多的人对这段历史的兴趣，进行更多的研究。美国著名的"二战"史历史学家史蒂芬·安布罗斯曾经说："张纯如是近代最卓越的年轻历史作家，因为她懂得如何将历史写得令人感兴趣。"这大概是对该书的某些批评者最好的回答。

由于这本书的关系，我们也逐渐了解到政治的复杂和黑暗。战后，日本在美国的扶持下变为一个经济大国，并使用大量的金钱对美国各阶层展开攻势，粉饰日本是一个自由、民主及爱好和平的国家，但对"二战"中日本侵略亚洲各国的历史避而不谈，反而把日本描述为"二战"的受害者，将日本对这些国家的侵略美化为拯救这些国家。我们还要注意，有些在美国研究中国或亚洲的所谓"历史专家"其实是在日本大量的金钱资助下为日本说话的。在美国大学里有些研究中日历史的经费也是来自日本，因此他们的研究很难保持客观。这一切，当然美国应该对此负一部分责任。战后为了拉拢日本，使之成其盟国，以便对付共产主义国家，美国保持了日本战前的政治结构，并使许多日本战犯逃避了应有的惩罚，这批战犯及他们的后裔成为当今日本政治的核心人物。

写到这里使我最为痛心的是南京大屠杀75年后，日本仍然未真诚地向中国道歉和赔偿。日本右翼分子甚至否认南京大屠杀，掩盖战争罪行，篡改历史。最近日本对钓鱼岛的"购岛"及"国有化"一连串的闹剧，更可见日本军国主义阴魂不散，仍在为日本做"大东亚共荣圈"的白日梦。因此我们绝不能遗忘这段历史，而且要努力教育下一代铭记这段历史。

因为日本自"二战"后从未对自己的罪行真正地进行过道歉，所以这本书最终的目的是呼吁日本真诚地反省，力促日本对受害国家的人民道歉及赔偿。纯如在前言中用警语"忘记过去的人注定要重蹈覆辙"来警醒世界。

1994年获得诺贝尔文学奖的日本小说家大江健三郎曾在《纽约时报》上发表题为"否认历史将摧毁日本"的文章（1995年7月2日），他指出："日本一定要对（第二次世界大战的）侵略进行道歉和赔偿。这是基本的要求，大多数有良知的日本人都赞成。但是有一群保守的日本党派和商界领袖反对。"如果日本未来希望得到各国的尊敬，唯一的途径就是要对"二战"中其对邻国发动的侵略战争的罪行进行真诚的道歉和赔偿，这样中日之间才能实现真正的友好与和平。纯如在书中强调，她写本书的目的不是煽动仇日情绪，恰恰相反，是为了避免悲剧的重演，是为了包括日本人在内的全人类的未来。

纯如不幸于2004年去世。在我写的回忆录里，除了描述她一生为真理正义而奋斗，我特别强调我们应该记住的是她精彩的一生。纯如自始至终坚信一个人的力量可以改变这个世界。正如《华盛顿邮报》

的专栏作家乔治·威尔所说："由于张纯如的这本书，'第二次南京大屠杀'为之终结。"

在此寄语读者："勿忘历史，以史为鉴！"并以此与各位共勉。

张盈盈

2012 年 9 月 27 日写于美国加州圣何塞市

序言

1937年12月13日，国民党统治下的中华民国首都南京陷入日本侵略者之手。对日本而言，这是中日战争中具有决定意义的转折点，是日军在长江流域与蒋介石的军队奋战半年取得的最辉煌胜利。对中国军队而言，他们英勇保卫上海的战斗最终失败，最精锐的部队也伤亡惨重，而南京陷落则是一种痛苦甚至致命的挫败。

今天，我们或许可以把南京陷落看作一个截然不同的转折点。这座古城所遭受的劫难大大激发了中国人收复南京、赶走侵略者的决心。中国国民党政府从南京撤离后重整旗鼓，中国人民终于在1945年战胜了日本。在这8年战争期间，日本侵略者虽然占领南京，并组建了伪政府，但它从未自信、合法地统治过南京，而且永远无法迫使中国投降。对外部世界来说，南京大屠杀（很快就成为一个专有名词）使世界舆论一边倒地谴责日本，群情激奋，世所罕见。

直到今天，中国的舆论依旧如此，几代中国人都牢记日本的侵略罪行，而且日本战败后至今未对中国进行赔偿。时至今日，南京的遇难者仍然是中日关系无法回避的问题。

这是必然的。日本侵略者对南京的洗劫骇人听闻。日军大规模处决中国战俘，而且屠杀、强奸了成千上万的中国平民，这些行为违反了关于战争的所有法规惯例。更令人吃惊的是，日本侵略者的这些行为都是公开的，其目的显然是恐吓。日本侵略者在国际观察者的众目睽睽之下施暴，并对国际人士试图阻止暴行的努力置之不理。南京大屠杀并非由于暂时的军纪失控，因为大屠杀持续了7周之久。该书是世界上第一部用英语全面研究南京惨剧的专著，张纯如在这本书中极富感染力地讲述了这个恐怖的事件。

我们或许永远无法确切地了解日军指挥官及其士兵这种野蛮兽行背后的动机，但张纯如的著作比以往任何研究更透彻地分析了日军的所作所为。在此过程中，她使用了丰富的原始资料，包括无可置疑的第三国观察家（那些在日军进入南京后仍然留在这座不设防城市的外国传教士和商人）的证词：张纯如发掘的此类资料之一是约翰·拉贝的日记，事实上这些日记可以构成一个小型的档案馆。拉贝是一名德国商人和国家社会党党员，他在南京大屠杀期间领导了保护南京平民的国际行动。透过拉贝的眼睛，我们看到当时手无寸铁的南京居民在面对日本侵略者的猛烈攻击时经历了怎样的恐惧，展露了怎样的勇敢。通过张纯如的描述，我们不禁钦佩拉贝和其他国际人士的勇气。当时城市横遭兵燹，居民惨遭杀戮，医院关门，太平间尸体残骸成堆，四处混乱不堪，很多国际人士仍然冒着生命危险，试图改变这一切。同时我们也从该书中了解到，当时许多日本人知道南京正在发生的一切后为此感到羞愧。

当西方已经在很大程度上忘却南京大屠杀时，该书更加突显出其重要价值。张纯如称之为"被遗忘的大屠杀"，并将第二次世界大战中发生在欧洲和亚洲的对数百万无辜者的屠杀事件联系在一起。诚然，日本和德国只是后来才成为盟友，而且不是太好的盟友，然而发生在南京的惨案（毫无疑问希特勒也犯下过类似的罪行）却使他们成为道德上的共犯，因为他们作为暴力侵略者都犯下了后来被称为"反人类罪"的滔天罪行。美国诗人奥登曾在中日战争期间访问中国，他比大多数人更早地将发生在欧亚两洲的大屠杀联系起来：

> 从地图上的确可以找出某些地方，
> 那里的人民正笼罩在邪恶中：
> 比如南京，比如达豪。①

柯伟林
哈佛大学历史系主任
中国近代史教授

---

① From W. H. Auden, *Collected Shorter Poems, 1930-1944*(London: Faber and Faber, 1950), "In Time of War", XVI, pp.279–80.

前 言

  人类残忍对待同胞的编年史讲述着漫长而令人痛心的故事,但是如果说这类恐怖故事中人类的残暴程度确实存在差别,那么世界历史上极少有什么暴行可以在强度和规模上与第二次世界大战期间日军进行的南京大屠杀相比。

  美国人认为,第二次世界大战始于1941年12月7日,因为日军在这一天偷袭了美国海军基地珍珠港。欧洲人则将1939年9月1日德国突袭波兰视为第二次世界大战的开端。非洲人认为战争开始得更早,应从1935年墨索里尼派兵入侵埃塞俄比亚算起。然而,对于亚洲人来说,战争的发端必须追溯到日本军事控制东亚的第一步——1931年日本侵占中国东北地区并建立伪"满洲国"。

  正如希特勒统治下的德国在5年后所做的那样,从1931年开始,日本凭借其高度发达的军事机器和优等民族心态,着手建立起对邻邦的统治。中国东北地区很快陷落,随后成立的伪"满洲国"名义上由作为日本傀儡的清朝废帝溥仪统治，实际的统辖权却掌握在日本军方手中。4年后，即1935年，察哈尔省和河北省的部分地区被占领；1937年，北平、天津、上海相继沦陷，最后连南京也未能幸免。对中国而言，20世纪30年代可谓艰难时世；事实上，直到1945年第二次世界大战结束时，最后一批日军才撤出中国的领土。

毫无疑问，在日军侵略中国的14年中，出现过无数难以付诸笔墨的暴行。我们永远无法巨细无遗地了解，在千千万万个曾遭受日军铁蹄蹂躏的城市和乡村中，究竟有过多少悲惨事件。但我们清楚地知道发生在南京的惨案，因为当时的一些外国人亲眼目睹了这场惨绝人寰的大屠杀，并将消息传播给世界；另外，一些亲历大屠杀的中国人生还下来，成为目击证人。如果有哪个历史事件可以揭露肆无忌惮的军事冒险主义十恶不赦的本质，南京大屠杀是最好的例证。本书讲述的正是这个事件。

南京大屠杀的历历详情是毋庸置疑的，只有部分日本人仍在矢口否认。1937年11月，日军在成功攻陷上海之后，紧接着对中华民国首都南京发起了大规模进攻。1937年12月13日，南京沦陷后，日军在这里大肆进行了一场世所罕见的残暴屠杀。成千上万的中国年轻人被聚集并驱赶到城外，或遭机关枪扫射倒地，或被当作练习刺刀的活靶，或被浑身浇满汽油活活烧死。几个月来，南京城内尸横遍地，尸臭弥漫。多年之后，远东国际军事法庭的专家估计，从1937年年底到1938年年初，南京有超过26万名非战斗人员死于日军的屠刀之下，还有专家估计这一数字超过35万。[1]

本书仅对日本在南京的野蛮暴行进行最基本的概述，因为我的目的并不在于以数字证明南京大屠杀是人类历史上最邪恶的行径之一，而是要洞悉事件本身，从而吸取教训，以警世人。然而，不同的残暴程度通常会引起人们不同的反应，因此我必须列举一些统计数字，从而使读者对1937年发生在南京的大屠杀规模有一个基本的认知。

一位历史学家曾经估算，如果所有南京大屠杀的罹难者手牵手站在一起，这一队伍可以从南京绵延到杭州，总距离长达200英里①左右。[2] 他们身上的血液总重量可达1 200吨，他们的尸体则可以装满2 500节火车车厢。

仅从死亡人数看，南京大屠杀就已超越了历史上许多野蛮的暴行。罗马人曾在迦太基屠杀了15万人，天主教军队也曾在西班牙宗教法庭大开杀戒，但日军在南京的暴行却远甚于此。[3] 日军的所作所为甚至超越了帖木儿的暴行，后者曾于1398年在德里处死了10万名囚犯，并于1400年和1401年用这些囚犯的颅骨在叙利亚建造了两座骨塔。[4]

当然，20世纪以来用于大规模杀戮的工具获得了充分发展，希特勒杀害了600万犹太人，然而该数字是在几年之内累积而成的，日军对南京人的屠杀则集中在几个星期之内。

的确，即使与历史上最具毁灭性的战争相比，南京大屠杀也足以成为大规模赶尽杀绝的最残忍例证。为了更好地了解南京大屠杀的相对规模，我们必须再忍痛看一下其他统计数字。仅仅南京（中国的一座城市而已）的死亡人数就超过一些欧洲国家在整个第二次世界大战期间的平民伤亡总数（英国61 000人，法国108 000人，比利时101 000人，荷兰242 000人）。[5] 忆及此类事件，人们都认为战略轰炸

---

① 1英里=1 609.344米。——编者注

是造成大规模毁灭最恐怖的手段之一，然而即使是"二战"中最猛烈的空袭也无法超越日军对南京的蹂躏。南京的死亡人数很可能超过英国突袭德累斯顿过程中死于轰炸以及火灾的人数（当时国际上普遍接受的死亡人数是 225 000 人，但根据后来更客观的统计，应有 6 万人死亡，至少 3 万人受伤）。[6] 事实上，不论我们使用最保守的数字——26 万人，还是最大数字——35 万人，南京大屠杀的死亡人数都远远超过美国轰炸东京的死亡人数（据估计有 8 万~12 万人死亡），甚至超过 1945 年年底广岛、长崎两座城市在遭原子弹轰炸后的死亡人数之和（据估计分别为 14 万人和 7 万人）。[7] 每思及此，不禁惊怒交加。

我们不仅要记住南京大屠杀的死亡人数，更要记住许多罹难者被杀害的残忍手段。日军将中国人当作练习刺刀的活靶，甚至进行斩首比赛。估计 2 万~8 万名中国妇女遭到强暴。[8] 许多日本士兵在强暴中国妇女之后甚至还挖出她们的内脏，割掉她们的乳房，将她们活活钉在墙上。[9] 日军强迫父亲强暴亲生女儿，儿子强暴亲生母亲，并强迫其他家庭成员在一旁观看。日军不仅把对中国人进行活埋、阉割、器官切除以及热火炙烤当作家常便饭，还采取其他更为残忍的折磨手段。例如，用铁钩穿住舌头把整个人吊起来；把人活埋至腰部，然后在一旁幸灾乐祸地放任德国黑贝将他们撕碎。此种残暴景象实在触目惊心，甚至连当时住在南京的纳粹党人都惊骇不已，其中一位曾公开将南京大屠杀称为"野兽机器"的暴行。[10]

然而，日军在南京的暴行一直鲜为人知。与日本遭受原子弹袭击和犹太人在欧洲所遭受的大屠杀不同，亚洲以外的人几乎不知道南京大屠杀的恐怖。美国出版的大部分历史文献都忽略了这一历史事件。仔细调查美国高中的历史教科书就会发现，只有寥寥几本简略提到了南京大屠杀。面向美国公众发行的完整版或"权威版"有关第二次世界大战的历史著作中，几乎没有一本书详细地记述南京大屠杀。例如，《美国传统图片史：第二次世界大战》(The American Heritage Picture History of World War II，1966)是美国多年来最畅销的单卷本"二战"图片史图书，其中不但没有收录一张南京大屠杀的图片，甚至对事件本身只字未提。无论是在丘吉尔长达1 065页的名著《第二次世界大战回忆录》(Memoirs of the Second World War，1959)，还是亨利·米歇尔长达947页的经典之作《第二次世界大战》(Second World War，1975)中，都找不到任何关于南京大屠杀的只言片语。在格哈特·温伯格长达1 178页的鸿篇巨制《战火中的世界》(A World at Arms，1994)中，只有两处蜻蜓点水般地提到了南京大屠杀。我只在罗伯特·莱基长达998页的《摆脱邪恶："二战"传奇》(Delivered from Evil: The Saga of World War II，1987)中找到仅有的一段对南京大屠杀的论述："与松井石根领导下的日本士兵相比，希特勒领导下的纳粹所做的任何令其胜利蒙羞的丑行都相形见绌。"[11]

　　第一次听说南京大屠杀时，我还很小。事件是父母讲述的，他们在中国多年的战乱与革命中幸免于难，后来在美国中西部的大学城担任教职，得以安身立命。他们在"二战"时期的中国长大，战后先是随家人逃亡到台湾，最后来到美国的哈佛大学求学，以自然科学的学术研究为业。30年来，他们平静地生活在伊利诺伊大学厄巴纳－香槟分校，从事物理学和微生物学研究。

　　但他们从未忘却中日战争的恐怖，也希望我不要忘记这一切，他们尤其希望我不要忘记南京大屠杀。我的父母虽然不曾亲眼目睹南京大屠杀，但他们从小就听人讲述这一事件，后来又讲给我听。我从他们那里了解到，日军不仅会将婴儿劈成两半，甚至砍成三四段；曾有一段时间，长江都被鲜血染成红色。他们在讲述这些时，声音因愤怒而颤抖。他们认为，南京大屠杀是日本侵略者在这场导致1 000多万中国人丧生的战争中所犯下的最残忍暴虐的罪行。

在我的整个童年，南京大屠杀一直深藏于心，隐喻着一种无法言说的邪恶。但是，我印象中的南京大屠杀缺乏相关的人物细节和对人性层面的分析，而且我也很难分清哪些是传说、哪些是真实的历史。我在上小学时就曾遍寻当地的公共图书馆，试图查找南京大屠杀的相关资料，结果一无所获。这让我深感不解，如果南京大屠杀真的如此血腥，如我父母所描述的那样，是人类历史上极其野蛮的暴行之一，那么为什么没有人就此写一本书呢？当时我还小，并没有想到利用伊利诺伊大学丰富的图书馆资源继续研究，我对此事的好奇心很快就消失无踪了。

时光飞逝，将近20年后，南京大屠杀再度闯入我的生活。此时我已结婚，成为一名专业作家，在加州圣巴巴拉过着平静的生活。一天，我从事电影制作的朋友说，有几个东海岸的制片人最近完成了一部关于南京大屠杀的纪录片，但在该片发行时遇到了资金困难。

这件事再次点燃了我对南京大屠杀的兴趣，我很快与这部纪录片的两位制片人分别取得了联系，并在电话中谈论这一话题。其中一位叫邵子平，是一位美籍华裔的积极分子，曾在纽约为联合国工作，是纪念南京大屠杀受害者协会的前任会长，并曾协助制作了录像带《马吉的证言》(*Magee's Testament*)；另一位叫汤美如，是一位独立制片人，曾经制作并与崔明慧联合拍摄了纪录片《以天皇的名义》(*In the Name of the Emperor*)。邵子平和汤美如介绍我加入由一群积极分子组成的社交圈,他们多是第一代美籍或加拿大籍华人,跟我一样,都认为要在所有幸存的受害者去世之前让他们为南京大屠杀作证,将他们的证言整理并公之于世,甚至要求日本对南京大屠杀进行赔偿。还有人希望将他们对战争的记忆传递给子孙后代,以免北美文化的同化导致他们遗忘这段重要的历史。

世界各地的华人之间存在广阔而错综复杂的关系网络,一个促进南京大屠杀真相公之于世的草根运动应运而生。在华人聚集的城市中心区,如旧金山湾区、纽约、洛杉矶、多伦多以及温哥华,许多华人积极分子通过组织各种会议和开展教育活动,宣传日军在"二战"期间所犯下的罪行。他们在许多博物馆和学校播放或展出关于南京大屠杀的电影、录像带和照片,并在互联网上传播相关事实和图片,甚至在《纽约时报》之类的报纸上刊登整版广告。有些活动团体熟练运用科技手段,只需轻点鼠标,相关信息在世界范围内的受众就会超过25万人。

1994年12月,我参加了一次纪念南京大屠杀受害者的会议以后,儿时记忆中的南京大屠杀再也不是虚无缥缈的民间传说,而是真实确凿的口述历史。这次会议是由全球第二次世界大战史实维护联合会亚洲分会赞助的,在加州库比蒂诺举行,位于硅谷心脏地带圣何塞市的郊区。组织者在会议大厅展出了海报大小的南京大屠杀照片,其中许多是我平生所见最令人毛骨悚然的照片。尽管我从小就听过许多关于南京大屠杀的描述,但这些照片依然让人猝不及防,赤裸裸的黑白图像令人目不忍睹:遇难者或被斩断头颅,或被开膛破肚,赤身裸体的妇女在强暴者逼迫下摆出各种色情姿势,她们面部扭曲,表情痛苦,羞愤难当之色令人刻骨难忘。

在瞬间的晕眩之后,我突然意识到,不仅生命易逝,人类对待生命的历史经验同样不堪一击。我们从小就知道什么是死亡，我们中的任何人随时都可能被司空见惯的卡车或公交车撞倒，瞬间失去生命。除非怀有某种宗教信仰，我们会认为这种对生命的剥夺不仅毫无意义，而且是不公正的。但我们也都知道，应当尊重生命以及大多数人都会经历的死亡过程。如果你不幸被公交车撞倒在地，或许会有人趁火打劫偷走你的钱包，但一定会有更多的人出手相助，努力挽救你宝贵的生命。有人会替你拨打急救电话，有人会跑去通知辖区内的值班警察，还有人会脱下自己的外套，叠好后垫在你的头下。这样，即使这真的是你生命的最后时刻，你将在细微但真切的慰藉中安然离世，因为你知道有人在关心你。然而，挂在库比蒂诺墙上的图片却显示了这样一个事实：成千上万的生命由于他人一时的恶念闪现而陨落，第二天他们的死亡就变得毫无意义。纵然此类死亡不可避免，这依旧是人类历史上最恐怖的惨剧。更令人无法容忍的是，这些刽子手还侮辱受害者，强迫他们在死前承受最大限度的痛苦和羞辱。这种对待死亡及其过程的残忍和蔑视，这种人类社会的巨大倒退，将会被贬抑为没有价值的历史插曲，或者电脑程序中无足轻重的小差错，可能会，也可能不会再次引起任何问题。除非有人促使世界记住这段历史，否则悲剧随时可能重演。心念至此，我突然陷入巨大的恐慌。

　　此次会议期间，我了解到已经有两本关于南京大屠杀的小说被列入出版计划，即《天堂树》(*Tree of Heaven*)和《橙雾帐篷》(*Tent of Orange Mist*)，这两本书已经于1995年出版；同时进行的还有一部关于南京大屠杀的图片集，即《南京大屠杀图片集：一段不容否认的历史》(*The Rape of Nanking: An Undeniable History in Photographs*)，也于1996年出版。[12]但在当时，还没有人用英文写过关于南京大屠杀的长篇纪实类专著。深入钻研南京大屠杀的历史后，我发现写作此类著作所需的一手资料在美国一直存在，并且可供查阅。美国的传教士、记者和军官都曾以日记、电影和照片的形式记录下他们对这一事件的看法，以供后世参考。为什么没有其他美国作家或学者充分利用这些丰富的一手资料，写一本专门讨论南京大屠杀的纪实类专著或学术论文呢？

很快，对于为什么南京大屠杀在世界历史上一直得不到足够关注这一难以捉摸的谜题，我至少获得了部分答案。南京大屠杀之所以不像纳粹对犹太人的屠杀和美国对广岛的原子弹轰炸那样举世皆知，是因为受害者自己一直保持沉默。

但是，每一个答案都隐含着新的问题，我转而思考为什么这宗罪行的受害者没有愤而呼喊以求正义。如果他们确实大声疾呼过，那为什么他们所经受的苦难不曾得到承认呢？我很快发现，这一沉默背后是政治的操纵，有关各方的所作所为都导致了世人对南京大屠杀的忽视，其原因可以追溯到冷战时期。1949年，新中国成立以后，海峡两岸都没有向日本索取战争赔偿（如以色列向德国索取赔偿一样）。即使是美国，面对苏联和中国的共产主义"威胁"，也在寻求昔日敌人日本的友谊和忠诚，因而也未曾再提此事。因此，冷战的紧张态势使日本得以逃脱许多其战时盟友在战后经历的严厉审讯与惩罚。

另外，日本国内的恐怖气氛压制了对南京大屠杀进行自由开放的学术讨论，进一步阻碍了世人对真相的了解。在日本，如果公开表达对中日战争的真实看法（过去如此，现在依然如此）将会威胁到自己的职业生涯，甚至有丧命的危险。（1990年，长崎市市长本岛等曾因表示日本昭和天皇应为第二次世界大战负一定责任而招致枪击，被一名枪手射中胸部，险些丧命。）日本社会弥漫的这种危险气氛使许多严肃的学者不敢去日本查阅相关档案文件，进行这一主题的研究；事实上，我在南京时曾听说中国出于人身安全方面的考虑，也不鼓励学者去日本进行相关研究。在此背景下，日本之外的人就很难接触到日本国内关于南京大屠杀的一手档案资料。除此之外，大部分曾参与过南京大屠杀的日本老兵都不愿意就他们的经历接受采访，近年来，只有极少数老兵冒着被排斥甚至死亡的威胁，将他们的经历公之于世。

在写作本书的过程中，让我感到困惑和悲哀的是，日本人自始至终顽固地拒绝承认这段历史。与德国相比，日本付出的战争赔偿还不及德国对战争受害者赔偿总额的1%。"二战"之后，大多数纳粹分子即使没有因其罪行被囚禁，至少也被迫退出公众视野，而许多日本战犯则继续在产业和政府领域担任要职。在德国人不断向大屠杀遇难者道歉的同时，日本人则将本国战犯供奉在靖国神社——有位太平洋战争中的美国受害者认为该行径的政治含义就好比"在柏林市中心修建一座供奉希特勒的教堂"。[13]

在本书漫长而艰难的写作过程中，日本许多知名政客、学者和工业界领袖在如山铁证面前，仍然顽固地拒绝承认南京大屠杀这一史实，他们的这种嘴脸一直强烈激励着我。在德国，如果教师在历史课程中删除大屠杀的内容，就属违法；相比之下，几十年来，日本则系统性地将涉及南京大屠杀的内容从教科书中删除得一干二净。他们撤走博物馆中南京大屠杀的照片，篡改或销毁南京大屠杀的原始资料，避免在流行文化中提及南京大屠杀之类的字眼。甚至有些在日本深受尊崇的历史学教授也加入右翼势力，履行他们心目中的民族责任：拒绝相信南京大屠杀的报道。在《以天皇的名义》这部纪录片中，一位日本历史学家以这样的话否认整个南京大屠杀事件："即使只有二三十人被杀害，日本方面都会极为震惊。那个时代，日本军队一直都是模范部队。"正是某些日本人这种蓄意歪曲历史的企图，使我更加确信写作本书的必要性。

除上述重要因素外，本书还想回应另外一种性质完全不同的观点。近年来，真诚地要求日本正视历史并承担相应责任的努力往往被贴上"打击日本"的标签。有一点很重要，我并不想争辩说在20世纪前1/3的时间内，日本是世界甚或亚洲唯一的帝国主义势力。中国自身也曾谋求将影响力扩及邻国，甚至曾与日本达成协议，划分双方在朝鲜半岛的势力范围，正如19世纪欧洲列强瓜分在中国的商业权益一样。

更重要的是，如果将对特定时空范围内日本人行为的批评等同于对全体日本人民的批评，这不仅是对那些在南京大屠杀中被夺去生命的男女老少的侮辱，也是对日本人民的伤害。本书无意评判日本的民族性格，也不想探究什么样的基因构造导致他们犯下如此暴行。本书要探讨的是文化的力量，这种力量既可以剥去人之为人的社会约束的单薄外衣，使人变成魔鬼，又可以强化社会规范对人的约束。今天的德国之所以比过去发展得更好，是因为犹太人不容许这个国家忘记其在"二战"期间所犯下的罪行。美国南方也发展得更好，是因为它认识到奴隶制的罪恶，并承认黑人奴隶解放之后仍然存在了100年的种族歧视和隔离也是一种罪恶。日本不仅要向世界承认，更应该自我坦白，它在"二战"期间的所作所为是多么恶劣，否则日本文化就不会向前发展。事实上，我惊喜地发现，已经有相当数量的海外日本人开始参加关于南京大屠杀的会议。正如其中一人所说："我们同你们一样想了解更多真实的历史。"

本书将描述两种相互关联但又彼此独立的暴行：其一是南京大屠杀

本身，即日本以何等残暴的手段消灭了中国一座城市数十万无辜平民；其二是对大屠杀的掩饰，即日本如何在其他国家助纣为虐的沉默中企图抹杀公众对南京大屠杀的记忆，从而剥夺了受害者在历史上应有的地位。

本书第一部分的结构在很大程度上受电影《罗生门》的影响。这是一部著名的电影，改编自日本小说家芥川龙之介的短篇小说《竹林中》，讲的是10世纪发生在日本京都的一起强奸谋杀案。表面看来，这个故事很简单：一歹徒拦路抢劫了一名过路的武士及其妻子；武士的妻子遭到强暴，武士身亡。但是随着故事中不同角色从各自的视角出发分别讲述了自己的经历之后，情节变得复杂，歹徒、武士妻子、死去的武士和一名目击者对所发生的事情提供了不同版本的描述。这样，读者就必须综合考虑每个人的回忆，辨别每个人叙述的真伪。在此过程中，透过主观、通常也是自私的描述，对已发生之事做出客观的判断。这个故事应该收入所有刑事司法课程的教材，其主旨也正好切中历史研究的核心。

本书将从三种不同的视角讲述南京大屠杀。第一种是日本人的视角。日本对中国是有计划的入侵：日本军队接到何种命令，如何执行命令，以及背后的原因是什么。第二种是中国人的视角，即受害者的视角。这是当政府再也无力保护其人民免于外敌入侵时，一座城市的命运。这其中还包括个别中国人的故事，即他们在国破家亡时遭受的挫败、绝望、背叛以及侥幸苟全的故事。第三种是欧美人士的视角。至少在中国历史的某一时刻，这些外国人曾经是英雄。在南京大屠杀期间，现场为数不多的西方人冒着生命危险拯救中国平民，并将在他们眼前发生的种种暴行告知外部世界，发出警示。本书第二部分涉及的是战后时期，我们将提到欧美各国对其经历过南京大屠杀的侨民陈述的暴行是多么无动于衷。

最后，本书将探讨半个多世纪以来那些企图将南京大屠杀从公众意识中抹去的势力，以及近年来人们为挑战这种扭曲历史的行为所做的种种努力。

若想纠正这段被扭曲的历史，必须首先弄清楚，日本作为一个民族，当面对他们在大屠杀期间的历史记录时，如何控制、培养以及维持他们的集体失忆，甚至集体否认。他们对这段历史的处理并不是因其过于痛苦而在历史书上留下空白，事实上，日军在中日战争期间最丑陋的行为都被日本的学校教育全部删除。更有甚者，他们还将日本发动战争的责任隐藏在精心编造的神话中，即日本是第二次世界大战的受害者，而非煽动者。美国以原子弹轰炸广岛、长崎期间，日本人所体会到的恐怖更有助于这一神话取代历史真相。

直至今天，在世界舆论法庭面前，日本仍然对其战时行径执迷不悟、毫无悔意，甚至第二次世界大战结束后不久，尽管法庭判决其某些领导人有罪，日本仍旧处心积虑地逃避文明世界的道德审判；而德国则被迫接受这种审判，为自己在战争梦魇中犯下的罪行承担责任。日本人持续逃避审判，从而成为另一种罪行的元凶。正如诺贝尔和平奖得主埃利·威塞尔数年前警告的那样：忘记大屠杀就是二次屠杀。

南京大屠杀幸存者的人数正在逐年减少，趁这些历史见证者尚在人世，我最大的愿望就是本书能起到抛砖引玉的作用，激励其他作家和历史学家调查南京大屠杀幸存者的经历。或许更重要的是，我希望本书能唤醒日本人的良知，承担他们对南京大屠杀应负的责任。

在写作本书的过程中，我脑海中一直萦绕着乔治·桑塔亚纳的不朽警句：忘记过去的人注定要重蹈覆辙。

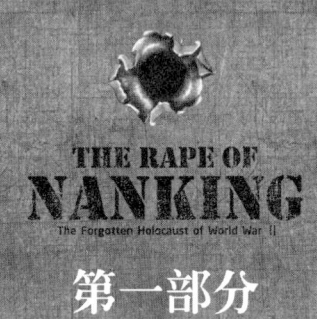

THE RAPE OF NANKING
The Forgotten Holocaust of World War II

第一部分

第一章
通往南京之路

要理解日军的所作所为，必须首先弄清楚一系列显而易见的问题。在南京大屠杀期间，究竟为什么日本士兵的行为竟然完全脱离人类基本的行为规范？为什么日本军官允许甚至鼓励这种失控行为的发生？日本政府是怎样参与其中的？日本政府对于从本国渠道获得的报告，以及来自南京大屠杀现场的外籍人士的消息，究竟有什么反应？

要回答这些问题，我们必须先从相关的日本历史谈起。

20世纪日本人的民族特质是由一种业已存在千年的社会制度锻造出来的，在这种制度下，社会等级的确立和维持是通过军事斗争实现的。千百年来，日本列岛上强大的封建诸侯雇用私人军队，彼此征战不息；到了中世纪，这些军队逐渐演变为日本社会独特的武士阶层，他们的行为规范被称为武士道（即"武士的行为规范"）。为主人效忠而死是武士一生中至高无上的荣誉。[1]

当然，这种荣誉规范绝非日本文化首创。古罗马诗人贺拉斯最先指出，每个时代的年轻人对其统治者应尽的义务是：为国捐躯，无上光荣。但是，日本的武士哲学更进一步，对军事义务的界定远远超过了正当和适宜的程度。日本武士的行为规范极为严苛，其最显著的特征是道义上的强制性，即如果没能光荣完成军事任务，就要自杀谢罪：通常情况下武士要在多个证人面前实施高度程式化而又极端痛苦的剖腹仪式，大无畏地自杀身亡。

到了12世纪，在征战中获胜的家族（因此也是最有权势的家族）首领成为幕府将军，他雇用武士向天照女神的直系后裔（广受尊崇的天皇）提供军事保护，作为交换，武士阶层获得了整个统治阶级的神圣认可。随着时间的推移，最初只有少数人遵循的武士行为规范逐渐渗透到日本文化中，成为所有年轻男子尊崇的行为典范。

时间的流逝并没有削弱武士道的精神力量，这种精神在18世纪开始崭露头角，并在现代战争实践中趋于极致。第二次世界大战期间，臭名昭著的神风突击队执行自杀式攻击任务，受过正规训练的日军飞行员驾驶飞机直接撞向美国战舰，日本青年这种誓死效忠天皇、随时准备献身的行为给西方留下了极其深刻的印象。而且并非只有少数精英团体拥有这种宁死不降的信念，人们惊讶地发现，盟军投降与战死的比例是1∶3，而日军的这一比例则是1∶120。[2]

另一种塑造日本人特殊品行的力量来自于它的孤立，既包括地理上的孤立，也包括它自身的选择。15世纪末16世纪初，日本在德川家族统治下实行闭关锁国政策，以免受外国影响。这一政策的本意是保护日本免受外部侵扰，结果却事与愿违，造成日本社会与正在发生工业革命的欧洲完全隔绝，新技术无从传入，进而威胁了国家安全。在长达250年的时间里，日本的军事技术一直停留在弓箭、刀剑和火枪的水平。

到了19世纪,事态的发展超出了日本的控制,作茧自缚的日本再也难于自保,陷入了极度不安与仇外的绝望。1852年,时任美国总统米勒德·菲尔莫尔对日本拒绝开放通商口岸的做法极为不满,加上他以"白人责任论"(当时将欧洲扩张主义合理化的一种观点)的心态看待其他社会,于是决定派海军准将马修·佩里前往日本,以终结其孤立状态。佩里仔细研究日本历史之后,决定以大规模展示美国武力的方式震慑日本,逼其就范。1853年7月,佩里派遣一支冒着滚滚黑烟的小型舰队开进东京湾——让日本人第一次见识了蒸汽动力。在六七十位手持刀枪、面目凶悍的侍卫簇拥下,佩里昂首阔步前往幕府将军的驻地,要求会见日本的最高官员。

说佩里的到访使日本人目瞪口呆实在太过轻描淡写了。关于此事,历史学家塞缪尔·莫里森这样写道:"这件事对日本人来说,就如同宇航员宣布形状怪异的外太空飞行器正在飞向地球一样。"[3] 惊慌失措的德川贵族阶级匆忙藏好细软,召开会议,准备应战。但最终他们别无选择,不得不承认美国的军事技术优势,接受美国代表团的要求。仅此一次造访,佩里不仅迫使德川幕府与美国签订各种条约,而且为英国、俄国、法国和德国等国家打开了与日本通商的大门。

此次蒙羞在日本这个傲慢的民族心中留下了强烈的怨恨。日本当权精英中,有人私下主张应该立即向西方列强宣战;其他人则主张谨慎行事,认为战争只会削弱日本而非敌国。持后一种观点的人敦促领导阶层安抚入侵者,师夷长技,徐图复仇大计:

在机械制造方面,我们还无法与外国人抗衡,因此我们应该与外国保持交流，并学习他们的军事训练方法与战术，等我们（日本）各藩属国团结如一时，就可以走出去，将外国的土地分封给战功卓著的将士；这样，士兵们将争先恐后地表现其勇猛果敢，那时我们再宣战也为时不晚。[4]

尽管这一观点并未公开流行，却颇有预见性。因为它不仅预示了日本将要奉行的战略，还描述了日本人长期以来认为生命属于国家而非个人的理念。

面对西方入侵，德川幕府没有明确的行动方案，于是决定观望等待——这一决定实际上宣告了其统治的终结。幕府将军安抚外敌的政策与其忠诚支持者的要求相距甚远，招致许多人的唾弃；鹰派反对者也对其大加批判，认为幕府将军对入侵的谨慎回应无异于向外国蛮夷卑躬屈膝。由于确信幕府已经失去统治资格，反叛各藩结成倒幕联盟，推翻了幕府统治，还大政于天皇。

1868年，倒幕联盟以天皇的名义获得胜利，并开启了一场轰轰烈烈的革命，旨在将日本从战乱频仍的封建割据国家转变为强大的现代国家。他们将崇拜太阳的神道教尊崇为国教，将天皇视为国家的象征，扫除地方割据势力，进而统一日本列岛。新的帝国政府决心最终战胜西方，因而将武士道精神作为全体公民的道德准则。来自国外的威胁进一步促进了日本列岛的精神净化，这一时代后来被称为"明治维新"。此时日本全国上下回响着各种民族主义的口号："天皇万岁！驱除蛮夷！富国强兵！"

日本以惊人的速度在科学、经济和军事等方面迅速步入现代社会。政府选派最优秀的学生到西方国家的大学学习科学技术，政府还控制本国工业，创设兵工厂，建立以征兵制为基础的国家军队，取代地方割据的封建军队。日本还仔细研究美国和欧洲各国的国防战略，其中最推崇德国的军事制度。但是，日本留学生带回的关于西方技术和国防战略的知识击碎了日本长久以来自以为是的军事优越感，使它陷入深切的不安，对将来向西方宣战时必胜的信念产生了怀疑。

到19世纪末，日本已准备好大展拳脚，在其亚洲邻邦身上测试自己的新力量。1876年，明治政府派遣一支由两艘炮艇和三艘运输舰组成的海军舰队前往朝鲜，强迫朝鲜政府签订通商条约——此举不禁使人想起当年佩里强迫日本开埠通商的情景。

随后，日本在朝鲜问题上与中国发生了冲突。1885年签订的条约虽然确立朝鲜为中国和日本的共同保护国，但10年不到，当中国试图平定一次由日本极端民族主义者支持的朝鲜叛乱时，中日两国爆发了大规模冲突。1894年9月，双方宣战后仅仅6周，日本不仅占领了平壤，而且在海战中使中国北洋舰队全军覆没。清政府被迫与日本签订了丧权辱国的《马关条约》，该条约规定，中国向日本支付2亿两白银作为战争赔款，割让台湾、澎湖列岛和辽东半岛给日本，并增开4个通商口岸。这次战争后来被称为"第一次中日战争"。

若不是后来西方列强的干预，日本原本会取得全盘胜利。战后日本获得的最大战利品——辽东半岛，由于俄国、法国和德国的干涉，最后被迫归还给中国。这进一步表明遥远的欧洲列强具有迫使日本就范的实力，但这只会激励日本痛下决心，努力在军事上超越西方宿敌。到1904年，日本的军队规模增加了1倍，并在军备制造方面实现了自给自足。

这种努力发展军事力量的战略很快得到了回报。日本扬言不仅能在战争中打败中国，而且能打败俄国。在1905年的日俄战争中，日本重新夺取了辽东半岛的旅顺港，并在对马海战中取得胜利，获得库页岛的一半和在东三省的商业优势。对一个过去50年来在西方羞辱中卧薪尝胆，同时又自尊自傲的国家而言，此次胜利实在令人振奋。当时一位陶醉于胜利喜悦的日本教授曾经这样总结整个国家的雄心壮志，宣称日本"命中注定要对外扩张并统治其他国家"。[5]

多半得益于这些胜利果实，20世纪初成为日本的黄金岁月。现代化不仅为日本赢得了军事声望，也为其带来史无前例的经济繁荣。[6]第一次世界大战为日本的钢铁和纺织品提供了广阔的市场，促进了日本对外贸易的发展。日本股价猛涨，暴发户应运而生，他们挥霍无度，纸醉金迷，举国上下一片奢靡之风。在这个男性占主导地位的社会中，即便是传统上深居简出的日本妇女，也开始在赌场和赛马场上一掷千金。

如果这种繁荣持续下去的话，日本社会或许会出现一个强有力的中产阶级，成为遏制军国主义影响的中坚力量。但事与愿违，日本很快就面临其现代历史上最具灾难性的经济危机——前期成果瞬间化为乌有，整个社会陷入饥荒的边缘，日本由此走向战争之路。

20世纪20年代，日本繁荣的黄金时代落下帷幕。第一次世界大战的结束终止了先前强大的军事用品需求，日本的军工厂纷纷倒闭，导致成千上万的工人失业。1929年，美国股市崩溃，"大萧条"随之而来，美国奢侈品消费锐减，使日本的生丝出口贸易陷入瘫痪。

同样重要的是，虽然日本在第一次世界大战中站在协约国一方，但战后10年间，许多国际商人和消费者却刻意避免购买日本商品。尽管欧洲国家和日本一样，都凭借第一次世界大战的胜利扩张了其海外帝国，但人们却以不同的眼光看待日本的扩张。由于西方人反感日本在20世纪初的几十年中对中国的侵略行为，更厌恶日本试图将西方式的殖民主义加诸它根据《凡尔赛和约》所控制的德国前殖民地，因此西方的金融家们选择将更多的资金注入中国。紧接着，由于《凡尔赛和约》规定将德国在山东半岛的权益转让给日本，中国人民群情激奋，因而发起了广泛的抵制日货运动。这些事态的发展进一步损害了日本经济，并促使日本人普遍认为自己又一次成为某种国际阴谋的受害者。

经济持续衰退对日本社会的正常运行产生了灾难性影响。企业纷纷倒闭，失业人数剧增，贫困的农民和渔民被迫卖女为妓。通货膨胀、工人罢工以及1923年9月的关东大地震使日本凄惨的社会形势进一步恶化。

在"大萧条"的背景下日益流行的一种论调是，日本需要通过征服新的领土来避免大规模饥荒。明治维新时期，日本人口只有3 000万左右，到1930年却猛增到近6 500万，[7]这使得日本越来越难以养活其全部人口。日本农民艰辛劳作，努力使粮食亩产量升至极限，截至20世纪20年代，日本的农业产量已经陷入停滞。不断增加的人口压力迫使日本每年都严重依赖粮食进口，从20世纪初到20世纪20年代末，日本的大米进口增长了2倍。过去日本一直依靠纺织品出口收入支付粮食进口费用，但20年代末纺织品出口受到国外需求萎缩和市场竞争激烈的制约，并经常遭遇歧视性关税。

20世纪20年代，日本军队中年轻的激进分子不断论证军事扩张是关系到国家存亡的关键问题。在《致青年人》(Addresses to Young Men)一书中，陆军中校桥本欣五郎写道：

为摆脱人口过剩的压力，摆在日本面前的只有三条路——向外移民、开拓国际市场以及领土扩张。由于其他国家歧视日本移民的政策，第一扇门，即向外移民，已经对我们关闭了。由于关税壁垒和通商条约的废止，第二扇门也正在关闭。当三扇门中的两扇都已对我们关闭时，日本该何去何从？[8]

另外，还有一些日本作家提到其他国家拥有的广袤领土，抱怨这是不公平的，尤其是这些国家没有做到地尽其用，未能达到日本农民实现的粮食亩产量。他们不仅觊觎中国广阔的土地资源，对西方国家同样虎视眈眈。日本军方的宣传人员荒木贞夫质问道，日本以142 270平方英里①的土地（其中相当一部分是不毛之地）养活了6 000万人口，而像澳大利亚和加拿大这样的国家，拥有300多万平方英里的土地，却只需养活650万人口，日本为什么要满足于这样的现状？[9]这种反差是不公平的。在日本的极端民族主义者看来，美国几乎将优势占尽。荒木贞夫指出，美国不仅拥有300多万平方英里的领土，还拥有约70万平方英里的殖民地。

如果说西进太平洋是19世纪美国的天定命运，那么西进中国则是20世纪日本的天定命运。对日本这个高度同质化且自尊自大的民族而言，当时动荡的中国几乎唾手可得，这个国土面积辽阔的国家不可避免地成为日本开发利用的对象。日本的野心并不仅限于亚洲。[10]1925年，即日本与美国、英国、法国和意大利签订《五国海军条约》，成为世界第三海军强国仅3年之后，日本民族激进主义分子大川周明就出版一本著作，不仅认为日本注定要"解放"亚洲，而且认为日美之间

---

① 1平方英里≈2.59平方千米。——编者注

必定会进行一场世界大战。在该书最后一章，他犹如神祇般地预言了两强之间必有一场圣战，这一预言的应验程度甚至超过了他自己的想象。他这样写道：

> 在新世界出现之前，东西方列强之间必有一场生死战。美国对日本的挑战就是这一理论的明证。亚洲最强的国家是日本，代表欧洲列强的最强国家则是美国……这两个国家之间必有一战，不过只有上帝知道战争何时爆发。[11]

到了20世纪30年代，日本政府发现自己陷入了内部政治纷争，一部分人主张运用日本学习到的最新技术建立一个更美好的社会，另一部分人则期冀利用本国军事优势对外扩张和征服邻邦。这两种势力针锋相对，相互竞逐影响力。右翼极端民族主义分子狂热支持扩张主义的意识形态，他们要求建立军事独裁政府，限制个人财产，将产权收归国有，并控制亚洲。这些主张激发了下层军官的野心，他们出身农村，年轻气盛，自然不信任东京的政客，并迫不及待地渴望飞黄腾达。尽管这些军官之间长期钩心斗角，但他们却拥有共同的理念：推翻现存社会，彻底清除一切官僚、政治和经济方面的障碍，以实现他们心目中日本的神圣使命，即报复欧洲、称霸亚洲。

这些激进主义者逐步迫使政府中的温和派做出一系列妥协，但他们仍嫌变革的节奏太慢，于是开始密谋推翻政府。1931年，他们计划发动一场政变，但后来放弃。1932年，一伙海军军官在东京发动恐怖袭击，杀死了首相犬养毅，但未能实现军事管制。

1936年2月26日，一小撮少壮派军官大胆发动兵变，并杀死数名政治要员。尽管这次政变使东京市中心瘫痪了至少三天，但最终失败，政变领导人要么被投入监狱，要么遭到处决。于是，权力从极端分子转移到政府中更谨慎的派别手中。需要指出的是，在日本有权称霸亚洲这一问题上，即使是这些行事谨慎的人也认同某些少壮派军官的狂热观点。

一些日本极端民族主义者很快意识到，若想控制中国，必须加紧行动。因为有迹象表明，中国在1895年被迫屈服于日本之后，正不断尝试增强国力——这增强了日本扩张主义者完成使命的紧迫感。

中国的确利用过去20年的时间，将自身从一个分崩离析的帝国转变为奋发图强的共和国。1911年，革命军打败了清政府的军队，终结了清朝200多年的封建统治。20世纪20年代，蒋介石领导的国民党军队成功击败了北方军阀，统一了中国，并宣布将废除列强强加给清政府的一切不平等条约作为自己的目标之一。蒋介石领导的革命发展势头良好，威胁到了日本在中国东三省和蒙古的利益。因此，日本必须在中国强大到无法征服之前迅速采取行动。

得到日本政府的同意后，日本军方对中国事务的干涉变本加厉。1928年，日本策划了对东三省统治者、东北军阀张作霖的暗杀行动，理由是他拒绝与日本全面合作。此次暗杀激怒了中国人民，他们组织了更多的抵制日货运动。

到20世纪30年代，日本对中国不宣而战。1931年9月18日，日本军队炸毁东三省南部铁路的一段铁轨，借此挑起事端。当爆炸未能导致火车出轨时，日本人又打死中国卫兵，并在世界媒体面前反诬中国军队阴谋搞破坏。这一事件给了日本人占领东三省的借口，他们将东三省改名为"满洲国"，并扶植中国末代皇帝、清朝废帝溥仪，组建傀儡政权。然而，对东三省的占领激起了中国人民的反日情绪，国民党活跃分子的激励使这种情绪更加高涨。双方情绪日益激愤，终于在1932年爆发了流血冲突。当时，上海民众袭击了5名日本僧人，并造成其中1人死亡。日本立即进行报复，轰炸上海，造成数万名平民死亡。日本在上海滥杀无辜遭到世界舆论的谴责，作为回应，日本自绝于国际社会，并于1933年退出国际联盟。

为了准备与中国不可避免的战争，日本已经花了数十年时间训练士兵。[12] 男子从小就接受训练，以备将来到军队服役。在20世纪30年代，军国主义的影响更是渗透到日本男孩日常生活的方方面面。当时日本的玩具店简直成了战争神社，玩具士兵、坦克、头盔、军装、步枪、高射炮、军号和榴弹炮等军事玩具应有尽有。关于那个时代的回忆录描述，男孩们将竹竿当步枪，在街上玩打仗游戏。有些孩子甚至将木棍捆在背后，然后把自己想象成执行自杀任务的"人肉炸弹"，认为自己是为国捐躯的英雄。

日本学校的管理方式就像小型军营。事实上，有些学校的老师就是军官，他们向学生灌输日本的天定命运就是要征服亚洲，并作为最优秀的种族屹立于世界民族之林，而协助国家完成这一神圣使命是每个学生的责任。他们教年龄较小的男孩操作木制模型枪，教年龄较大的男孩使用真枪。学校的教科书成为军事宣传的工具，有一本地理书甚至以日本的版图形状作为扩张的理由："我们看起来就像是亚洲的先锋，勇敢地朝太平洋挺进。与此同时，我们也随时准备保卫亚洲大陆免遭外部侵略。"[13] 老师还向男孩们灌输对中国人民的仇恨和蔑视，在心理层面为他们将来入侵中国做准备。有位历史学家讲述了20世纪30年代的一个故事，当老师要求一个敏感的日本男孩解剖一只青蛙时，这个男孩吓得哭了起来，老师用指关节敲着他的头大声咆哮道："一只烂青蛙有什么好哭的？你长大后还要杀死一两百个中国佬呢！"[14]

然而，尽管日本人实施了类似的各种心理训练，实际情况却复杂得多。牛津大学历史学家拉纳·米特评论道："日本社会对待中国的态度十分矛盾。与对待朝鲜的态度不同，日本对中国并非完全的种族蔑视：一方面，他们意识到中国是日本文化的重要源泉，日本文化深受中国文化的影响；另一方面，他们对中国20世纪早期的混乱局势深感恼火。策划了1931年"九一八事变"的石原莞尔曾是1911年辛亥革命的热情支持者。在1911年辛亥革命之前和之后的岁月里，包括孙中山和袁世凯在内的许多中国人都曾接受日本人的帮助和教育。日本为中国留学生提供庚款奖学金，日本同仁会帮助中国建设医院，而且像桥本时夫这样的学者更是发自内心地欣赏中国文化。日本外务省和军队中的中国问题专家通常都接受过良好的训练，并且对中国非常了解。"[15]然而，这些知识和训练却几乎没有传递给普通士兵。

日本学校中军国主义的历史根源可以追溯到明治维新时期。19世纪晚期，日本文部省大臣宣布，开办学校并不是为了学生的个人利益，而是为了实现国家利益。日本人培训小学老师的方式与训练新兵相差无几，师范生们需要住在军营中，接受严格的纪律训练和思想教化。1890年，日本天皇颁布《教育敕语》，其中规定的一系列道德规范不仅约束教师和学生，而且适用于全体日本公民。《教育敕语》其实是军人道德规范的平民版本，将服从权威和无条件效忠天皇视为最高价值。日本所有学校都将《教育敕语》副本与天皇肖像供奉在一起，每天早上拿出来宣读。据说，不止一位老师由于在宣读时偶尔结巴而自杀，为亵渎该圣文谢罪。[16]

到20世纪30年代，日本的教育体制已经变得高度军事化，并日益僵化。一位访客在参观某所日本小学时，看到数千名小学生排成完美的队形、步调一致地摇旗行进，不禁发出惊喜的赞叹。[17] 很显然，这位访客只看到了纪律和秩序，却没有看到为确立和维持这种纪律和秩序所实施的虐待。[18] 在学校，教师像具有虐待狂倾向的教官一样，打学生耳光，对学生拳打脚踢，或以竹棍、木剑抽打学生，这些都是司空见惯的现象。学生被迫背负重物，跪在地上，或赤脚站在雪地里，或围着操场奔跑，直到力竭倒地方休。当然，极少有家长出于愤怒或关切来学校参观，因而难明真相。

如果学生立志当兵，服从权威的压力就更大，恶毒的欺辱和无情的长幼尊卑秩序往往扼杀了士兵心中任何残存的个人主义精神。服从被奉为最高美德，实现自我价值的个人理想被甘当体制螺丝钉的价值观取代。为了磨灭士兵个性，使之服从集体利益，上级军官或年长老兵经常无故打新兵耳光，或者用粗重的木棍将他们痛打一顿。根据作家土盐入谷的说法，军官经常用这样的话为他们的恣意体罚辩护："我打你不是因为我恨你，而是因为我关心你。你以为我把自己累得双手红肿流血是疯了吗？"[19] 有一些年轻士兵因不堪如此残酷的肉体折磨而死，有些自杀身亡，而大多数则经受住了锻炼，仿佛淬炼过的容器，被军方灌输了一系列新的人生目标。

对有抱负的军官而言，训练更是严苛。20世纪20年代，所有军校学员都必须修完位于市谷的军事学院的全部课程。那里营房拥挤，食品匮乏，教室没有暖气，更像监狱而不是学校。日本军校的训练强度超过大多数西方军事学院[20]：在英国，一名军官在经过1 372小时的课堂学习和245小时的课外自学后就可以获得任命；在日本，标准的要求则是3 382小时的课堂学习和2 765小时的课外自学。军校学员不仅每天都要坚持超强度的身体训练，还要学习历史、地理、外语、数学、科学、逻辑、绘画和书法等课程。所有课程的终极目标都是实现完美，获取胜利。最重要的是，所有日本军校学员都必须确立"永不言败的信念"。由于军校学员对任何失败的暗示都极为恐惧，为了降低自杀率，考试结果都秘而不宣。

军事学院如同形单影只的孤岛，与世隔绝。军校学员既不享有隐私权，也缺乏任何锻炼个人领导才能的机会。他们的阅读材料都经过了仔细审查，而且他们没有任何闲暇时间。历史和科学的内容被歪曲，将日本塑造成一个超级种族。一位西方作家曾经这样评论日本军官："作为年轻人，在易受外界影响的几年间，他们与外界的一切娱乐、兴趣和影响完全隔绝，他们所生活的狭小圈子里充斥着日本是特殊民族、日本军队独一无二的宣传。日本的民族心理本来就与我们存在很大差异，这些军官的心理状态与我们差距更大。"[21]

1937年夏，日本终于成功挑起了对中国的全面战争。同年7月，一个根据条约驻扎在中国天津的日本师团在古老的卢沟桥附近进行夜间军事演习。演习休息时，有人朝黑暗中的日军射击，随后日军在点名时发现少了一名士兵。于是，日军以此为借口，在该地区显示武力。日本军队挺进到卢沟桥附近的宛平城外，要求中国守军打开城门，以进城搜寻失踪的日本士兵。在遭到中方指挥官拒绝之后，日军炮轰了宛平城。

7月底，日军已经牢牢控制了整个京津地区。8月，日军侵犯上海。第二次中日战争已经不可逆转。

但是，征服中国的困难程度远远超过日本的预期。仅驻扎在上海的中国军队就是日本海军陆战队人数的10倍，而且，中国国民党政府的领袖蒋介石派出最精锐的部队投入这场战斗。1937年8月，当士兵人数达35 000人的日本增援部队试图在上海码头登陆时，日本军队遭遇了第一次挫败。[22] 中国士兵从一座隐蔽的炮台向日军开炮，炸死数百名日军，其中包括良子皇后的一个表兄弟。在接下来的数月间，中国军队英勇地保卫着这座大都市。令日军懊恼的是，上海的战事进展缓慢，他们需要逐条街道、逐个防御工事地向前推进。

20世纪30年代，日本军方领袖就曾大放厥词，并且坚信日本将在3个月内征服全中国。[23] 然而，仅在中国一座城市的战事就从夏天拖到秋天，又从秋天拖到冬天，这彻底粉碎了日本轻易取胜的美梦。中国——这个拥有淳朴民族的国家，尽管缺乏军事科学知识，也没有接受过多少军事训练，却顽强地遏制了强大的日军。当11月上海最终沦陷时，恼羞成怒的日军心态日趋邪恶。据说当他们向南京进发时，许多人心中都燃烧着复仇之火。

第二章

六周暴行

向南京进发

日本攻占南京的战略很简单，日军利用了南京城西、北两面均被长江封锁的地理特点。古都南京位于长江拐弯处的南侧，长江水道先是向北，然后折向东流。日军只要从东南方向进行合围，就可以利用长江的天然屏障，完全包围南京，并切断中国军队撤退的后路。

1937年11月下旬，日军兵分三路向南京进发。第一支部队在长江南岸沿江西行。他们在上海西北的白茆口登陆后，蜂拥进入长江三角洲，然后沿着沪宁铁路前进，此前日本空军已经炸毁了铁路沿线的大部分桥梁。这支部队由中岛今朝吾率领，他曾经是日本陆军在法国情报处的成员，后来成为昭和天皇的秘密警察首领。提及中岛的著作不多，但只要写到他，都是一边倒的负面评价。《天皇的阴谋》(*Japan's Imperial Conspiracy*)一书作者戴维·伯格米尼称他为一个"小希姆莱，进行

日军攻占南京作战示意图

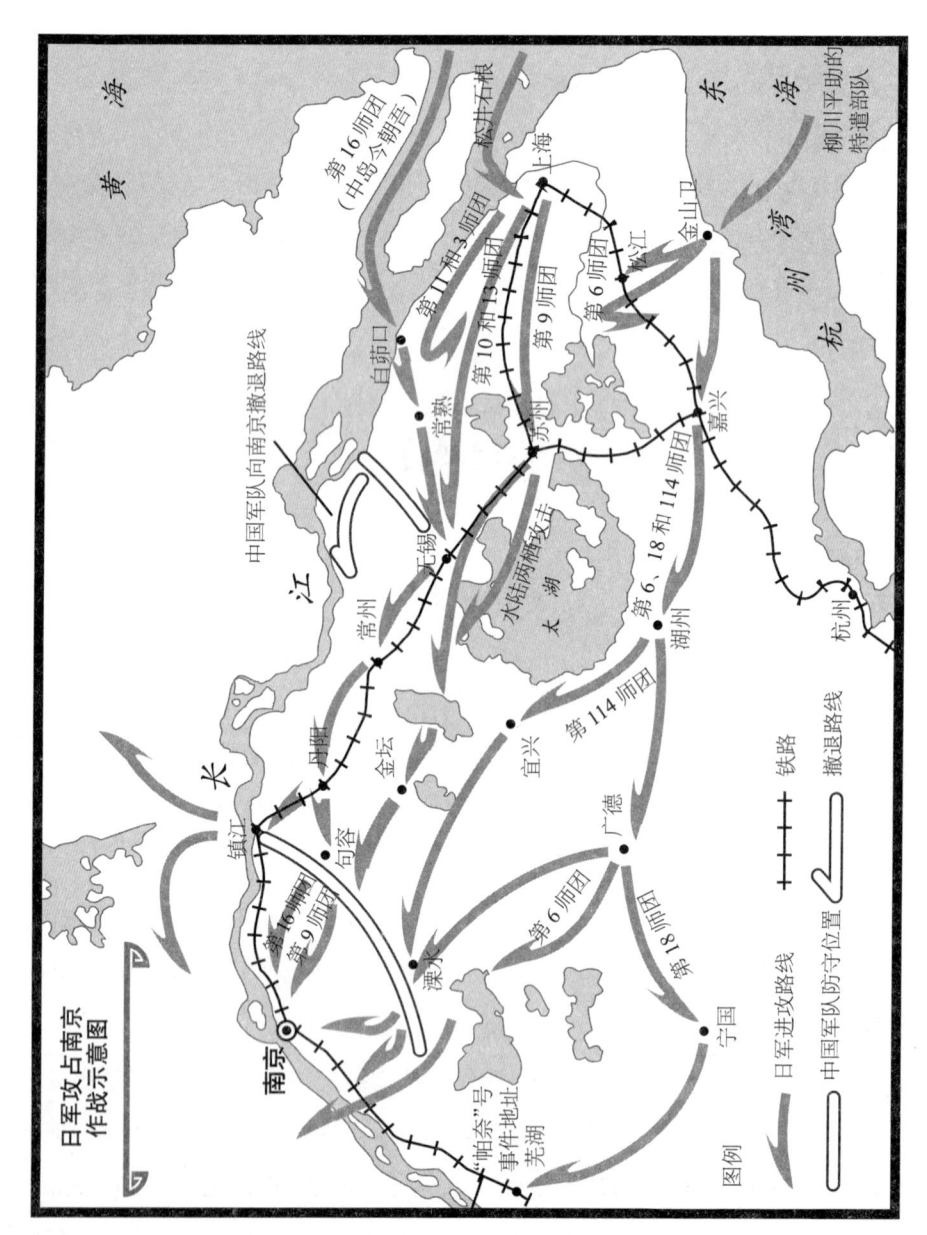

思想控制、实施恐吓和酷刑的专家"。[1] 戴维还引用其他人对中岛的描述,称他是一个虐待狂,在去南京的路上带着用于焚烧尸体的特殊汽油。中岛的传记作者木村久迩典也曾在著作中提到中岛曾被描述为"一头野兽"和"一个暴力的人"。[2]

第二支部队准备穿越位于上海和南京之间的太湖,进行大胆的水陆两栖攻击。该部队由上海向西行进,其行军路线位于中岛部队的南侧。指挥这支部队作战的是松井石根将军,他体质虚弱,身材矮小,留着小胡子,还患有肺结核。与中岛不同,松井是出身于书香门第的虔诚佛教徒,他还是日军在整个沪宁地区的总司令。

第三支部队从松井部队的南面向南京进发,然后转向,从西北方向进攻南京。领导这支部队的是柳川平助中将,他是个秃顶的矮个子,爱好文学。或许由于他涉入南京大屠杀的程度比其他大多数日本人都要深,他在侵略战争中的经历被蒙上了一层神秘的面纱。根据他的传记作者菅原丰的说法,控制日本军队的法西斯小集团将柳川视为异己,因为他曾试图阻止他们在1932年发动政变。柳川遭到军队主流势力排挤并被贬到预备役,后来成为中国战场的一名指挥官,并取得了"巨大的军事成就……其中包括包围南京",但当时日军却不允许他的名字和照片出现在公开出版物上。因此,在当时的日本,对许多人而言,柳川是"戴着面具的将军"。[3]

在日军前往南京的道路上,极少有中国人能幸免于难。日本老兵忆起当年袭击一个个小村庄的情景,他们使用木棍或刺刀,绝不放过遇到的任何人。但惨遭横祸的绝不仅仅是小村庄,一座座城市也同样被夷为平地。以位于太湖东岸的苏州为例[4],作为中国具有悠久历史的城市之一,苏州以精美的丝绸刺绣和雅致的园林庙宇闻名于世,城内的运河古桥为它赢得了"中国威尼斯"的美誉。11月19日清晨，暴雨如注，一支日本先头部队开进苏州城，他们缠着头巾，以防被中国守军认出来。一旦进城之后，日本士兵便连日烧杀抢掠，无恶不作，他们将文物古迹付之一炬，并抓走数千名中国妇女去充当性奴隶。据《密勒氏评论报》报道，日军的这次入侵使苏州人口从35万人骤减到不足500人。[5]

日军铁蹄踏过松江9周后，一位英国记者有机会记录下这个上海郊区小镇的劫后惨状。他写道："几乎所有残存的建筑都曾遭到焚毁，持续闷烧的断壁残垣冒着青烟，街道上渺无人迹，一派阴森恐怖的景象。唯一可见的活物便是野狗，它们以啃食大量的尸体为生，长得异常肥胖。这里原本人口稠密，曾经生活了大约10万人，但目前在整个松江镇，我只见到5位老人，他们躲在一座法国传教会的院子里，老泪纵横。"[6]

朝香宫鸠彦接掌兵权

更残酷的暴行还在后面。

1937年12月7日，正当日军向南京逼近时，在苏州战地指挥部的松井将军病情加重，他的慢性肺结核再次复发。松井这次病得正是时候，因为他的指挥权正要移交给一位皇室成员。[7]就在5天前，昭和天皇提拔了松井，将他调离现职，并派自己的叔父朝香宫鸠彦到前线接替他。根据新的任命，松井石根升任整个华中战场的最高统帅，而在军队中服役长达30年的朝香宫鸠彦中将则成为上海派遣军新司令，负责指挥南京周围的军队。由于是皇室成员，朝香宫手中的权力超过南京前线的所有将领。另外，由于他曾在巴黎的日本陆军情报处与中岛今朝吾和柳川平助做过3年同事，因此他与他们二人的关系比与松井石根的关系要密切得多。

昭和天皇为什么在这一关键时刻选择朝香宫接任这一要职，外人所知甚少。但伯格米尼相信，这样做是为了考验朝香宫。在1936年2月的兵变中，朝香宫曾经在某个政治议题上站在天皇的弟弟秩父宫雍仁一边，反对昭和天皇。在皇族成员名单中，昭和天皇单独挑出态度"不太好"的朝香宫，并委任他为南京地区的日军统帅，显然是要给自己的叔叔一个将功赎罪的机会。[8]

当时，这似乎是一个微不足道的人事异动，但后来的事实证明，这对成千上万中国人的性命产生了决定性影响。

当时日本军队内部究竟发生了什么，外人很难知悉，因为许多细节是多年后松井石根和他的同僚在战犯审判时交代的，或是由不可靠的消息来源提供的，因此在引用时须格外谨慎。但如果他们的证词可信的话，当时的情况大致如下。松井石根对这个新来的皇室成员存有戒心，也担心部队滥用权力，于是对进攻南京的部队发布了一系列道德命令。他命令自己的部队在距离南京城外几公里处停下重新整队，只有少数纪律严明的队伍可进入南京，完成占领。这样，日本军队"在中国人面前表现出色，从而赢得他们对日本的信任"。[9]他还召集参谋人员到他病榻前开会，并宣布：

> 皇军进入外国首都是我国历史上的一件大事……必将吸引全世界的关注。因此，进城部队必须严守纪律……要让他们事先知道需牢记的事项，以及南京城内外国人的权益所在地，绝对不能

抢劫他们。必要时，安排岗哨。抢劫和纵火，即使是无心之失，也将严惩不贷。要派宪兵队和辅助宪兵队同部队一起进城，以防发生不法行为。¹⁰

然而，正在其他地方酝酿的不法事端却超出了松井的控制。12月5日，朝香宫乘飞机离开东京，3天后到达前线。在南京东南方向约10英里的一座废弃的乡间别墅里，即距离战地指挥部不远的地方，朝香宫会见了他在巴黎时的同事中岛将军，中岛左臀部受了皮肉伤，正在康复中。中岛告诉朝香宫，日军将包围南京附近约30万中国军人，而且初步谈判表明他们打算投降。

据说在朝香宫听取报告之后，他的指挥部就发出了一系列盖有他私人印章的命令，并标有"机密，阅毕销毁"的字样。¹¹现在我们知道，这些命令明白无误地指示"杀掉所有俘虏"，但我们并不清楚这些命令是不是由朝香宫本人发出的。①

日军进入南京后，消灭所有中国战俘的命令已不仅仅停留在文件上，而是已经传达到下层军官。1937年12月13日，日军第66师团接

---

① 朝香宫的情报参谋长长勇后来向友人坦承，是他自作主张，伪造了消灭俘虏的命令。另一位日本军官田中隆吉说，1938年4月，时任日本陆军第74师团团长的长勇给他讲了一件事。长勇说，当他的部队在杭州湾登陆并向内陆挺进时，大约30万中国军人被切断了退路，于是他们放下武器，向日军投降。据说，长勇当时说道："要安置这么多囚犯，还要给他们食物，这实在是个大问题。"

随着事情的发展，长勇想到了一个解决粮食问题的权宜之计："我立即命令所有部队：'我们必须将这些俘虏全部杀掉！'我冒用军队司令官之名，用电报将这一命令发出去。命令的文本阅后即销毁。"

对于这一故事的真伪，我们永远无法知晓。但必须指出的是，即使长勇的确伪造了屠杀战俘的命令，也无法免除朝香宫对南京大屠杀的责任。因为朝香宫原本可以在大屠杀开始时就予以制止，并将其情报参谋长送交军事法庭。

到如下命令：

> 师团战斗通讯员2点接到师团司令官命令：奉本旅指挥部命令，所有战俘必须全部处死。处决方法：将战俘分为12人一组，分别枪决。
>
> 下午3点半，各连队指挥官召开会议，就如何处理战俘问题交换意见。经讨论决定，把战俘平均分配给各个连队（第一、二、四连），以50人为一组，从关押地带出去处决。第一连在驻地以南的庄稼地执行，第二连在驻地西南的低洼地执行，第四连在驻地东南的庄稼地执行。
>
> 要在战俘关押地周围严加守卫。绝对不能让战俘发现我们的意图。
>
> 各连队必须在5点之前准备完毕。5点开始执行任务，7点半之前执行完毕。[12]

该命令包含着一种残忍的逻辑。日军无法向战俘提供食物，所以必须将他们消灭。杀掉战俘不仅可以解决粮食问题，而且消除了报复的可能性。毕竟，死去的敌人无法组织游击队。

然而，执行命令却是另一回事。12月13日拂晓，当日军突破南京城墙之后，他们进入的是一座人数远远超过自身军队人数的城市。历史学家们后来估计，当时大约有50多万平民和9万中国军人受困于南京，相比之下，进攻南京的日本士兵只有5万人。中岛将军明白，屠杀成千上万名中国战俘绝非易事："处置一千、五千或是一万名俘虏，即便只是解除他们的武装都极为困难……如果他们想闹事的话，后果将不堪设想。"[13]

屠杀战俘

由于人力有限，日军很大程度上依靠欺骗策略处置战俘。这种大规模屠杀战略包括以下几步：先是向中国人假意许诺，只要停止抵抗就可以获得公正待遇，哄骗他们向日本占领军投降，然后将他们分成100~200人的小组，最后将他们诱拐到南京近郊的不同地方杀害。中岛希望，大部分战俘会由于进一步抵抗无望而失去信心，从而服从日本人的任何指令。

所有这一切比日本人的预想更容易实现。中国人只进行了零星的抵抗，事实上，这些抵抗几乎可以忽略不计。当日军围攻南京时，许多中国士兵丢下武器，试图弃城而逃，后来乖乖投降以求得较好的待遇。一旦中国士兵缴械投降并束手就擒，剩下的事情就如日本人所愿了。

日本老兵东史郎在日记中记载了南京陷落不久，数千名中国士兵向日军投降的情景，他详细描述了中国战俘任人宰割的消极状态。东史郎所在的部队原本在市区广场分派营地，部署岗哨，后来突然接到命令，要他们去围捕大约2万名战俘。

东史郎和他的同伴走了大约9英里或10英里搜寻这些战俘。夜幕降临时，他们终于听到了蛙鸣般的吵嚷声，他们还看到数不清的烟头在黑暗中闪烁。东史郎写道："场面太壮观了，7 000名战俘聚集在同一个地方，围拢在两面白旗周围，白旗挂在一根枯树枝上，在夜空中随风招展。"[14]战俘们衣衫褴褛，穿着蓝色棉布军服和外套，戴着帽子。他们有的用毯子盖住头，有的带着草席，还有的背着棉褥子。日军让战俘排成四队，队前竖着白旗。几千名中国士兵耐心地等待着日军将他们带走，并指引他们投降后下一步该怎么做。

中国军队不愿还击，这让东史郎深感惊讶。在日本的军队文化中，飞行员佩带匕首而非降落伞，他们宁可自杀也不愿被俘。对来自这种文化背景的人来说，中国人不与敌人死战到底的行为实在令人费解。当发现战俘人数远远超过征服者的人数时，他对中国人就更加鄙视了。

"当我想到他们是如何将所有能找到的白布收集在一起，挂在枯枝上，然后前来投降时，感觉真是既可笑又可悲。"东史郎写道。

> 我想，他们是怎么变成战俘的呢？他们有这么多人——超过两个师团的兵力，竟然没有尝试任何抵抗。这么多军队中一定有为数不少的军官，但没有一个留下来，我想他们都逃跑了。尽管我们有两个连的兵力，而且那7 000名战俘也已被解除了武装，但如果他们奋起反抗，我们的部队一定会被彻底消灭。

东史郎心中五味杂陈，他为中国士兵感到难过，这些人又饥又渴，饱受惊吓，不断地要水喝，并再三要求日本人保证不会杀掉他们。与此同时，他又对这些人的懦弱感到厌恶。当想到自己在先前的战斗中曾偷偷害怕过中国人时，东史郎突然感到很羞愧。他有一种自然的冲动，不由自主地贬抑这些囚犯作为人的属性，将他们比作昆虫和动物。

> 他们成群结队地往前走，如同在地上爬行的蚂蚁。他们看上去就像一伙无家可归的游民，脸上带着愚昧无知的神情。
>
> 他们就像一群愚昧的绵羊，在黑暗中交头接耳，毫无秩序地向前走。
>
> 他们一点儿都不像昨天还朝我们射击、给我们制造麻烦的敌人。实在难以置信，他们曾经是敌军的士兵。

想到我们一直在拼死与这群愚昧的奴隶战斗，感觉太傻了。他们中有些人还只是十二三岁的小男孩。

日军把囚犯带到一个邻近的村庄。东史郎回忆说，当日军要将一些中国人赶进一座大房子时，他们似乎觉得这地方像"一个大屠宰场"，因而犹豫着不肯进去。但最后他们还是屈服了，并排队进入大门。只有当日军试图拿走他们的毯子和被褥时，有些囚犯才开始与日军争夺。第二天早上，东史郎及其同伴接到去另一地区巡逻的命令。后来他们才知道，就在他们巡逻时，这些中国战俘被两三百人一组分给几个连队，然后遭到集体屠杀。

南京大屠杀期间，最大规模的一次集体屠杀战俘事件或许就发生在幕府山附近。幕府山位于南京正北方向，处在南京城和长江南岸之间；据估计，大约57 000名平民和缴械的士兵在此惨遭杀害。[15]

屠杀是在暗中分阶段进行的。1937年12月16日，《朝日新闻》的记者横田报道说，日军在乌龙山和幕府山附近的炮兵要塞俘虏了14 777名中国士兵，仅仅是囚犯人数就让日军感到棘手。横田写道："日军第一次抓获这么多俘虏，这给日军带来重大挑战，因为没有足够人手处理这些战俘。"[16]

根据日军前下士栗原吏一对该事件的记载，日军当时解除了数千名囚犯的武装，抢光他们身上除衣服和毯子之外的所有物品，然后将他们赶到一排临时搭建的草棚中。12月17日，当接到处决这群囚犯的命令后，日军极为谨慎地执行这一任务。当天早晨，日军宣布他们要把这些中国战俘转移到长江中心一个叫八卦洲的小岛上。他们对这些战俘解释说，他们的这次行动需格外谨慎，于是将俘虏的双手反绑到背后——仅这一项工作就花费了整整一上午和大半个下午的时间。

在下午 4~6 点之间，日军将这些战俘分成 4 个纵队，带他们向西行进，绕过几座小山后在江边停下来。"在经过了三四个小时的等待之后，战俘们都不知道发生了什么事，也没看到任何准备过江的迹象。"栗原吏一写道，"天色渐渐暗了下来。他们并不知道……日本士兵已经沿江对他们形成新月形包围圈，许多机关枪已经对准了他们。"[17]

当处决行动开始后，中国人想逃已经来不及了。栗原吏一写道："突然之间各种枪支同时开火，枪声和绝望的呼喊声交织在一起。"中国人在绝望中痛苦地挣扎，一小时后，人群终于变得悄无声息。之后日本士兵开始用刺刀逐个砍刺尸体，从夜晚一直持续到天亮。

如何处理尸体对日军来说是个难题。在幕府山大屠杀中，死亡人数只占日军在南京城内外屠杀人数的一小部分，但清理尸体的工作也持续了好几天。

将尸体掩埋是一种办法，但中岛将军在日记中抱怨很难找到可供掩埋七八千具尸体的巨大壕沟。将尸体火化也是一种办法，但日军通常缺乏足够的燃料。例如，幕府山大屠杀之后，日军在尸堆上浇了几大桶汽油想将其焚化，但还没等到尸体化为灰烬，汽油就用完了。"结果是剩下一大堆被烧焦的尸体。"一位日本下士写道。[18]

于是，许多尸体被直接抛入长江。

屠杀平民

当中国士兵全部投降之后，实际上已经没有人保护这座城市的平民。日本人很了解这一点，于是 12 月 13 日，日军蜂拥入城，迅速占领政府大楼、银行和仓库，并在大街上肆无忌惮地开枪杀人。许多人在逃跑时从背后遭到射杀。日军使用机关枪、左轮手枪和步枪，向聚集在中山北路和中路以及附近巷弄的伤兵、老妇和儿童开火。日军还在城市的各个角落屠杀中国平民：无论在大街小巷、在防空洞和政府大楼，还是在城市广场上，他们到处杀人。一个个受害者尖叫着倒在日军铁蹄下，痛苦地呻吟着，这座沦陷之都的大街小巷处处血流成河，其中许多鲜血来自那些奄奄一息、无力逃跑的人。[19]

当日军在南京挨家挨户地搜寻中国士兵时，他们也有组织地屠杀了这座城市的居民。除此之外，他们还屠杀南京市郊和附近农村的中国人。无论在城墙外、在长江边（江水已被鲜血染红），还是在池塘或湖边、在山丘上，到处尸体成堆。[20] 在南京附近的村庄，日军会因怀疑路人曾经当过兵，而向任何年轻男子开枪。日军还杀害那些不可能是中国士兵的人，如老人和妇女，只要他们对日军用日语发出的"这边走"或"那边走"的命令表示犹豫或不解，就会惨遭杀害。

在12月的最后10天里，日军的摩托部队开始在南京巡逻，与此同时，荷枪实弹的日本士兵把守着所有街道、大路和小巷的入口。日军挨家挨户地要求市民打开大门欢迎胜利之师。然而店主刚一顺从，日军立即向他们开火。日军用这种方式屠杀了数以千计的市民，然后有计划地洗劫了他们的商店，并将那些对自己没用的东西付之一炬。

日本记者

这些暴行也使许多随军到南京的日本记者震惊不已。[21]《每日新闻》的一名记者亲眼看到，日军让中国囚犯在中山门附近的城墙顶上站成一排，然后用步枪上的刺刀向他们猛刺过去，这一情景让他惊恐万分。这位记者写道："囚犯们一个接一个地摔落到城墙外，鲜血四溅。这种阴森的气氛不禁让人毛骨悚然、四肢发抖。我茫然地站在那里，不知所措。"[22]

不止他一个人有这种反应，许多记者（甚至是经验丰富的战地记者）也对这种毫无节制的暴力行为感到恐惧，于是他们将自己强烈的感受付诸笔墨，公开出版。一位日本随军记者今井正冈写道：

> 在下关码头，尸体堆成了黑乎乎的小山。50~100人在那里干苦力，将尸体拖下来抛入长江。尸体还滴着血，甚至有人还活着，四肢抽搐，并发出微弱的呻吟。苦力们一声不吭地忙碌着，仿佛在演一出哑剧。黑暗中，人们几乎看不到长江对岸。但在幽暗的月光下，码头上竟然有一大片闪着微光的泥迹。天啊！那里全是血！
>
> 过了一会儿，苦力们已经将所有尸体都投入长江，于是日本士兵让他们沿江站成一排。然后我听到了机关枪"砰砰砰"的响声。苦力们向后倒去，跌入长江，被汹涌的怒涛吞没。哑剧到此结束。
>
> 据现场的一位日本军官估计，这次大约有2万人被杀。[23]

日本随军记者小俣行男曾经目睹中国战俘被带到下关后排着队沿江站立的情景。他写道：

> 第一排先被砍头，第二排的人被迫将这些无头尸体投入江中，然后他们自己也人头落地。屠杀一直从早上持续到夜晚，但日军用这种方式只杀了2 000人。第二天，他们就厌倦了这种杀人方

式，于是便架起机关枪。其中两挺机关枪以交叉火力向排成队的战俘扫射。"砰！砰！砰！砰！"板机扣动了。战俘们纷纷跳入长江逃命，但没有一个人能成功游到对岸。[24]

日本摄影记者河野公辉写道：

在举行"入城式"庆典之前，我看到长江上有50~100具浮尸顺江而下。他们是在战斗中阵亡，还是投降后被杀？抑或他们是惨遭屠戮的平民？

我记得南京城外曾有一个小池塘，它看上去就像一片血海——色彩绚丽、凄艳绝伦。如果我有彩色胶卷就好了……那将是一张多么震慑人心的照片啊！[25]

另一位在南京的日本随军记者佐佐木元政评论道："我曾在东京大地震时见过成堆的尸体，但那根本无法与南京的惨状相比。"[26]

强暴妇女

接下来，日军开始将注意力转向妇女。

"妇女遭受的苦难最为深重。"日军驻南京第114师团的一名士兵田所耕三回忆说，"妇女不论老幼，都逃脱不了被强暴的命运。我们从下关派出运煤车，到南京的大街小巷和附近村庄中抓回许多妇女。然后我们将每个妇女分配给15~20名日本士兵，任由他们奸淫凌辱。"[27]

仍然健在的日本老兵称，日军曾正式宣布强暴敌国妇女为非法行为。[28]然而，强奸在日本的军事文化和迷信中有着根深蒂固的影响，因而没有人认真执行这项规定。许多人相信强奸处女能够让他们在战斗中表现更神勇，有些士兵甚至随身佩戴着用受害者的阴毛制成的护身符，他们相信这些护身符具有使他们免于受伤的魔力。[29]

军队禁止强奸的政策只是起到了鼓励士兵在强奸妇女后将她们杀死的作用。在为拍摄纪录片《以天皇的名义》所进行的一次采访中，日本老兵东史郎直言不讳地谈到日军在南京实施强奸并将受害者杀害的过程：

> 我们先是对她们说一些淫秽的话，像是"屁看看"，意思是"让妇女张开大腿看她们的私处"。那时，中国妇女不穿内裤，只穿外裤，然后用一根细绳系住，她们不用腰带。所以我们只要扯掉细绳，她们的臀部便暴露无遗，于是我们就"屁看看"。我们先将她们调戏一番，然后就会有人说"今天该我泡澡"之类的话，轮奸开始了。如果只是强奸她们的话，倒也没什么。当然我不该这样说。我们通常都会将她们刺死，因为死人不会告发我们。[30]

当谈到这个问题时，田所耕三同东史郎一样坦率。"强奸后，我们还要杀死她们。"他回忆说，"强奸后只要一放开她们，有些妇女就会拔腿而逃。于是我们就'砰'的一枪从背后射击，将她们解决掉。"[31] 仍然健在的老兵回忆说，许多日本士兵对此没有丝毫负罪感。"或许在强奸时，我们把她看作一个女人。"东史郎写道，"当杀掉她时，我们只是把她当作猪一般的动物而已。"[32]

不仅士兵如此，各级军官也都荒淫不羁。（甚至连日军第6师团师团长谷寿夫这样的高级将领，后来也被发现在南京对大约20名妇女犯有强奸罪。[33]）一些军官不仅怂恿士兵在南京城里轮奸妇女，还告诫他们事后要将这些妇女处理掉,从而销毁罪证。"完事后要么给她们钱,要么在偏僻处将她们杀掉。"一位军官曾这样提醒下属。[34]

松井石根到来

1937年12月17日上午,松井石根来参加庆祝占领南京的阅兵式,日军在这座城市的杀戮和强奸才略有收敛。松井石根大病初愈,肺结核的折磨使他仍显得很虚弱。他先是乘坐海军的汽艇溯江而上,然后换乘轿车来到南京城东中山门的三孔拱门处。他在那里骑上一匹栗色骏马,调转马头朝向东京天皇宫殿的方向,对着日本国家广播公司领呼三声天皇万岁:"天堂之阶最伟大的元帅——万岁——万万岁!"[35]之后他策马驰向一条大道,路上的死尸已经被仔细清理干净,成千上万的士兵夹道欢迎他。松井最后到达城北的大都会饭店,当晚日军在那里为他举行了欢迎宴会。

据记载,松井在宴会期间已经开始怀疑在南京发生了极端可怕的事情,他当晚就召开参谋会议,并命令所有非军事所需的部队全部撤出南京。第二天,西方新闻媒体报道说,日军内部正在实施一个守口如瓶的大阴谋,以防松井石根知道南京暴行的全部真相。[36]

当松井石根了解到日军在南京实施强奸、屠杀和劫掠的严重程度后,看得出来他极为沮丧。1937年12月18日,他对自己的一位文职助手说:"现在我了解到,我们已经不自知地给这座城市带来最深刻的痛苦与创伤。每当想到我的许多中国友人逃离南京时的悲愤和感伤之情,以及两国关系的未来,我不禁感到灰心丧气。我觉得自己很孤独,而且永远都不可能对这次胜利感到欢欣鼓舞。"[37]那天上午,松井甚至在对媒体发表的声明中流露出一种遗憾的情绪:"我本人对民众所遭受的苦难深感遗憾,但如果中国不改变政策,皇军仍然必须继续留驻。现在是冬天,这个季节给了中国领导人反思的时间。我本人对100万无辜民众不胜同情。"[38]

当天晚些时候,这位日军指挥官在为此次侵华战争中死去的士兵主持慰灵祭时,松井就日军在南京实施的疯狂暴行斥责了在场的300名军官、师团指挥官和其他相关人员。日本记者松本写道:"以前从未有过一位上级军官对下属进行过如此严厉的训诫。日军对松井的行为表示难以置信,因为在场的军官中有一位皇室的亲王。"[39]

12月19日是周日,松井搬到南京城外朝香宫的司令部,第二天便登上一艘驱逐舰返回上海。然而,或许是受绝望情绪驱使,松井一回上海就做出了更惊人的举动:他对《纽约时报》吐露了自己的担忧,甚至对一位美国记者说"日本军队或许是当今世界上最无法纪的军队"。[40]当月,他还给朝香宫亲王的参谋长发过一条不客气的信息,他写道:"有传言说不法行为仍在持续,正因为朝香宫亲王是我们的指挥官,日军才应该更严格地遵守军纪和道义。对任何违法乱纪者都应严惩不贷。"[41]

1938年1月1日,松井仍因日本士兵在南京的恶劣行径而郁郁寡欢。在一次祝酒时,他向一位日本外交官吐露了自己的苦闷:"我的部下犯了严重的错误,这令人极度懊恼。"[42]

然而强暴和屠杀仍在继续,对此松井石根似乎无力阻止。如果数年之后松井在法庭上的供述可信的话,他对南京的这次短暂访问甚至使他在其同僚面前伤心落泪。"慰灵祭仪式结束之后,我立即召集高级军官训话,甚至在他们面前流下了愤怒的泪水。"1948年被处以绞刑之前，松井对他的佛教忏悔法师说，"当时朝香宫亲王和柳川中将都在。我斥责他们说，由于日本士兵的暴行，我们的一切战斗成果都化为泡影。可是你能想象吗？这件事之后，那些实施暴行的士兵竟然嘲笑我。"[43]

慰安妇

发生在南京的大规模强暴案件导致了一个极为荒诞的后果，那就是日本政府面对西方国家铺天盖地的抗议和反对所采取的应对方式。日本最高统帅部并不阻止或惩罚施暴的士兵，而是谋划建立一个庞大的地下军妓系统，将魔爪伸向亚洲千千万万的妇女。日本中央大学著名历史教授吉见义明说："由于在上海和南京的战争中发生了大规模强暴案件，日本害怕来自中国、美国和欧洲国家的批评，于是日本华中方面军发布命令，要求在战争期间修建慰安所。"[44]

该计划的实施方式简单直接，日军通过诱拐、购买或绑架的方式将8万~20万名妇女（她们大部分来自日本的殖民地朝鲜，但也有许多妇女来自中国大陆、中国台湾、菲律宾和印度尼西亚）纳入地下军妓系统，希望借此减少日本士兵随意强奸当地妇女的案件（从而减少国际社会对日本的批评），并犒赏在前线长期作战的士兵，还可以通过使用避孕套控制性病的传播。当然，后来全世界了解了这一计划后，日本政府却拒绝承担责任。在战后几十年的时间里，日本政府坚称经营这些战时军队妓院的是私营企业而非政府。但1991年，吉见义明从日本防卫厅的档案中发现了一份题为"关于为军队妓院招募妇女"的文件。这份文件盖有日本最高统帅部领导人的私人印章，并命令立即修建"性慰安设施"，以阻止军队在中国占领区内强暴妇女。[45]

1938年，第一家官方慰安所在南京附近开张。用"慰安"二字修饰这些妇女或是她们居住的"房屋"都显得滑稽可笑。"慰安"二字唤起的是人们脑海中对温柔乡的幻想，美丽的艺妓悠闲地弹着琵琶，或一边为男人洗澡一边为他们做着指压按摩。而在现实中，这些慰安所的肮脏程度超出了大多数文明人的想象。不计其数的慰安妇（日本人称她们为"公共厕所"）在得知自己的命运后自杀身亡，还有些人要么死于疾病，要么被日军杀死。那些侥幸活下来的妇女则终生蒙受耻辱，无颜见人，承受着不孕或疾病缠身的痛苦。由于大多数受害者来自崇尚妇女贞节的文化背景，因此战后鲜有幸存者提及自己的经历，担心会面对更多的羞辱和嘲弄，这种情况直到最近才略有改观。亚洲的儒家文化把妇女的贞洁看得比生命还重要，并且根深蒂固地认为，任何有如此耻辱经历的妇女如果不自杀，她的存在本身就是对社会的侮辱。因此，半个世纪以来，只有极少数妇女勇敢地打破沉默，并要求日本政府对她们所遭受的苦难进行经济赔偿。

南京暴行背后的动机

现在我们终于要回答最令人困惑的问题了——南京大屠杀过程中日军的心理状态。在那些手持步枪和刺刀的年轻士兵心中，究竟是什么因素促使他们实施如此残酷的暴行？

许多学者为此绞尽脑汁，仍然难得其解。西奥多·库克在与妻子治子·塔亚·库克合著的《战争中的日本：口述历史》(*Japan at War: An Oral History*)一书中坦承，日军在南京大屠杀过程中的残暴程度令他困惑不已。他发现日本内战史中没有过如此邪恶的事件；相反，对城市人口进行有计划的毁灭和屠杀似乎是蒙古历史而非日本历史的组成部分。他说，试图检视日军在南京大屠杀期间的心理状态的难度堪比探索"黑洞"。[46]

许多人发现，很难将日本人在南京的野蛮行径与其广受赞誉的精致礼仪和优雅举止联系在一起。但有些军事专家认为，这两种行为看似毫不相关，其实是密切相连的。他们指出，日本古代武士阶层具有令人生畏的社会地位，几个世纪以来，如果佃农没能恭谨有礼地回答他们提出的问题，武士就有权砍掉他的人头。一位美国海军情报官员在写到第二次世界大战期间的日本文化时说："直到今天，在日本人的观念中，所谓的礼貌回答是指给出一个令提问者感到满意的答案。彬彬有礼竟然是日本人的民族特性，是不是有点儿令人吃惊呢？"[47]

还有些专家将日本在战争期间的暴行归咎于日本文化本身。美国人类学家鲁思·本尼迪克特在其名著《菊与刀》(*The Chrysanthemum and the Sword*)中写道，由于日本社会中的道德规范不具有普世性，而只限于某些特定的地域和人群，一旦到了国外，这些规范很容易就被置于脑后了。[48]还有些专家指责日本宗教的非基督教性质，声称基督教提倡四海之内皆兄弟的观念，认为世间万物其实都是依照上帝的想象创造出来的，而日本的神道教则认为，只有天皇及其后裔才是依照神的想象创造的。通过援引诸如此类的差异，这些专家得出结论：某些文化不论发展到多么精细复杂的阶段，其核心要义仍旧停留在部落时代，个人对部落内部成员承担着各种道德义务，而在处理与部落外部成员的关系时则奉行截然不同的行为规范。

这种假设具有某种潜在的危险，因为它暗示了两种观点：第一，从宗教本质上讲，日本天生就比西方文化缺乏人道精神，因此必须用不同的标准评判日本人（我发现这种观点既不负责任，又带有西方人的优越感）；第二，从某种程度上说，具有基督教—犹太教文化背景的人犯下南京大屠杀这类暴行的可能性要小得多。然而，尽管德国是个虔诚的基督教国家，20 世纪三四十年代，纳粹却使德国人变得丧心病狂，甚至将那些被他们视为敌人的民族妖魔化，从而犯下了诸多有史以来最严重的反人类罪行。

回顾数千年的人类历史，在战争期间实施残忍的暴行显然并非某个民族或某种文化独有的现象。文明的外衣似乎过于脆弱，人类很容易将它弃之不顾，在战争的压力下尤其如此。

那么我们该如何解释南京大屠杀期间日军日复一日的野蛮兽行呢？日本战犯与其纳粹同党的命运截然不同：大多数纳粹分子都已死在监狱或刑场，即使侥幸存活者也是作为逃犯，惴惴不安地了却残生；许多日本战犯不但依然健在，并且在日本政府的庇护下过着舒适安逸的生活。因此，他们是目前世界上为数不多的可以不必担心国际法庭的制裁，向作家或记者透露自己在"二战"期间施暴时的所思所感的人。

以下就是我们了解到的情况。中日战争本身并非使日本士兵变得冷酷无情的唯一原因，残杀中国士兵及非战斗人员的任务同样使他们成为残暴的恶魔。事实上，日本军方组织了各种游戏和练习泯灭日本士兵的人性，促使他们杀害那些并未攻击自己的人。

例如，在进攻南京的途中，日军要求士兵参加杀人比赛，而日本媒体则像对待体育赛事一样热切报道此类事件。最臭名昭著的一次比赛刊登于 1937 年 12 月 7 日的《日本广知报》，这篇名为"两少尉百人斩难分高下"的报道写道：

> 向井敏明少尉和野田毅少尉同属驻扎在句容县的片桐部队，两人进行了一场友谊赛，看谁能在日军完全占领南京之前最先以单刀杀死100个中国人。目前，比赛已顺利到达最后阶段，两人几乎势均力敌。截至周日（12月5日），据《朝日新闻》报道，两人"得分"为：向井少尉杀死89人，野田少尉杀死78人。

一周以后，该报报道说，由于两人都不知道是谁最先杀死100个中国人，于是他们把目标提高到杀死150人。《日本广知报》报道："向井的刀刃在比赛过程中略有损伤，他解释说这是在将一个中国士兵连头盔带身躯劈成两半时造成的。他称这个比赛很'有趣'。"[49]

此类暴行并非仅仅发生在南京地区。事实上，这只是整个侵华战争中日军在中国训练其士兵胆量的一个典型案例，下面是一位名叫田岛的日本士兵提供的证词，他叙述的事件绝非罕见。

> 一天，尾野少尉对我们说："你们还没杀过人呢，所以今天我们做一些杀人练习。你们一定不要把中国人当人看，而是要把他们当成猪狗不如的东西。勇敢点儿！现在，自愿参加杀人练习的站到前面来。"
>
> 没有人动。少尉发怒了。
>
> "你们这群胆小鬼！"他吼道，"你们没人配得上日本士兵的称呼。真的没人自愿吗？那我可要点名了。"接着他开始喊我们的名字，"大谷——吉川——上野——田岛！"（天啊！也叫到我了！）
>
> 我用颤抖的双手举起上了刺刀的枪，然后在少尉近乎歇斯底

里的咒骂和指挥下，慢慢走向坑边那个被吓坏了的中国人——那个坑是此前他自己挖的。我在心里乞求他的原谅，然后，我在少尉的咒骂声中闭上眼睛，挥刀砍向那个已经被吓呆的中国人。当我再次睁开眼睛时，他已经跌进坑里去了。"凶手！罪犯！"我在心里骂自己。[50]

对新兵来说，恐惧是一种自然的反应。在一部日本士兵的战时回忆录中，描述了一群日本新兵在目睹老兵将一群中国人折磨致死时，无论如何都无法掩饰自己的震惊。他们的指挥官预料到了这种反应，并在其日记中写道："所有的新兵都是这样，但很快他们自己也会做同样的事情。"[51]

当然，新任军官也要经历一个变得冷酷麻木的过程。一个叫富永少壮的退役军官清楚地记得自己从天真无邪的青年变成杀人机器的过程。当富永从广岛被派到第39师团第232联队时，他还是一名刚从军校毕业的少尉。当他被介绍给自己的部下时，富永惊呆了，他回忆道："他们目光邪恶，那不是人的眼睛，而是虎豹的眼睛。"[52]

在前线，富永和其他新的候补军官都接受了密集的训练，以增强他们对战争的忍耐力。在这一训练中，一名教官曾经指着拘留地那些瘦弱憔悴的中国人，对这些军官说："他们就是磨炼你们勇气的活靶子。"教官日复一日地教他们如何砍头、如何将活生生的俘虏刺死。

> 最后一天，我们被带到了训练场。24名俘虏被蒙着眼睛，反绑双手蹲在那里。旁边已经挖好一个大坑——10米长、3米宽、3米多深。联队长、大队长和中队长们都坐在事先为他们安排好的座

位上。田中少尉向联队长鞠躬并报告说:"我们现在开始。"他命令一名杂役兵将一名俘虏拖到坑边;当俘虏反抗时,便遭到拳打脚踢。日本士兵最终将俘虏拖到坑边,并强迫他跪在那里。田中转向我们,并依次审视着每个人的表情。"应当这样砍头。"他边说边拔出军刀,从木桶中舀了一勺水,泼洒在刀刃的两面。接着,他"嗖嗖"几声将水甩掉,举起军刀,刀刃在空中显现出一道长长的弧形。田中站到那个俘虏背后,双腿分开,稳住身形,随着他"呦"的一声高喊,俘虏的脑袋便飞出一米多远。两股血泉从俘虏的身体中喷射而出,飞溅入坑。

这情景太可怕了,简直令人窒息。

但是,富永少壮也渐渐学会了杀人,而且随着他的杀人技术日益老练,他也不再觉得自己部下的目光邪恶了。对他来说,各种邪恶的暴行已是平淡无奇的"家常便饭"。回首自己的经历,他写道:"是我们把他们变成这样的。他们原本是无数家庭中的好儿子、好父亲、好兄长,如今却被带到前线,相互残杀。我们把人类变成了杀人的魔鬼。3个月之内,每个人都变成了魔鬼。"

许多日本士兵承认,杀人对他们来说是件很容易的事,因为他们所受的教育是,除了天皇,其他人的生命(甚至他们自己的生命)都是微不足道的。日本老兵东史郎曾经亲眼目睹一系列南京暴行,他在给我的信中对其战友的行为做出了真实的评价。在东京府福知山第20步兵联队接受军事训练的两年中,他接受的教育强调"对天皇的忠诚重于泰山,而我们个人的生命轻于鸿毛"。他回忆说,一个士兵在战争中所能获得的最高荣誉是裹尸还乡:为天皇而死是至高无上的荣耀,被敌人活捉则是最大的耻辱。东史郎在给我的信中写道:"既然我们自己的生命都无足轻重,那么敌人的生命必然更无价值……这种人生哲学使我们鄙视敌人,并最终导致了大规模屠杀和虐待俘虏。"[53]

在一次次采访中,曾经参加过南京大屠杀的日本老兵们诚实地讲述了他们完全丧失同情心和犯罪感的经历,甚至在凌虐无助的平民时也是如此。永富角户坦率地讲述了他在南京陷落时的感受:

> 我记得当时坐着卡车,沿着一条被清理过的道路行驶,路两侧是成千上万被屠杀者的尸堆。当我们将车停下,从车后将一群中国俘虏拖下车时,许多野狗正在啃食那些尚未腐烂的尸体。这时一位日本军官建议测试一下我的勇气。他拔刀出鞘,在上面吐了口唾沫,然后猛然挥刀,向一个蜷缩在我们面前的中国男孩的脖子砍去。眨眼间,男孩的头被砍掉,滚落到人群中,他身体向前倾倒,从脖子中喷射出两道血泉。该军官建议我将这颗人头带回家当纪念品。我记得当我从他手中接过军刀开始杀人时,我自豪地笑着。[54]

经过近60年的反省,永富完全变成了另一个人。他在日本成为一名医生,并在自己的候诊室里修建了一个忏悔神龛。病人可以看到他在南京受审及供认自己所犯全部罪行的录像带。这位态度和蔼、举止绅士的医生与过去那个残暴的日本士兵判若两人,人们很难想象,他曾经是一个残忍的杀人狂。

"几乎没有人知道,日本士兵曾经将婴儿挑在刺刀尖上,然后将他们活生生地扔到滚烫的开水锅里。"永富说。"从12岁的少女到80岁的老妇都是日本士兵轮奸的对象,当她们无法满足士兵的性要求时,就会被残忍地杀害。我曾经砍过人头,将人饿死、烧死甚至活埋,死在我手里的中国人至少200人。真是太恐怖了,我竟然变成畜生,做出这些丧尽天良的事。我实在找不出理由解释自己的所作所为。我当时真是个魔鬼。"[55]

第三章
南京沦陷

　　长久以来，南京以中国最伟大的文学、艺术和政治中心而闻名，3~6世纪一直是古代中国的首都，14世纪以来间或成为部分朝代的首都。正是在南京，产生了中国书法和绘画的经典之作，确立了汉语的四声体系。在这里，一些著名的佛教经典得以编撰和抄写，典雅华丽的"六朝"骈体文（一种诗与散文的混合文体）得以滥觞流传。也是在南京，中国于1842年签署了结束鸦片战争的条约，打开了对外贸易的大门。[1] 还是在南京，中国国民党创始人孙中山于1911年宣誓成为中华民国第一任临时大总统，直到今天，南京仍然自豪地保留着中山陵。[2]

　　对任何一位中国人提起南京，他都会向你描述这样一幅城市图景：遍布全城的帝王宫殿、奢华的陵墓、各种博物馆和纪念馆。这幅城市图景中也包括明朝精雕细琢的勇士和动物雕像、著名的鼓楼（马可波罗700年前看到的是最初的鼓楼，今天的鼓楼是300年后一个军事将领建造的，他曾在上面敲击巨鼓号令全军），还有南京郊外的美景——庙宇镶嵌在附近山峦之间，茶亭临湖而设，湖面上莲花盛开，一座大桥横跨长江。[3]

几个世纪以来，青山绿水不仅为南京增添了美景，更是南京的天然军事屏障。长江流经西侧，紫金山雄踞东侧，共同护卫着这座城市，借用一个成语描绘南京的地势之险峻，真可谓"虎踞龙盘"。[4]

但可悲的是，南京在历史上曾遭受过三次入侵。

第一次入侵发生在1 000多年前，即6世纪末，野蛮的游牧部落摧毁了南京城内所有的重要建筑，甚至在城墙内垦地种植。南京受到的第二次入侵发生在1853~1864年，太平天国起义军占领了南京。

太平天国的领袖是狂热的洪秀全，他在跻身富贵阶层的科举考试中失利之后，开始认为自己是耶稣的弟弟，并说服其他人相信。接着，他领导太平军试图推翻清王朝的统治，最终在13年的时间里导致2 000万中国人丧生。起义军以南京为首都长达十几年，最后被驱赶出城。他们在撤离时将这座城市焚为废墟，甚至砸毁了光彩夺目的大报恩寺琉璃塔，这座由琉璃瓦构筑的多色宝塔曾被认为是中国同类建筑中最美丽的。[5]

在19世纪剩余的时间里，南京得以在默默无闻中安享和平。当清朝皇帝在中国北方城市北京确立起对中国的统治后，南京不过是个文化遗址。直到国民党推翻清朝统治，并于1928年正式将南京确立为中华民国的首都之后，南京的显赫地位才得以恢复。

到1937年，即南京大屠杀发生那年，南京正处在新旧交替的变革时期，老南京、清朝的南京与国民政府的新南京共处同一时空，交相辉映。旧时代的痕迹在首都南京的街道上仍然随处可见：沿街叫卖的小食贩挑着担子，扁担两头的篮子里，一头装着小饭碗，一头装着茶壶；露天工厂的纺织工弯腰坐在手摇纺织机前辛苦劳作；面食馆里的厨师正揉着面团；锡匠带着锡器叮叮当当地沿街叫卖；鞋匠在顾客门前修补鞋子；孩童们手抓圆形方孔铜钱急切地看着小贩制作糖果；嘎吱作响的独轮车上垛满高高的芦柴，让人既看不到车也看不到推车人。然而，新气象也随处可见：沥青马路正在逐渐取代土路和石子路，电灯和霓虹灯取代了忽明忽暗的煤油灯、蜡烛和汽灯，自来水取代了沿街叫卖的桶装水。坐满了文武官员和外交官的公共汽车和小轿车鸣着喇叭穿行于黄包车、运送蔬菜的四轮马车以及缓步而行的行人和各种动物之间，这些动物有狗、猫、马、猴子，有时甚至还有水牛或骆驼。[6]

但是，有些古老的东西似乎永远不会改变。修建于明代的古老巨石城墙雄伟地环抱着南京城，一位传教士称南京城墙是世界上最伟大的奇迹之一。他宣称，如果能在城墙上开车环行，毫无疑问将能领略到中国最壮观的风景之一。在城南端的城墙顶上，透过锯齿般的灰色城垛，可以看到工人居住区灰蒙蒙的砖瓦，以及富足人家或红或蓝的瓦房屋顶；然后向北望去，就是政府建筑区，各部大楼和各国使馆都是高大现代的西式建筑。

将目光转向东北方向，你会看到白色的中山陵在紫金山深色背景的映衬下熠熠生辉，富豪和权贵们的乡村别墅星星点点地分布在山脚下。再向西北方向望去，也许会瞥见江边的工业生产活动：工厂中冒出的滚滚浓烟，煤炭码头的黑色污迹，停靠在码头附近的汽船和炮艇；京市线和沪宁线的铁轨穿过城市，并在南京北郊的下关车站交会。沿着地平线，还可以看到城墙外黄褐色的江水奔流不息，先是向北，然后蜿蜒流向东方。[7]

1937年夏天，南京所有这些辉煌与暗淡都陷入昏昏睡意之中。南京空气潮湿，天气闷热，早就拥有"中国三大火炉之一"的称号。炎热混杂着从附近田野中飘来的粪便恶臭，驱使城内的有钱人在炎热的盛夏出城前往海滨胜地避暑。对留在城里的人来说，夏季是打盹的好时节，人们慵懒地摇着蒲扇或竹扇，并在门前挂起竹帘以遮挡阳光。到了晚上，街坊邻居们逃离火炉般的屋子，带着躺椅来到街上，彼此闲话家常，打发时间，最后露天入睡。[8]

几乎无人料到，几个月之后战争会打到自家门口，兵燹肆虐，血流成河。

1937年8月15日，金陵大学的心理学讲师张小松刚躺到床上准备小睡一会儿，就突然听到刺耳的警报声。"是在进行防空演习吗？"她想，"我怎么没有在报上看到通知呢？"

8月初，中日军队在上海开战后，南京政府被迫做好准备，以应对敌人在其他地方可能发动的进攻。中国官员不仅在城市上空进行防空演习，而且要求居民对房屋进行伪装，并修建防空洞。整个南京城内，人们将红色屋顶和白色外墙漆成黑色，或在地上挖洞以便藏身。张小松心有余悸地回忆道，整座城市似乎在筹备一场"大规模的葬礼"。

因此，在8月15日这天，当听到第二次警报时，张小松开始有所警觉。但屋里的朋友劝她说这只是又一次演习，于是她就躺回床上，后来她又听到沉闷的隆隆声，似乎是大炮的声音。"哦，打雷了。"她的一个朋友说道，接着继续看她的小说。张小松再次回去躺下，并为自己的大惊小怪感到羞愧，但很快她就确定无疑地听到了机关枪声和飞机在头顶盘旋的声音。南京遭受了有史以来的第一次空袭。[9]

接下来的几个月，南京承受了几十次日军的空袭，居民被迫躲进

第三章 南京沦陷

地下室、战壕和防空洞。日军飞行员不加区别地轰炸中国首都，学校、医院、电厂和政府大楼无一幸免，成千上万的人无论贫富，都争相逃离南京。

目前在旧金山开中医诊所的邢峰鑫回忆起1937年秋随父母逃离南京时的混乱与仓皇，那情景犹如噩梦。那时他才11岁，收拾好自己视若珍宝的弹弓和石子准备上路；他的祖母则给了他当铁路技工的父亲几个玉质和银质的手镯，以备将来急需用钱时典当换钱。载着他们一家去汉口的火车拥挤不堪，无法挤进车厢的难民只好坐在车厢顶上，还有人把自己捆绑在火车底下，身体离铁轨只有几英寸的距离。在整个旅途中，邢峰鑫不断地听说有人被甩下火车或卷入车轮。当日军轰炸火车时，他也差点儿劫数难逃，当时他们全家被迫跳下火车，藏在坟地里，才幸免于难。[10]

我的外祖父母在撤离南京时也险些从此永诀。1937年秋，我的外祖父张铁君作为一名诗人和记者，当时为中国政府工作，给国民党官员讲授哲学。日本人轰炸首都时，他和家人不得不一再躲到用木板和沙袋覆盖的防空壕沟里。到了10月，他认为我外祖母（当时20岁出头，正有孕在身）和我姨妈（只有1岁大的婴儿）很不安全。于是让她们俩回到了我外祖母的乡下老家，一个位于太湖之滨宜兴市附近的小村庄，地处南京与上海之间。

到了11月，在孙中山诞辰纪念日那天，我外祖父离开南京去看望妻子和家人。几天后当他回到南京时，发现整个部门的人都在忙着打包，准备撤离南京。我外祖父得知，他们部门已经准备妥当，打算从长江沿岸城市芜湖乘船离开，于是外祖父赶紧捎信给家人，要他们立即前往芜湖与他会合。

他们险些走散。由于日军的空袭炸毁了我外祖母娘家村庄与芜湖之间的铁轨,唯一的交通方式是利用这一地区纵横交错的河道网络,乘小船前往芜湖。

我的外祖父在码头焦灼地等待了4天,在一船又一船难民中搜寻着家人的身影。到了第4天,还是没有见到家人的身影,这使他陷入了两难的抉择,这是任何人永远都不该面对的残酷问题:要么乘坐下一艘也是最后一艘船离开芜湖,因为妻子和女儿也许没有来与他会合;要么留下来,因为她们或许正在来的路上,而他知道南京很快就会被占领。

绝望中,他对天高喊爱妻的名字:"以白!"然后,他听到了远方的应答。声音来自最后一艘正从远处靠近码头的小船,载着他的妻子、女儿和我外祖母的几位亲属。我母亲经常对我说,他们的重逢是个奇迹。[11]

许多居民没有像我外祖父母那样逃离南京,而是留在这里挨过了整个11月。有些人采取观望的态度,有些人则是因为年纪太大或者一贫如洗,除了留下别无选择。对他们来说,11月噩耗不断——上海的战事进展不利。大批中国士兵从前线撤回来,其中很多还是孩子,有些不到12岁,他们伤痕累累、疲惫不堪、士气低落,神情黯然地列队行进,或是坐在悬挂着红十字横幅的卡车里。令人稍感宽慰的是,新的部队全副武装,穿过各条街道来到江边,登上由拖船牵引的小船开赴战场。显然,战斗还没有结束。在狂风骤雨中,小型的现代中国坦克从南京隆隆地开往上海,紧随其后的是驮着棉军衣、毯子、步枪和机关枪的骡队。[12]

11月底,恐怖的消息终于传到了南京。素有"中国纽约"之称的上海陷落。此时有超过20万日军盘踞在上海与南京之间，同时有70万中国军人正在节节败退。他们带来了所有人都不愿听到的消息。随着上海沦陷，日军正向南京进发。[13]

对国民党领袖蒋介石来说，上海失守是个沉重的打击。随着中国最大城市的沦陷，蒋介石不得不面对一个进退两难的问题：是坚决抗日、保卫南京，还是把整个首都迁到更安全的地方。最后，这位最高统帅决定两者兼顾，但是他并不亲自留下保卫南京，而是把重任交给别人——一位名叫唐生智的下属。

蒋介石与唐生智的关系十分微妙且错综复杂，他们彼此并不真正信任对方，事实上，在他们人生的许多重要关头，两人既是并肩作战的伙伴，又是相互竞争的死对头。比如，在北伐战争期间，当国民党试图统一整个中国时，唐生智曾经站在蒋介石一边讨伐各路封建军阀。但是，唐生智从未对蒋介石表现出特别的忠诚，两人之间的权力斗争曾经导致唐生智两度流亡海外：一次是去香港，另一次去了日本。然而，1931年中日两国在东三省爆发危机后，蒋介石又召唤唐生智回国任职，以增强中国的国防力量。唐生智在中国军队中的地位蹿升，到1937年，他已成为国民党训练总监部的总监。[14]

1937年11月，在事关保卫还是放弃南京的几次高层军事会议上，唐生智几乎是蒋介石的顾问中唯一支持坚守南京的人。他认为，保卫南京的同时可以减缓日军向前推进的速度，并给其他地方的中国军队喘息和休整的机会。

但是，当蒋介石问及谁愿意留下来指挥南京防御战时，唐生智和其他军官都一言不发。最后蒋介石点了唐生智，并将了他一军："不是我留下，就是你留下。"在其他同僚面前，唐生智显然别无选择，他说:"我们怎能让委员长留下?"他答应留守南京,并誓死抗敌。[15]

将保卫南京的重任委托给唐生智的决定是一个重大新闻。11月27日,为鼓舞士气,唐生智举行了一次记者招待会。在与会记者面前,他发表了振奋人心的演讲——发誓将与南京共存亡。他的演讲慷慨激昂,结束时记者们报以雷鸣般的掌声。[16]

然而,有些记者注意到,唐生智似乎也显得极为焦虑。实际上,他刚刚大病初愈,用一位外国记者的话说,唐生智看上去"如果不是被麻醉,就是有点儿神情恍惚"。[17]他大汗淋漓,有人递给他一块热毛巾擦拭额头。[18]

也许蒋介石早就知道,唐生智根本无力指挥军队与经验丰富的日军作战,任命他为南京卫戍司令长官不过为了掩人耳目,显示中国军队将会坚决抗日的决心罢了。也许蒋介石处事谨慎,所以准备了第二套方案以防不测。我们所确知的情况是,在11月的后半个月,第二套方案已经付诸实施。首先,蒋介石命令大部分政府官员转移到南京以西的长沙、汉口和重庆三座城市,这使得谣言在为数不多的留守官员中迅速传播:他们已遭抛弃,政府将任由日本人对他们进行宰割。[19]几天之内,装满行李的官方轿车挤满了大街小巷;很快,这些汽车就全都消失了。随着政府官员的撤离,公共汽车和黄包车也都消失了,南京城里不再有任何公共交通工具。事实上,几乎所有的卡车也很快消失了,甚至那些主要用于从乡下往南京运送大米的卡车也都踪迹全无。[20]随后,到了11月中旬,5万中国军人取代离去的政府官员,来到南京城。[21]他们来自长江上游的港口,先是在江边卸下一箱箱武器弹药,然后随意挑选并占据早已人去楼空的政府大楼。[22]截至12月,约有9万中国军人驻扎在了南京地区。[23]

这些部队的到来改变了南京的面貌,他们在街道上挖掘壕沟,埋设电话线,在城市的十字路口架设铁丝网——十字路口开始变得如战场一般。中国军队还在城墙上设防,沿着古老的垛口设置机关枪据点。他们关闭了所有城门,只有3座城门保留狭窄的通道用于军事运输。他们用高达20英尺①的沙袋将城门封堵,然后用木料和角铁进行加固。有的城门用混凝土完全封死。[24]

12月初,军队不顾代价和对平民的伤害,决定在城墙四周放火烧出一条1英里宽的作战区。这一行动的代价是无法估算的。[25]沿着城市外围地区的清理消耗了大量的汽油和弹药,营房、农业研究实验室、一所警察培训学校以及中山陵公园内的宅邸全部化为灰烬。在乡村,士兵们将小草棚、茅草屋顶的农舍、树木、竹林和灌木丛付之一炬,甚至南京的大部分郊区也未能幸免。军队把住在下关和城墙南门周围的居民赶进城里,然后放火烧掉他们的村舍。他们警告那些房屋将被烧掉的居民必须在几小时内搬出去,否则以间谍罪逮捕他们。军方的理由是,此次焚烧属于战略行动,目的是摧毁任何可能被侵略者利用的建筑。但一位外国记者指出,其实被烧焦的断壁残垣同完好无损的建筑一样,都可以被日军用作遮挡炮火的掩体。他推测,这次焚烧实际上是中国人在"发泄自己的愤怒和挫败感"——希望留给日本的只是一片焦土。[26]

南京就这样做好了迎接敌人入侵的准备。任何有点儿能力、判断力、财力或机会的人都选择出逃。所有博物馆的藏品都被打包运走,12月2日,数百箱珍宝(几乎是整个中华民族的文化遗产)都被装船

---

① 1英尺=0.304 8米。——编者注

运往城外安全的地方保存起来。[27] 6天之后，即12月8日，蒋介石夫妇及其军事顾问都乘飞机离开南京。[28] 毫无疑问，日军对南京的围攻即将开始。

数十年来，南京大屠杀的谜团之一是，为什么在这么多部队都已准备就绪的情况下，南京城却在短短4天之内（即1937年12月12日夜晚）迅速沦陷。毕竟，这些部队拥有足够的弹药，至少能坚持5个月。因此，许多幸存者、记者和历史学家将溃败的原因归结为部队军心涣散，失去斗志。他们还把唐生智看作罪人，在军队最需要他的时候，他却丢下他们，弃城逃跑。

后来，根据新的文献资料，历史呈现出某种不同的面貌。首先，在淞沪会战中，日本空军拥有近3 000架战机，相比之下，中国的300架空军战机根本不值一提。[29] 就两国空军的其他指标来看，中国也根本不是日本的对手。在淞沪会战中，意大利人训练的中国飞行员有勇无谋，对城市乱加摧残，他们将炸弹投在西方船只附近，甚至投在公共租界拥挤的街道和房顶上。[30]

当然，即使是一支糟糕的空军也比完全没有强。这就是唐生智所面临的窘境。12月8日，蒋介石及其顾问离开南京那天，所有的中国空军也随之撤离。接下来4天的战斗中，唐生智得不到任何关于日军调动的空中侦察情报，致使附近山上造价昂贵的炮台远未发挥应有的作用。[31]

其次，转移到重庆的政府官员带走了大部分先进的通信设备，因此军队各部之间无法进行有效联络。[32]

再次，中国军人来自全国各地，相互之间连面对面的沟通都有语言障碍。一位当时在南京做护工的人回忆说，中国军医说粤语，而士兵们却说国语，这种情况在医院导致了无穷无尽的混乱。[33]

最后，军队中有很多"士兵"是在一夜间成为军人的，他们并非自愿从军，而是被从乡下抓壮丁或强行征召入伍的。相当多的人在来南京之前从未持过枪。由于弹药短缺，所以极少被浪费在教新兵如何射击上。[34] 那些有作战经验的士兵大部分也都是刚从上海前线撤退回来，他们饥肠辘辘，疲病交加，多数人精疲力竭，甚至无力完成在城中修建掩体和挖掘战壕等必要的防御工作。[35]

最糟的是，中国士兵几乎没有凝聚力和目标感。在一份关于南京战况的报告中，一位中国军官注意到，每当中国军队占领一个阵地后，就会显得无所事事，宁愿虚度时光也不会主动帮助正在附近与日军交战的其他中国部队。显然，指挥官们的情况也不尽如人意。该报告注意到，中国指挥官们彼此之间缺乏信任，正因如此，日军得以从一个阵地推进到另一个阵地，将中国军队各个击破。[36]

12月9日，日军飞机开始在南京附近空投松井石根起草的招降传单。传单写道，"保护无辜百姓和城内文化遗迹"最好的办法是投降。传单上允诺日军将"冷酷无情地对待反抗的人"，但会"仁慈宽厚地对待非战斗人员和对日本没有敌意的中国军人"。传单要求守卫南京的军队在24小时内，即在第二天中午之前必须投降，"否则，将使用一切可能的战争恐怖手段"。[37]

唐生智在公开场合对日本这一最后通牒的条款表示极度愤慨。他把传单掷到地上，并口授了两道命令，传达给所属部队。第一道命令是，严禁部队临阵脱逃。"我们的部队必须誓死奋战，保卫前线的每一寸领土。如果有人胆敢不遵守命令，擅自撤退，必将受到严厉惩处。"第二道命令是，严禁任何军事机构私自用船渡江。任何军事机构拥有的船只都必须移交运输部统一管理。唐生智指派第78军负责指挥和处理运输事宜，并警告说，任何将船只用于私人目的的军事人员，一经发现，必将严惩。[38]

然而，唐生智私下里却在就停火问题进行交涉。尽管他最初曾承诺要战斗到不剩一兵一卒，但他似乎更渴望采取措施极力避免在城中决战。支持他这一立场的是少数仍然留在南京的美国人和欧洲人，我们在后面的章节中将详细谈到这些无私的个人。他们已经决定留在南京，向中国人提供任何力所能及的帮助，并且成立了南京安全区国际委员会。他们的第一步行动是在城中划定一个面积为2.5平方英里的区域，宣布为"南京安全区"或"国际安全区"。按他们的理解，在安全区内，无论中国人还是非中国人，都免受日军侵扰。此后，他们为挽救生命所做的最后一搏是努力安排中日双方达成停火协议。他们的方案是，建议实现为期3天的停火，在此期间，日军可以保留已经占领的阵地并和平进入南京；与此同时，中国军队撤出南京。唐生智同意这个停火协议，并请求该委员会通过美国大使馆将他本人的意见传达给蒋介石。该计划通过美国炮艇"帕奈"号上的无线电传给了蒋介石，他断然拒绝。[39]

12月10日，日本人等待着南京守军投降。正午时分，两个日本参谋官站在城东的中山门外，查看中国政府是否派出举着休战旗的代表团。久候无人，日军最高指挥官下令猛烈炮轰南京城。[40]

接下来的几天，中日军队围绕着南京城展开激战。日军空袭南京城，并用重型火炮连续轰击城墙。唐生智后来在一份冗长、凌乱而又绝望的电报中，向蒋介石透露了某些地标和城门附近的严峻形势：

> 12月9~11日，光华门被日军攻破三次，先是教导总队奋力抵抗，后是156师艰难反击，杀死许多日军，守住了光华门。从11日中午开始，雨花台地区恶报频传，安德门、凤台门均已陷入敌手，随即令第88师收缩战线，与第74军、第71军协同作战，并速调第154师增援。[41]

还有更坏的消息等着唐生智，而且这次的坏消息不是敌人的胜利，而是蒋介石本人的命令。12月11日中午，顾祝同将军给唐生智的办公室打电话，告知蒋介石直接下令，要求唐生智的部队大规模撤退。唐生智本人须立即赶往浦口，这是一个从南京渡江的渡口和火车站点，另一位将军在那里等他，并会把他带到安全的地方。

唐生智非常震惊。抛弃自己的部队，对任何将领来说都是难以接受的选择。除此之外，他还面对另一个非常现实的问题——他的部队正在与日军激战。他告诉顾祝同，日军已经突破了中国军队的防线，目前已绝无可能实现有组织的撤退。在此情况下，下令大规模撤退将会导致中国军队的溃败。

"我管不了这么多！"顾祝同说，"无论如何，你今晚之前必须撤走。"

当唐生智再次详述仓促撤军可能带来的严重后果时，顾祝同提醒他，是蒋介石亲自命令他"今晚务必渡江"。顾祝同告诉他，如有必要，可以留一名下属处理相关事宜，但是"你今晚务必渡江"，顾祝同再次强调。

"不可能！"唐生智说，他最快也要明天晚上才能渡江。顾祝同警告他要尽早撤离，因为随着敌人的迫近，情势已经非常紧急。[42]

那天下午，唐生智收到来自蒋介石的电报，确认了撤退命令："唐总司令，如果你不能维持局势，就应把握撤退的机会，以保存实力，重整军队，以备来日反击。——中正，11日"那天晚些时候，悲痛的唐生智收到了蒋介石的第二封电报，重申紧急撤退的命令。[43]

既无法守住防线，又承受了巨大的压力，唐生智最终屈服了。这个决定导致了中国军事史上一个极为惨重的灾难。

12月12日凌晨3点，唐生智在其官邸召开了一次黎明前的会议。当他的副司令和高级将领们到齐后，唐生智悲痛地告诉他们，前线已经失守，他们已无法守住南京城门，而且蒋介石已经命令军队撤退。唐生智告诉部下，复印该命令和其他相关文件，准备撤退。当天下午1点，撤退命令已经传达给驻守南京的中国军队。[44]

但是，唐生智随后就收到了令人震惊的报告。唐生智原本希望他的部队经由长江撤离南京，但此时他了解到，日本海军在长江上的扫雷工作已经进行到八卦洲的东部，并且正向南京逼近。日本海军到达后将会切断中国军队从南京撤离的最后一条路线。[45]迫于情势，唐生智再次前往位于宁海路5号的南京安全区国际委员会，请求德国商人爱德华·施佩林帮助达成与日军的停火协议。施佩林同意携投降旗和口信去会见日本人，但他后来向唐生智报告说松井石根拒绝了投降提议。[46]

12月12日下午，就在唐生智召开第二次高级军官会议前几分钟，他透过自己房间的窗户向外望去，整个南京城已显现一片溃败的景象，街道上挤满了汽车、马匹和难民。无论老少、强弱、贫富，只要还有可能，任何有点儿头脑的人都决定逃离南京。[47]下午5点会议开始，但只开了10分钟就结束了。由于各战区指挥官与中央指挥处的联系都已中断，很多高级军官没有到会。还有些人没有收到会议通知，因为他们对局势进行评估后早已先行逃跑了。

唐生智告诉那些聚在他宅邸中的高级军官,日军已经攻破南京城门,并从三个地方突破城墙攻入南京。他问大家:"你们还有信心守住防线吗?"尽管他等了好几分钟,但房间里一直鸦雀无声。

沉默过后,唐生智冷静地讨论了撤退战略。撤退将在几分钟后,即下午6点开始,并将持续到第二天早晨6点。一部分军队(第36师和宪兵队)将从下关渡江,然后在长江对岸一个指定的村庄集合。他宣布,其余部队必须奋力突破日军的包围,幸存者到安徽省南部会合。留在南京的武器、弹药和通信设备都必须销毁,并毁掉撤退路线上的所有道路和桥梁。

在这次会议上,唐生智稍后又修改了他的命令。他通知部队,即使第87师、第88师、第74军和教导总队不能突破日军的包围,也要尽量尝试渡江。此时唐生智批准了5个师渡江——是最初所定渡江人数的2倍。那天晚上,唐生智本人也将赶到码头,那将是他这辈子都无法忘记的一段路程。

不出所料,撤退命令使中国军队陷入一片混乱。[48]有些军官在城里东奔西跑,把撤退的命令通知给他们遇到的每个人。接到命令的士兵开始撤离。有些军官没有告诉任何人,甚至对他们自己的部队隐瞒了撤退的命令。他们自己躲起来保命,手下的士兵却继续与日军作战;当这些士兵看到其他部队撤退时,还以为他们在大规模临阵脱逃,为制止逃跑,他们举起机关枪向数百名战友开火。在仓皇混乱的撤退中,有中国坦克碾过数不清的中国士兵向前行驶,直到有人用手榴弹将其炸毁后才停下来。[49]

即使在这大规模的撤退惨剧中,也不乏滑稽的时刻。为避免被日军俘获,士兵们竭力混入普通百姓中,他们闯入商店抢夺平民服装,并在大庭广众之下脱掉军装。大街上很快就挤满了半裸的士兵,还有半裸的警察,这些警察也扔掉制服,以免被误认为军人。有个人只穿着内衣,戴着一顶礼帽,在街上乱窜,礼帽很有可能是从富有的政府官员家里偷来的。在撤退的最初阶段,军队还维持着表面的秩序,一队队中国士兵一边脱掉军装,换上平民服装,一边保持队形前进。但是当撤退变成溃逃时,抢夺平民服装变得非常急迫。有人亲眼看到士兵扑向行人,从背后撕掉他们的衣服据为己有。[50]

要想避开日军安全地撤离南京只有一条路,即经由城北的码头渡过长江,那里有一支船队正在等待最先到达的士兵。要到达码头,士兵们必须首先赶到主干道中山路,然后穿过西北城门挹江门,才能到达位于南京北郊的下关码头。

然而,挹江门前出现了令人难以置信的拥堵局面。一个问题是,数千名士兵,其中许多人乘坐卡车、轿车和马车,都试图强行挤过只有70英尺宽的城墙门洞。出城人群从最初的涓涓细流变成下午5点的滔滔江水,到后半夜,人流则成为泛滥的洪水,人们争先恐后地涌向狭窄的门洞。另一个问题是,撤退的士兵丢弃了数不清的武器装备和军用物资,以减轻过江时的负担,结果城门附近出现了成堆的手榴弹、汽车、机关枪、外套、鞋子和头盔等,这又加剧了堵塞。另外,之前在城门附近修建的防御工事也占据了一半路面。灾难即将来临。[51]

在前往码头的路上,唐生智透过他乘坐的黑色汽车的窗户,目睹了这个无比混乱的场景。汽车在乱糟糟的人群中艰难穿行,他听到了行人对他的咒骂。"这种时候你居然还坐在车里?"人们大声吼着,并不知道坐在车里的正是唐生智。他装作没听见,闭上了眼睛,汽车像乌龟一样慢慢爬向终点。他本应在下午 6 点到达码头,但最终到达时已经是晚上 8 点了。[52]

唐生智到江边后面对的也是极度混乱的局面。军官们就哪些装备应该销毁、哪些应该随军渡江而争论不休。士兵们将坦克装到一排被绑在一起的船上,并试图维持它在水面上的平衡。但许多船只都倾覆了,坦克也随之沉入江底。

夜色渐深,士兵们开始只顾自己渡江,将坦克和其他设备丢在一边。随着渡船不断减少,现场的暴力气氛愈加浓厚。最后,上万名士兵争夺两三只渡船,他们有的奋力挤上甲板,有的对天鸣枪试图吓走其他人。惊恐的船员挥动斧头,砍向紧抓着渡船两侧的士兵的手指,试图摆脱冲向船只的汹涌人潮。[53]

那天晚上,不计其数的人在试图渡江时死于非命,许多人甚至都没有挤出城门。那天夜里中山路失火,火势迅速蔓延到被丢弃的一堆堆弹药,熊熊大火吞噬了数不清的房屋和汽车。困在路上的马匹受到惊吓,暴跳狂嘶,更加剧了人群的混乱。惊恐万分的士兵拼命往前挤,数百人被推进烈火中,还有更多的人被挤入城墙狭长的隧道里,惨遭踩踏。由于城门拥堵,加之地狱般的烈火在附近肆虐,那些从混乱中挣脱出来的士兵拼命跑到城下,试图翻越城墙。数以百计的士兵将衣服撕成布条,与皮带和绑腿系在一起做成绳梯。他们一个个爬上城墙,并将步枪和机关枪从城垛的凹处扔下来。许多人从墙上坠落身亡。[54]

当最后一条渡船消失后,士兵们带着仓促拼凑的浮水装置跳入江中,他们有的抱着枕木或圆木,有的坐在木板、水桶、浴盆或从附近人家偷来的门板上。当再也没有木头可用时,许多人试图游过长江,但几乎全都溺水而亡。

唐生智和两位副司令登上一艘靠煤炭驱动的小汽艇，直到晚上9点，他们一直都在等待两位始终没有到达的参谋人员。在小汽艇上，唐生智一定听到了人们相互争斗的嘈杂声和尖叫声，混杂着日军震耳欲聋的炮火声。这就是他所看到的景象——烈火中的南京。大火照亮了漆黑的夜空。

可以想见，满腹屈辱的唐生智渡江时必定思绪万千。他最后一眼看到的南京是一座处在水深火热中的城市，市民正疯狂自救，而他手下的士兵正绝望地抱着浮木，在漆黑冰冷的江面上漂流。他后来告诉友人，尽管自己20多年来身经百战，但从未经历过如此黑暗的一天。[55]

第四章
恐怖的六星期

日军攻破南京城门之前，那些稍微有点儿财力、权力或先见之明的居民都已闻风而逃，不知所踪。大约一半居民离开了南京：战争爆发之前，南京的本地人口在100万以上；到12月，这一数字已经下降到50万。[1] 但与此同时，却有数万名乡村移民涌入南京，他们背井离乡来到这里，相信南京在城墙的庇护下是安全的。中国军队撤离后，留在南京的是那些毫无防卫能力的人：老人，儿童以及经济赤贫或身体虚弱到无法安全出逃的人。

这些人失去了政府保护，没有任何个人资源，更看不到未来的出路，只能寄希望于日本人善待他们。许多人告诉自己，一旦战事结束，日本人一定会对他们以礼相待。有些人甚至相信日本人会是更好的统治者，毕竟在他们最需要帮助时，中国政府抛弃了他们。由于厌倦了战火、厌倦了遭受轰炸和围困，当日军带着坦克、大炮和卡车轰隆隆地开进南京城时，确实有零星的几群中国人跑出去欢迎侵略者。当日军从南门和西门列队进城时，有些人在自家窗口上挂起了日本国旗，甚至还有人高声欢呼。[2]

然而，对日军的欢迎是短暂的。目击者后来描述说，日军进城后不久，就开始以6~12人为一伙在城里四处游荡，见人就杀。有老人面部朝下倒在人行道上，显然是日军一时兴起从他背后开枪所致；几乎每一条街区都散布着中国平民的尸体，许多人除了见到日军撒腿就跑外，并无任何冒犯之处。[3]

根据军事法庭的战争犯罪记录和中国政府的档案文献，接下来发生的事情尽管都极尽恐怖，却大都千篇一律。所有描述几乎毫无例外，大致如下。

日军通常把他们抓到的男人都当作囚犯，一连几天不给饭吃、不给水喝，但许诺会给他们食物和工作。经过几天这样的折磨之后，日军就用铁丝或绳子将他们的手腕牢牢捆住，然后把他们驱赶到偏僻处。这些人都已太过疲乏或严重脱水，因此急切地走出去，还以为马上就能得到食物和水。然而，他们看到的却是机关枪，或者手持血淋淋的军刀或刺刀等在一边的日本士兵，或者掩埋尸体的巨大坟坑，坑里堆满了先于他们被杀害的同胞的尸体，阵阵尸臭飘散出来，此时再想逃跑为时已晚。

日本人后来为证明自己行为的正当性，曾经辩护说：他们是为了节约有限的粮食，防止暴动，不得已才处死战俘的。但是，任何理由都无法开脱日军对数十万无助的南京平民所犯下的滔天罪行。因为他们手无寸铁，根本不可能造反。

当然，并非所有在南京的中国人都轻易屈服于日军妄图斩尽杀绝的屠刀。南京大屠杀不仅是一个大规模的牺牲事件，其中也展现了个体的力量和勇气。靠着强烈的求生意志，有人徒手挖开埋葬自己的坟坑逃出来，有人紧紧抓住芦苇在刺骨的江水中隐蔽好几个小时，有人甚至一连数日被压在朋友的尸体下，最后才设法脱身，拖着弹痕累累的身体去医院就医。还有些妇女躲在洞穴或壕沟内长达数星期，或者冲进大火熊熊燃烧的房屋去救自己的孩子。

后来，许多幸存者向记者和历史学家讲述了自己的经历，或是在日本战败后到南京和东京的军事法庭上作证。1995年夏天，我采访了一些幸存者之后了解到，日军杀害许多中国人显然并无其他原因，只是为了取乐。这就是80多岁的南京市民唐顺山的看法。1937年，他奇迹般地从日军的一次杀人比赛中侥幸逃生。

杀人比赛

在南京大屠杀期间，与成千上万因轰炸而逃出家门流落南京街头的不幸居民不同，当时唐顺山实际上有一个安全的避难所。那年他25岁，是名鞋匠学徒，当时他躲在两个师兄弟的家中，地处南京城北的一条名为小门口的小巷里。唐顺山的两个师兄弟（唐顺山分别称他们为"大和尚"和"小和尚"）把家里的门板拆下来，然后用砖块把门洞堵上，这样从外面看来，家门那堵墙就成了一面完整的墙壁。他们在屋里的泥地上一连坐了好几个小时，听着外面的尖叫声和枪炮声。

唐顺山突然冒出一股冲动，想要亲眼见识一下日本士兵的模样，他的麻烦从此开始了。过去他一直听说日本人和中国人长得很像，但他从未去过日本，也就无从验证这一说法的对错。现在正是亲眼看看日本人的大好时机。唐顺山努力克制自己的好奇心，但最终还是没能抵挡诱惑。他请求两个师兄弟将门口的砖块移开,放他出去。

他们自然恳求他不要去,并且警告他说如果日本人逮到他在外面闲逛的话,就会将他杀掉。但唐顺山不是轻易就能被说服的人,"大和尚"和"小和尚"苦口婆心地劝了他很长时间,最后还是拗不过他。他们冒着自己也会被日军发现的危险,移开堵门的砖块,让唐顺山钻了出去。

唐顺山刚走出去就开始后悔了,他被一种近乎超现实的景象惊呆了,他在街上看到男男女女的尸体(甚至还有老人和孩子的尸体)扭曲着躺在面前,大部分人都是被刺刀刺死的。唐顺山回忆着那个恐怖的下午:"血溅得到处都是,仿佛天上下了一场血雨一般。"

然后他在街上看到了另一个中国人,在他身后有八九个日本兵正从远处走过来。唐顺山和这个陌生人本能地跳到旁边的垃圾桶里躲起来,并抓了些稻草和纸片盖在自己头上。他们又冷又怕,禁不住浑身发抖,结果连垃圾箱也跟着抖动起来。

突然,稻草被掀掉了。一个日本士兵猛然出现在他们眼前,怒视着他们。唐顺山还没来得及明白发生了什么事,日本士兵已经用刺刀将旁边那人的头砍了下来。鲜血从受害者颈部喷涌而出,那个士兵弯下身,像取战利品一样把人头拎了起来。"我吓得浑身动弹不得,脑子里一片空白。"唐顺山回忆道,"我想起了自己的家人,我知道如果我死在这里,他们永远都不会知道我出了什么事。"

接着,有人用中文命令唐顺山出来。"滚出来!"一个中国人对他吼道,唐顺山怀疑他是为日本人做事的汉奸。"滚出来,不然我就杀了你!"

唐顺山从垃圾箱里爬了出来。他看到路旁有一条水沟,心中暗想能否跳进去,然后再设法逃走,但他发现自己太过恐惧,连腿都挪不动了。接着,他看到一群日本士兵驱赶着数百名中国人沿街走来。日本士兵命令唐顺山跟他们一起走,当他随其他俘虏向前走时,看到街道两旁到处都是横七竖八的尸体,这让他感到极度悲凉,恨不得马上死掉。

不久之后,唐顺山发现自己来到一个池塘边,旁边还有一个新挖好的长方形大坑,坑里堆着大约 60 具中国人的尸体。"一看到这个新挖好的大坑,我立刻想到,他们可能会把我们活埋或者当场杀死。我吓得呆若木鸡,只能一动不动地站在那里。我突然想跳进坑里,但随后就发现两条日本军犬正在那里啃咬尸体。"

日军命令唐顺山和其他囚犯在坟坑四周排队站好。他站在最靠近坑边的一排。9 名日本士兵等在一旁,给唐顺山留下了深刻的印象:他们身穿黄色军服,头戴嵌有星星的军帽,手中拿着寒光闪闪的刺刀和步枪。在这么近的距离下,唐顺山可以看到日本人的确跟中国人长得很像,但此时他已经吓得顾不上这些了。

接着,令唐顺山更加恐惧的事情发生了,日本士兵开始进行杀人比赛——看谁杀得最快。1 名士兵端着机关枪负责警戒,随时准备将任何试图逃跑的人杀掉,另外 8 名士兵 2 人一组,分成 4 组。每组士兵中,一人负责用刺刀砍头,另一人负责把头捡起来扔到一旁堆起来。眼睁睁看着自己的同胞一个个倒下,囚犯们浑身僵冷,胆战心惊,一点儿动静都没有。"杀一个数一个!杀一个数一个!"唐顺山一边讲述一边回忆着日军杀人的速度。他们放声大笑,甚至还有人拿着相机拍照。"一点儿同情心都没有。"

一股深沉的悲哀涌上心头。"无处可逃,我已准备赴死。"一想到家人和自己所爱的人永远都不会知道自己出了什么事,唐顺山心里难过极了。

正陷入这些胡思乱想的唐顺山突然被一阵骚动拉回现实。在他前面两排俘虏中，有一位孕妇开始为自己的生命抗争，她拼命抓打着那个试图将她拖去强奸的士兵，拼命反抗。没有人过去帮她，最后，那个士兵将她杀死并用刺刀剖开她的肚子，不仅扯出了她的肠子，甚至将蠕动的胎儿也挑了出来。

那一刻，唐顺山觉得他们所有人都应该反抗，努力反击并尽力杀死那些日本士兵，即使为此牺牲也在所不惜。但是，尽管中国俘虏在人数上大大超过了折磨他们的日本刽子手，并有可能最终战胜他们，却没有一个人采取行动。每个人都如此顺从，让人觉得不可思议。唐顺山回忆道，说来伤心，站在坟坑周围的所有人中，只有那位孕妇表现出了一点儿勇气。

很快，一个日本士兵挥舞着刺刀向唐顺山这边走来，在离他只有一排之隔的地方停下。这时唐顺山突然奇迹般地获得幸运之神的眷顾。当这个日本士兵砍掉唐顺山正前方那人的头时，遇难者的尸体倒向唐顺山的肩膀。就在那一瞬间，唐顺山借势向后倒去，随尸体一起掉进坑里。没有人注意到。

唐顺山把头藏在那具尸体的衣服下面。如果日本人还在进行当初的砍头比赛的话，他的这个小伎俩是不会成功的。起初，日本士兵用遇难者的人头计分，但后来为了节省时间，他们不再砍头，而是改用割喉的方式杀人。这样唐顺山才得以苟全性命——坑里堆着几十具未被砍头的尸体。

日本人的杀人狂欢大约持续了一个小时。唐顺山一动不动地躺在坑里装死。日本人将其他尸体推下坑，堆在他身上。唐顺山回忆，后来大部分日本士兵离开了现场，只有一个人留下来，拿着刺刀在这个

第四章　恐怖的六星期

大坟坑中刺来刺去，以确保所有人都已死掉。唐顺山一声不吭地挨了5刀，然后昏了过去。

那天下午晚些时候，大概5点，唐顺山的师兄弟"大和尚"和"小和尚"来到这个坟坑旁边，希望能取回他的尸体。他们之前透过藏身之处的砖缝看到日军把唐顺山和其他人都押走了，于是料定他大概和其他人一样已经不在人世了。但是，当发现唐顺山还在尸体下面轻微活动时，他们立刻将他拉出坟坑，送回家里。

在那场杀人比赛中，有数百人遇难，唐顺山是唯一的幸存者。[4]

折　磨

日军对南京当地居民施加的严酷折磨几乎超出了人类所能理解的极限，这里仅举几例。

活埋：日军的活埋行动就像生产流水线一样精确而高效。日本士兵强迫第一批中国俘虏挖好坟坑，第二批俘虏埋掉第一批，再由第三批埋掉第二批，以此类推。日本士兵故意将有些受害者只埋到胸部或颈部，为的是让他们遭受更多的痛苦，比如用刺刀将他们砍成碎块，或者让他们遭受马匹践踏和坦克碾压。[5]

身体毁伤：日军不仅对受害者进行开膛剖腹、砍头或肢解，还对他们实施其他各种更残酷的凌虐。在全城各地，到处都有以下种种折磨：将囚犯钉在木板上，让坦克从上面碾过，还将他们钉在树干或电线杆上，活生生从他们身上割下一条条肉，或者把他们当作练习刺刀的活靶子。据报道，至少有100人在被烧死之前已经被挖掉了眼睛、割掉了鼻子或砍掉了耳朵。另有200多名中国士兵和平民被剥光衣服，

069

绑在学校的圆柱或门上，然后日本士兵用锥子在他们的嘴巴、喉咙和眼睛等身体各处刺了数百个小洞。[6]

烧死：日军大规模焚烧中国受害者。在下关，一个日本士兵将中国俘虏绑在一起，一次10人，然后将他们推到坑里，浇上汽油活活烧死。在太平路，日本士兵命令一大群商店职员救火，然后却用绳子把他们绑在一起，推入烈火中。日本士兵甚至还发明了用火杀人取乐的游戏，一种是将一大群中国人驱赶到楼顶或屋顶，然后将楼梯拆掉，并在一楼点火，观看许多受害者从窗户或屋顶跳下来自杀身亡；另一种娱乐方式是，在受害者身上泼洒燃料，然后朝他们开枪，欣赏火焰在他们身上升腾而起的景象。曾经有过这样一次臭名昭著的事件，日本士兵将数百名中国人（包括妇女和儿童）驱赶到一个广场上，在他们身上浇上汽油，然后用机关枪朝他们扫射。[7]

冻死：南京大屠杀期间，有数千人被日军故意冻死。例如，日本士兵强迫数百名中国俘虏前往结冰的池塘边，脱掉衣服，砸开冰面，跳入水中"捕鱼"。当他们的身体被冻僵以后浮上水面，很快就成为日本士兵浮动的靶子，被打得弹痕累累。在另一起事件中，日本士兵把一群难民绑在一起，推入一个浅水池塘，然后向他们投掷手榴弹，制造出"血肉横飞"的爆炸效果。[8]

狗咬：另一种惨无人道的酷刑是，将受害者活埋至腰部，然后观赏他们被德国黑贝撕碎的场面。曾有目击者看到日本士兵扒光一位受害者的衣服，然后指挥德国黑贝去咬他的敏感部位。那些狗不仅撕开了受害者的肚子，甚至还将他的肠子在地上拖出很远。[9]

以上提到的事件仅仅是日军向受害者施虐的一小部分方法。日军还将受害者浸在酸性溶液中腐蚀他们[10]，用刺刀把婴儿挑起来[11]，钩住受害者的舌头把他们吊起来[12]。一位日本记者后来调查南京大屠杀时了解到，曾有日本士兵将一位中国遇难者的心脏和肝脏挖出来吃掉。[13] 他们甚至还吃男性的生殖器。一名中国士兵逃出日军的牢笼后，在街上看到几具尸体的生殖器被割掉了，他后来得知这些生殖器被卖给了某些日本消费者，他们相信吃了可以壮阳。[14]

强 奸

对我们而言，如果说发生在南京的屠杀规模和性质令人震惊的话，那么发生在这里的强暴案件的规模和性质同样如此。

毫无疑问，这是世界历史上最大规模的强奸事件之一。划时代著作《违背我们的意愿：男人、女人与强奸》(*Against Our Will：Men, Women and Rape*) 一书的作者苏珊·布朗米勒认为，除了1971年巴基斯坦军人强暴孟加拉妇女的事件（一次起义失败之后，在巴基斯坦人长达9个月的恐怖统治期间，20万~40万孟加拉妇女遭到强暴）之外，发生在南京的强暴可能是战争期间强暴平民的所有事件中最恶劣的一桩。[15] 布朗米勒猜测，发生在南京的强暴事件在规模上甚至超过南斯拉夫妇女被强暴的事件，不过由于波斯尼亚的统计数据并不可靠，她对自己的这一结论并不十分肯定。

要确定南京大屠杀期间被强暴妇女的准确人数是不可能的，各种估计数字从2万~8万不等。[16] 但是，日军对南京妇女的所作所为却不能仅仅由一纸统计数字来衡量。我们永远无法全面了解受害者的精神损失，因为许多遭此苦难的妇女发现自己怀孕了。南京大屠杀期间，中国妇女遭日本人强奸而怀孕的话题非常敏感，因此从来没有被全面地研究过。据我所知，以及根据一些中国历史学家和南京大屠杀遇难同胞纪念馆馆员的研究，至今没有一位中国妇女站出来承认自己的孩子是被日军强奸的结果。许多这样的孩子被偷偷杀掉了，根据一位南京大屠杀期间留在南京的美国社会学家的说法，数不清的中日混血婴儿刚一出生就被掐死或溺死了。[17]可以想象，许多中国妇女在面对抚养一个她们无法去爱的孩子和犯下杀婴罪行这样的两难选择时，内心所承受的罪恶、屈辱和自我厌恶之情。毫无疑问，许多妇女无法在二者之间做出选择。根据一位德国外交官的报告，1937~1938年，"数不清"的中国妇女投江自杀。[18]

然而我们知道，在南京大屠杀期间一不小心就会成为强奸的受害者。日军强奸各个阶层的南京妇女：农妇、学生、教师、白领和蓝领工人、基督教青年会职员的妻子、大学教授甚至尼姑，其中有些妇女被日军轮奸至死。[19]日军还经常有计划地在南京打家劫舍，把男人拖出去杀死，同时借机搜寻中国妇女。事实上，一些日本士兵挨家挨户地搜查，索要钱财和"花姑娘"。[20]

这使全城的年轻妇女陷入了糟糕的两难境地，她们不知道是该待在家里还是去国际安全区（由美国人和欧洲人保护的中立区域）避难。[21]如果待在家里，她们将处于当着家人的面被强奸的危险中。但是，如果离家去安全区，她们将有在街上被日本士兵抓住的危险。对南京的妇女来说，陷阱无处不在。比如，日军编造谎言说妇女可以去市场上用大米和面粉换取鸡鸭，但是当她们到达市场准备交易时却发现一群日本士兵正在等待她们上钩。[22]有些日本士兵雇用中国汉奸搜寻可供强暴的人选。[23]甚至在安全区内，日本士兵也会挑起事端，将外国人引出难民营，然后绑架毫无反抗能力的中国妇女。

中国妇女随时随地都可能遭到强奸。据估计，1/3 的强暴案件发生在白天。[24] 据幸存者回忆，日本士兵甚至在光天化日之下，在大庭广众面前，当街掰开受害者双腿强奸她们。[25] 对日本人来说，没有任何地方是不能实施强奸的神圣之地。他们在尼姑庵、在教堂、在神学院、在圣经培训学校强奸妇女。[26] 曾经有 17 个日本士兵在神学院的操场上轮奸了 1 名中国妇女。《大公报》证实了南京的大规模强暴事件："每天 24 小时，每时每刻都有无辜的妇女被日本士兵拖到某个地方去强奸。"[27]

日本士兵连老年妇女也不放过。已婚妇女、祖母以及曾祖母都不断遭到性侵犯，一个日本士兵在强奸了一名 60 多岁的妇女后命令她"用嘴将他的阴茎舔干净"。[28] 当一位 62 岁的老妇人反抗说她年龄太大无法性交时，日本士兵就"用木棍将她暴打一顿"。[29] 许多 80 多岁的妇女甚至被强奸至死，曾有这样年纪的中国妇女因拒绝日本士兵的性要求而遭枪杀。[30]

如果说日本士兵对待老年妇女的方式令人发指，那么他们对女童的摧残更是令人难以想象。小女孩在遭到如此野蛮的强奸后几周都不能走路，许多小女孩事后需要进行手术，有些则不治身亡。[31] 曾有中国目击者看到日本士兵在大街上强奸 10 岁以下的小女孩，然后用刺刀将她们劈成两半。[32] 在有些案例中，日本士兵甚至切开小女孩的阴道，以便强奸起来更容易。[33]

甚至即将生产的孕妇也不能免遭摧残，日军强奸了许多即将临盆、正在分娩或产后没几天的妇女。[34] 一位怀胎九月的妇女在遭到强奸后产下死胎，精神完全崩溃。[35] 还有孕妇被日军活活踢死。[36] 这些妇女腹中的胎儿所遭受的残酷对待更是令人毛骨悚然。在对孕妇进行轮奸后，日本士兵还时常剖开她们的肚子，扯出胎儿以供娱乐。[37]

强奸妇女经常与屠杀受害者全家同时发生。

当时留在南京的美国和欧洲传教士详细记录了一次最为臭名昭著的这类事件。[38]1937年12月13日，30名日本士兵来到位于南京东南部新路口5号的一户中国人家中。当房东出来开门时，日本士兵立即杀死了他，接着房客夏先生跪下来哀求他们不要再杀任何人时也被杀害。当房东太太质问日本士兵为什么要杀死她丈夫时，日本士兵开枪将她打死。当时夏太太正与她年仅1岁的孩子躲在客厅的一张桌子底下，日本士兵把她拖出来并扒光她的衣服强奸了她，然后将刺刀刺入她的胸膛，将她杀死。这还不算，日本士兵又将一只花露水瓶子塞进她的阴道，并用刺刀将她的孩子刺死。接着他们来到隔壁房间，发现了夏太太的父母和两个十几岁的女孩。外祖母试图保护两个女孩免遭日本士兵强奸，结果被用左轮手枪打死。悲痛欲绝的外祖父紧紧抱住妻子的尸体，也立刻被日本士兵杀害。

接着，日本士兵扯掉两个女孩的衣服，轮奸了她们：16岁的女孩遭到两三个日本士兵强奸，14岁的女孩子遭到三个日本士兵强奸。事后日本士兵不仅将年龄稍大的女孩刺死，还将一根竹竿插入她的阴道。另一个小女孩只是被刺死，"得以免除她母亲和姐姐所遭受的恐怖对待"，一位外国人后来描述这一场面时写道。日本士兵还刺伤了另一位8岁的小女孩，当时她和4岁的妹妹躲在床上的毯子底下。那个4岁的小女孩由于躲在毯子下的时间太长，差点儿窒息而死。由于长时间缺氧，造成她的大脑永久性损伤，余生一直为此而饱受折磨。[39]

日本士兵在离开之前还杀死了房东的两个孩子，一个4岁，一个2岁。他们将4岁的孩子刺死，将2岁孩子的头劈成两半。等日本士兵离开后，那个躲在毯子底下的 8 岁的小女孩爬到隔壁房间，躺在母亲的尸体旁边。她和 4 岁的妹妹就靠母亲在日军围城之前储备的锅巴活了 14 天时间。几周以后，当一位安全区成员来到这里时，看到了那个在桌子上被强奸的小女孩尸体，他后来作证说："我到达之后，桌子上的血还没有干透。"[40]

另一个类似事件同样恐怖，一个 15 岁的小女孩亲眼目睹了自己全家被日军杀害的过程。日本士兵先是无端指控她的哥哥是中国军人，于是将他杀死；接着又因为她的嫂子和姐姐抗拒强奸而杀掉她们；最后是她的父母，他们跪在地上哀求日军放过自己的孩子。她的父母惨死在日军的刺刀之下，他们最后的遗言是告诉这个小女孩，不论日本人要她做什么，都要照办，以求活命。

小女孩吓得昏了过去。醒来后，她发现自己赤身裸体地躺在一间陌生房间的地板上，房间的门被锁上了。当她处于昏迷状态时，有人强奸了她。跟这座建筑中的其他女孩一样，她的衣服也被拿走了。这是一幢被改建为兵营的建筑，里面住了 200 名日军，她的房间在二层。住在该建筑中的妇女分两类，一类是妓女，她们拥有人身自由，受到较好的待遇；另一类是被绑架来的良家女孩，被迫沦为性奴隶，她们中有人曾企图自杀。在长达一个半月的时间里，这个 15 岁的女孩每天都要被强奸两三次。最后由于她病得太重，日本士兵就不再碰她了。一天，有位好心的日本军官走到她面前，用中文问她为什么哭泣。听了她的遭遇后，这个军官用卡车把她送到南京，进入南门后给了她自由，并在一张纸上给她写下金陵女子文理学院的名字。这个女孩由于病得太重，第一天没能走到那里，在一户中国人家里住了一夜。第二天她才走到金陵女子文理学院，安全区国际委员会的成员见状立刻把她送到医院。[41]

　　这个女孩还算是幸运的，许多女孩赤身裸体地被绑在椅子上、床上或柱子上，一直这样固定着作为日军发泄兽欲的工具。她们没有在如此残暴的虐待中存活下来。[42]曾有中国目击证人描述，一位11岁的小女孩连续两天遭到不间断的强奸而死的惨状："那个女孩两腿之间满是血迹、肿胀和撕裂的伤痕，这景象真是令人作呕，不敢直视。"[43]

　　在这场大规模的强暴中，日军还常常杀害儿童和婴儿，原因是他们碍事。根据目击证人的报告，许多儿童和婴儿在母亲被强奸时大哭，因而被日军用衣物塞住嘴巴窒息而死，或被刺死。[44]目睹了南京大屠杀的美国人和欧洲人有大量关于类似事件的记载，其中有一条记录这样写道："2月3日，下午5点左右，3名日本士兵来到尚书巷（大中桥附近），强迫一名妇女丢掉怀中的婴儿后将她强奸，然后狂笑着扬长而去。"[45]

　　不计其数的男人为保护自己的爱人免遭强暴而惨遭杀害。当日本士兵将一名妇女从草棚中拖出来时，她的丈夫上前阻止，日本士兵"用铁丝刺穿他的鼻子，并将铁丝的另一头拴在树上，就像拴牛一样"，然后用刺刀在他身上反复乱刺，不顾他母亲在一边苦苦哀求、痛苦地匍匐在地上、歇斯底里地哭喊。日本士兵喝令他母亲回到屋里去，否则就杀死她。这名男子因伤势过重，当场死亡。[46]

　　在南京，日军的人性泯灭和性变态已经到了无以复加的地步。就像许多日本士兵为排遣反复屠杀的单调乏味而发明各种杀人比赛一样，有些日本士兵因纵欲过度而感到厌倦，于是发明了消遣性的强奸和凌虐游戏。

　　或许，日军最惨无人道的取乐方式之一就是刺穿女性的阴道。[47]

在南京街头，许多女性尸体双腿大张，阴道中被日本士兵恶意塞进木棍、树枝和杂草等物。一想到日本士兵还用其他异物对南京妇女实施难以忍受的摧残，不禁令人痛苦万分，心灵几乎失去知觉。例如，一名日本士兵在强奸了一位年轻女子后，将一个啤酒瓶塞进她的下体，然后开枪将她打死。另一位强奸受害者的下身被插进了一根高尔夫球杆。[48]1937年12月22日，日本士兵在通济门附近的街坊内强奸了一位理发师的妻子，并将爆竹塞进她的阴道，然后引爆爆竹将其炸死。[49]

受害者并非仅限于女性，中国男性也常常遭到鸡奸，或在日军的淫笑中被迫表演种种令人作呕的性行为。[50]有中国男性因拒绝奸污雪地里的一具女尸而遭到杀害。[51]日军还试图强迫终身禁欲者发生性行为，并以此为乐。一位女扮男装的中国妇女在试图通过南京城门时，遭到日本卫兵有计划的摸裆检查，她当场被识破真实性别并惨遭轮奸。当时恰好有一位和尚不幸从附近路过，日本士兵便强迫他与这位刚刚被轮奸的妇女发生性关系。和尚断然拒绝，于是惨遭阉割，最后失血而死。[52]

日军所实施的性虐待中，最丧尽天良的案例莫过于对整个家庭的羞辱。为获取性虐狂般的快感，日军强迫中国男人犯下各种乱伦罪行：父亲强暴亲生女儿，兄弟强暴亲生姐妹，儿子强暴亲生母亲。南京陷落后，一位被困南京长达3个月之久的中国陆军营长郭歧曾经耳闻目睹四五起日军强迫儿子奸淫母亲的案例，拒不从命者被当场杀死。[53]他的报告后来被一位德国外交官的证言所证实，该外交官报告说，曾有一位拒绝强奸自己母亲的中国男子被日本士兵砍死，随后他的母亲也自杀身亡。[54]

有些家庭成员宁愿一死了之，也不愿自相残虐。曾有一家人在渡江时被两名日本士兵拦下，要求接受检查。当发现船上有年轻妇女和小姑娘时，日本士兵当着她们父母和丈夫的面将其强奸。这已经够恐怖了，日本士兵接下来的要求更是毁了全家，他们要求这家人中的年长男性也强奸这些妇女。全家人宁死不从，投江自尽。[55]

妇女一旦被日本士兵抓住，便几乎没有生还的可能，因为她们大多数在遭到强奸后立刻就被杀害了。

但并非所有妇女都那么轻易就范，许多人为躲避日军，在柴堆、草垛、猪圈、小船上或废弃的房子里躲藏数月之久。[56]在乡下，妇女们常常躲在地下洞穴里——日本士兵通常在地面上使劲跺脚以发现这些洞穴。[57]曾有一位尼姑和一个小女孩为躲避日军的强奸和杀戮，一动不动地躲在一个堆满尸体的壕沟里，佯装死亡长达5天。[58]

妇女们用各种方法逃避被强暴的命运。有些妇女采用伪装的方法——在脸上涂抹烟灰，使自己看起来又老又病，或者剃掉头发，装扮成男人的模样。[59]（曾有位聪明的年轻女子将自己装扮成老妇人，并借来一个6岁的小男孩背在背上，拄着拐杖蹒跚而行，从而得以安全到达金陵女子文理学院的安全区。）[60]还有些妇女佯装患病，例如，有一位妇女告诉日本士兵说，她刚刚在4天前产下死胎。[61]

还有一位妇女听从中国俘虏的建议，以手指插入喉咙深处，将自己催吐了好几次。（掳走她的日本士兵急忙将她赶了出去。）[62]有些妇女则完全依靠机敏，在日本士兵穷追不舍时，利用熙熙攘攘的人群，跑进跑出，翻墙越壁，得以逃脱。曾有一位女孩在三楼设法将试图袭击她的日本士兵绊倒后，顺着一位中国男子在花园中为她撑起的竹竿滑下来，得以侥幸逃脱。[63]

一旦被抓的妇女奋起反抗，日本士兵就会对其施以凌虐，以儆效尤。那些不屈从日军淫威的妇女通常会遭受挖眼、削鼻、割耳或者切去乳房等酷刑折磨。[64] 因此，鲜有妇女敢与施暴者抗争，但还是有一些零星的反抗。有位中学教师在被枪杀前奋勇击毙了 5 名日本士兵。[65] 最著名的是李秀英的事迹，她在与日本士兵的搏斗中身受 37 处刀伤，却坚强地活了下来，近 60 年后的今天依然精力充沛，且能生动地描述并演示自己的遭遇。

1937 年，18 岁的李秀英新婚不久，丈夫是中国军队的技术人员。当中国政府撤离南京时，她的丈夫也坐在满载中国士兵的火车顶上离开了南京。当时李秀英已有六七个月的身孕，这种身体状况下乘坐拥挤的火车会有危险，因此只好留下。

同许多其他留在南京的中国平民一样，李秀英和父亲逃到由外国人管理的国际安全区。他们躲在一所改建为难民营的小学地下室里。但同安全区的其他难民营一样，这里也一再遭到日军的检查和侵扰。12 月 18 日，一群日本士兵闯进来，将年轻的中国男子拖出学校。翌日清晨，他们又回来抓捕妇女。由于担心日本士兵对孕妇图谋不轨，李秀英做出了一个冲动的决定，她猛地将头撞向地下室的墙壁，企图自杀。

当她恢复意识后，发现自己躺在地下室的一张帆布小床上。日本士兵已经走了，但他们抓走了好几名年轻妇女。李秀英精神恍惚地躺在床上，脑海中闪过许多疯狂的念头。如果她跑出去，也许是自投罗网，会遭到日军强暴；如果什么也不做，只是坐以待毙，也许日本士兵还会回来找她。李秀英最后决定留下。如果日本士兵不来，当然一切都好；如果他们回来，她将拼死抗争。她告诉自己：宁可一死，也不能被日军强暴。

很快她就听到了三名日本士兵下楼的沉重脚步声。其中两名士兵抓走了几个妇女,这些妇女惊恐地尖叫着,被拖出了房间。另一名士兵死死盯着躺在床上一动不动的李秀英。有人告诉他李秀英病了,他却把其他人都踢到房间外面的走廊上。

这名士兵一边慢慢地来回踱步,一边打量着她。突然,在他还没弄清发生什么事情之前,李秀英迅速出击。她从床上跳下来,夺过对方腰间的刺刀,并迅速靠在墙上。"他吓坏了。"李秀英回忆道,"他万万想不到女人也会反击。"他抓住李秀英拿着刺刀的那只手的手腕,但李秀英用另一只手抓住了他的领子,并用尽全身力气咬他的胳膊。尽管这名士兵全副武装,而李秀英穿着行动不便的棉旗袍,但她却在搏斗中占据了上风。两人扭在一起,相互踢打,最后这个士兵被打败,号叫着寻求帮助。

其他日本士兵冲进来,显然他们也不敢相信眼前的情景。他们端起刺刀向李秀英刺去,但由于顾及自己的同伴,他们都刺不到她。李秀英的对手又矮又小,她完全可以把他举起来当作盾牌,以抵挡其他日本士兵的攻击。但后来,日本士兵拿刺刀对准她的头部,在她脸上乱砍,将她的牙齿打掉了。她满嘴是血,朝日本士兵的眼睛唾去。"墙上,床上,地板上,到处都是血。"李秀英回忆说,"我满腔怒火,一点儿都不害怕。我唯一的念头就是与他们拼命,将他们杀掉。"最后,一个日本士兵用刺刀刺中她的腹部,她眼前一黑,昏死过去。

他们以为她死了,便扬长而去。当李秀英被抬到她父亲面前时,她父亲已经感觉不到她的呼吸,便做了最坏的打算。他请人把女儿抬到学校后面,挖了个坑,打算将她安葬。幸运的是,有人在下葬前发现李秀英还在呼吸,血泡从她嘴里冒出来。朋友们立即将她送到金陵大学医院，医生为她缝了 37 处刀伤。当天夜里，她在昏迷中流产了。

李秀英与敌奋战的消息不知怎么传到她丈夫耳中，他立即向部队请了 3 个月的假，借钱回到南京。1938 年 8 月，他回来后发现妻子脸颊肿胀，刀疤交错，被剃光的头上刚刚长出猪鬃般的新发。

此后的一生中，李秀英一直忍受着这些伤口带给她的痛苦和尴尬。鼻涕不断从鼻子旁边的豁口中流出来，每当天气恶劣或生病时，她就会止不住流眼泪。（日本人刺伤了她的眼白，而她竟然没有失明，这真是一个奇迹。）每当在镜中看到这些疤痕，她就会想起 1937 年 12 月 19 日那可怕的一天。"现在，58 年过去了，皱纹已经遮住了疤痕。"她在南京的家中接受我的采访时说，"但我年轻时，脸上的刀疤非常明显，也很可怕。"[66]

李秀英相信，与生俱来的个性和特殊的家庭背景给了她反击的意志。中国妇女从小所受的典型教育就是要温柔顺从，而李秀英则不同，她来自一个完全没有女性影响的家庭。她的母亲在她 13 岁那年就去世了，李秀英不得不在一个只有男人的军人家庭中长大。她的父亲、兄弟和叔伯们不是军人就是警察，在他们的影响下，李秀英变得很男性化。早在少女时代，由于她脾气太暴躁，父亲不敢教她武功，无疑是担心她会欺负附近的小孩。将近 60 年之后，李秀英已经儿孙满堂，但她仍然身体硬朗，热爱生活，甚至还保持着脾气火暴的名声。她说，自己的一大遗憾就是当初没有跟父亲习武，不然，她早就将那三名日本士兵杀掉了。

死亡人数

南京大屠杀期间的死亡人数究竟是多少？在远东国际军事法庭上，

当法官要求金陵大学美籍历史学教授贝德士估计南京大屠杀的死亡人数时，贝德士教授回答说："这个问题实在太大了，我不知道从何说起……南京大屠杀涉及的范围如此之广，没有人能够对它进行完整的描述。"[67]

中国军事专家刘方楚认为有 43 万人死于南京大屠杀。[68]侵华日军南京大屠杀遇难同胞纪念馆馆员以及 1946 年南京地方法院的检察官认为至少有 30 万人遇难。[69]远东国际军事法庭的法官的结论是，南京大屠杀的罹难者在 26 万人以上。[70]日本历史学家藤原彰认为，死亡数字约为 20 万。[71]约翰·拉贝从未进行过系统的计算，而且他在大屠杀结束之前的 1938 年 2 月就离开了南京，因而他估计的人数只有五六万人。[72]日本作家秦郁彦认为南京大屠杀的死亡人数在 3.8 万~4.2 万人之间[73]，还有一些日本人甚至认为死亡人数只有 3 000 人。[74]1994 年，从南满洲铁道株式会社（曾为日本所有）发现的一份档案资料表明，1938 年 1~3 月，仅仅一个负责掩埋尸体的小队就在南京处理了 3 万具尸体。[75]

在有关统计数字方面，或许没有人比江苏省社会科学院历史学家孙宅巍所做的研究更彻底。他在 1990 年发表的学术论文《南京大屠杀与南京人口》中指出，根据人口普查报告，1937 年中日战争爆发前，南京的人口超过 100 万。根据中国档案资料、中国军官的回忆录以及红十字国际委员会南京分会的报告，孙宅巍得出结论认为，在日军占领南京期间，南京至少有 50 万名常住居民（其余的都已逃离南京），加上 9 万名中国军人和数万名流动人口，当时南京的总人口在 60 万人左右，或许甚至高达 70 万人。[76]

孙宅巍在另一篇论文中就死亡人数做出了自己的估计。南京市档案馆以及中国第二历史档案馆的档案中保存了许多由个别家庭、当地慈善机构以及南京市自治委员会（日本人控制的中国傀儡政权）[77]所提交的埋尸记录。孙宅巍在仔细研究这些记录的基础上，发现南京的慈善机构至少埋葬了 185 000 具尸体，群众个人至少埋葬了 35 000 具，由日军控制的中国地方政府埋葬了 7 400 多具（有些埋葬记录非常详细，涵盖死者性别以及掩埋地点等诸多内容）。仅仅根据中国的埋葬记录，孙宅巍估计南京大屠杀的死亡人数就超过 227 400 人。

然而，如果将一名日本战犯供述的情况也考虑在内的话，这一统计数字还会大大增加。这份惊人的供述比孙宅巍的论文早了近 40 年。1954 年，在辽宁省东北部的抚顺战犯管理所等待审判时，一名日本陆军少佐太田寿男提交了一份长达 44 页的报告，其中供述了日军曾采用焚烧、倾倒和掩埋等方式大规模处理尸体。大部分尸体来自南京西北部靠近江边的下关地区。在江边，日军在每艘船上堆放 50 具尸体，然后将船开到江心，把尸体投入江中。他们还用卡车将尸体运到其他地区进行焚烧或掩埋，以此毁灭南京大屠杀的罪证。

自 1937 年 12 月 15 日开始的 3 天时间内，太田寿男的部队将 1.9 万具中国遇难者尸体倒进长江，其临近的一支部队则处理了 8.1 万具尸体，其他部队处理了 5 万具尸体，总计约 15 万具尸体。如果将太田寿男供述的数字加上孙宅巍统计的中国埋葬记录，孙宅巍推断南京大屠杀的罹难者总数将高达令人震惊的 37.74 万——这个数字超过了广岛和长崎原子弹爆炸造成的死亡人数的总和。[78]

即使怀疑者将太田寿男的供述斥为谎言，人们也应当记住，即使没有他的证言，南京的埋葬记录也提供了令人信服的证据，证明南京大屠杀的死亡人数在 20 万人以上。孙宅巍的研究与我在远东国际军事法庭的记录中发现的法庭证据（见表4–1）相吻合。再加上慈善机构估计的埋尸数目（孙宅巍后来的论文中提到过）和其他个人所提供的埋尸统计（孙宅巍的论文中没有提到），远东国际军事法庭的结论是大约26万人在南京大屠杀中被杀害。另外，需要记住的是，远东国际军事法庭的数据中并不包括日本方面掩埋中国遇难者的统计数据，如果将这一数字计算在内，南京的遇难者总数将高达30万，甚至40万之巨。

表4–1　日军南京大屠杀罹难者人数估计

崇善堂	112 266
红卍字会	43 071
下关地区	26 100
鲁甦先生的陈述	57 400
芮、张、杨先生的陈述	7 000 或更多
吴先生的陈述	2 000 或更多
无名罹难者墓碑的记载	3 000 或更多
总数（大约）	260 000

资料来源：Document no. 1702, box 134, IMTFE records, court exhibits, 1948, World War II War Crimes Records Collection, entry 14, record group 238, National Archives.

近年来，其他学者的研究成果也支持孙宅巍的研究结论，并相信南京大屠杀的遇难者总数可能超过30万。例如，南伊利诺伊大学历史学荣休教授吴天威在其论文《让全世界都了解南京大屠杀》中估计，陷落之前南京的人口数量约为63万，他承认这个数字还不够精确，但相对而言比较接近实际数字。他在论文中提供了详细的编年体尸体统计数据，并在仔细研究这些数据的基础上得出结论，认为南京大屠杀的死亡总数超过30万人，甚至达34万人，其中19万人被集体屠杀，另外15万人被单独杀害。[79]

第四章 恐怖的六星期

　　尹集钧和史咏在亲自调查后也得出了大致相同的数字——大约355 000人。[80] 尽管他们所估计的死亡人数代表了南京罹难者总数估计中的上限，尹集钧和史咏认为，南京大屠杀中实际罹难者总数远远超过他们目前所能发掘的记载数据。有专家认为，在死亡统计数据方面存在大量的重复计算现象，例如，许多尸体被日本人抛入长江后又被冲到岸边，然后被重新埋葬，因而在尸体统计中被计算了两次。尹集钧和史咏反驳了这种观点，他们坚称，任何被冲上岸的尸体都会被埋在江边，而不是在离江岸很远的地方；根据他们的研究，大部分尸体的掩埋地点都离长江沿岸数英里之遥。他们认为，翻山越岭地将那些因长期暴露而高度腐烂的尸体运到远处掩埋有违常理。而且，尹集钧和史咏通过对幸存者的采访发现，那些遭奸杀的遇难者的家属通常会立刻将死者埋葬，而不向有关当局报告。由于他们的研究统计中只包括集体屠杀的数据，个别、偶发的残杀则被排除在外，因此尹集钧和史咏相信南京大屠杀的死亡总人数应该在40万左右。[81]

　　一个更有说服力的证据是，连日本人自己都相信，南京大屠杀的死亡总人数可能高达30万。这个证据非常重要，因为它不仅是日本人自己的统计数据，而且是在南京大屠杀发生的第一个月统计的，那时日军对中国人的屠杀还远未结束。1938年1月17日，日本外相广田弘毅将如下信息从东京转发给他在华盛顿的联络人时被美国情报人员截获并破解，后于1938年2月1日将其译成英文：

> 几天前返回上海以后，我调查了日本军队在南京及其他地方所犯的暴行。根据可靠目击者的口述及其他可靠人士的信件，已有令人信服的证据表明，日本军队过去实施且目前仍在继续的某

085

些行为让人联想到匈奴王阿提拉及其部下的恶劣行径。至少有30万中国平民惨遭杀害，其中许多案例非常残忍。[82]

有人认为，如果蒋介石在1937年11月国民党政府大举撤离南京时也将军队撤走，留下一座不设防的空城，也许可以避免日军的大屠杀。这种假设非常吸引人，但稍作思考就会发现它站不住脚。毕竟，在日军攻陷南京前几个月中，他们已经在向南京推进的路上有系统地摧毁城市和村庄，并在其他各地犯下类似暴行。毫无疑问，他们不需要中国人的刺激就能做出这些事情。我们可以肯定的是，一座没有军队驻防的城市至少使日军没有借口通过一系列屠杀消灭隐藏在平民中的中国军人。但并没有证据表明，撤走军队就能改变日军的行为。

还有人认为，如果蒋介石在最后一刻避免下达毫无意义的撤军命令，转而决定为保卫南京奋战到最后一兵一卒，那么南京的命运可能大不相同。这种说法同样有一定说服力，但我们仍需谨慎。两军短兵相接的战斗绝不可行，因为日本军队的装备和接受的训练都远远好于中国军队，想必他们迟早会战胜中国军队。但如果采用游击战的策略，同日军展开旷日持久的斗争，或许会使双方士气发生敌消我涨的变化，至少这种战术将使日军在与中国军队作战时出现更多伤亡，而且他们的嚣张气焰也会因中国军队的顽强抵抗而逐渐减弱。

第五章
南京安全区

历史上的每次战争中，总会出现某些值得尊敬的人物，对遭受战争迫害的人而言，他们如同光明的灯塔。在美国，贵格会教徒释放了自己的奴隶，并帮助他们建立了"地下铁路"。在第二次世界大战期间的欧洲，纳粹党人辛德勒散尽家财，从奥斯维辛集中营的毒气室里救出了 1 200 名犹太人；瑞典外交官拉乌尔·瓦伦贝里以发放假护照的方式解救了至少 10 万犹太人；更没有人会忘记奥地利妇女米厄斯·吉普，她曾与其他人一起，将小安妮·弗兰克一家藏在阿姆斯特丹一座房屋的阁楼上，以帮助他们躲避德国人的追捕。

在黑暗年代，大部分人变得麻木不仁，随波逐流，但总有极少数人挺身而出，置所有警告于不顾，做出一些在正常年代连他们自己都无法想象的壮举，其中的原因我们大多数人永远都无法理解。在南京大屠杀的恐怖中，实在很难找到令人欣慰的亮点，但如果一定要谈的话，我们必须把焦点集中在一些欧美人士身上，他们甘冒生命危险反抗日本对中国的侵略，并拯救了数十万中国难民，使其免遭日军杀戮。这些勇敢的仁人志士创立了南京安全区国际委员会。本章讲述的就是他们的故事。

在上海陷落后的几周内，1937年11月，法国神父饶家驹在上海建立了一个中立区，保护了45万名在日军侵略中家园被毁、流离失所的中国难民。[1] 几乎与此同时，南京的一批欧美人士决定在南京建立一个安全区。当长老会传教士W·普卢默·米尔斯了解到饶家驹的义举后，便向朋友们建议也在南京成立类似的安全区。[2] 米尔斯和其他20多人（大多数为美国人，但也有德国人、丹麦人、苏联人和中国人）最终选定南京市中心稍微偏西的一块区域作为安全区。金陵大学、金陵女子文理学院、美国大使馆以及许多中国政府机构都在这里。委员会建立这个安全区的目的在于，在中日两国交战的背景下，为受困于战火的中国平民提供一个避难的场所。这些外国人原本打算等南京平安过渡到日本人手中之后，就在几天或几周内关闭安全区。

这个想法最初并没有得到广泛支持，其中日本人就断然拒绝建立安全区的建议。随着日军日益迫近南京，不仅亲友极力劝说，甚至许多中国人、日本人和西方官员也紧急呼吁安全区国际委员会的成员立即放弃该计划，逃命要紧。12月初，美国大使馆的官员坚决要求安全区负责人同他们一起登上美国"帕奈"号炮艇。当时该炮艇上已经挤满了外交官、记者、西方人和中国难民，他们正准备溯江而上，逃离南京。但安全区的筹建者婉言谢绝了这一邀请。1937年12月9日，外交官们最后一次向他们发出警告后乘坐"帕奈"号离开南京，留下的外国人只能听天由命了。

出人意料的是，"帕奈"号后来遭到日军飞机轰炸和机关枪扫射。[3] 12月

第五章 南京安全区

12日下午，日军飞行员在没有事先预警的情况下炸沉"帕奈"号，造成两人死亡，多人受伤，之后日本飞机还在炮艇残骸上空反复盘旋，似乎还打算消灭躲在江边芦苇丛中的幸存者。日军此次轰炸的原因不明。日本人曾在事后辩称，飞行员在激烈的战斗中失去了冷静的判断力，再加上烟雾弥漫，他们没有看清"帕奈"号上的美国国旗，但这一说法后来被证明完全是诡辩之词。（轰炸当天不仅天气晴朗无云，而且日军飞行员还接到了轰炸"帕奈"号的明确指令，甚至在强烈抗议和争辩后才勉强执行该命令）。今天，有人怀疑此次轰炸是日军的一次试探性进攻，想以此测试美国的反应；还有人认为这是日军高层内部政治斗争的结果。但不论这次轰炸背后的原因如何，对留在中国的外国人而言，南京城反而比"帕奈"号更为安全。

第一批进入南京安全区的难民是那些在日军空袭中失去家园，或住在南京市郊、面对日军的步步进逼不得不弃家而逃的人。第一批难民涌入之后，安全区很快人满为患，据说许多难民连续多日只能站着，无法睡觉，直到新的难民营开放。南京陷落之后，难民营收容人数远远超出预计的数千人，达到数十万人。在接下来的6周里，安全区国际委员会不得不想方设法为这些难民提供最基本的生活保障——食物、住处和医疗照顾。委员会成员还要保护他们免遭人身伤害，这通常需要他们当场干预，才能阻止日本士兵实施各种威胁性活动。另外，尽管无人要求，他们还全程记录了整个事件，并将日军的暴行公之于世。这样，他们将自己亲眼见证的历史付诸文字，留给后世。

回顾历史，面对5万日军对南京城的蹂躏，安全区20多个外国人却竭尽全力保护这么多中国难民，这不啻一个奇迹。要知道，他们在日军占领南京之前的职业是传教士、医生、教授和企业主管，而不是身经百战的军官。他们曾经衣食无忧,生活平静而安逸。一位女士回忆说:"我们并不富有,但当时在中国,有一点儿外汇就能办很多事情。"[4] 许多人坐拥豪宅,佣仆成群。

奇怪的是,1927年发生在南京的事件使大多数外国人以为中国人比日本人更难对付。1927年在南京的外国人还记得,国民革命军攻入南京后曾对外国人大开杀戒,并将一群外国人围在美孚公司住宅和英国领事馆附近的一座房子里,其中包括美国领事和他的妻子。(一位妇女记录了那段恐怖时期:"他们会杀死我们吗?他们会不会像义和团那样虐待我们?他们会不会更残忍?会不会在我们眼皮底下折磨我们的孩子?我不敢想象他们会对我们女人做出什么事来。"[5])确实,一位目睹1937年南京大屠杀的外国人坦承:"我们更担心撤退的中国士兵会做出什么暴行……但做梦也没有想到日军会如此残暴。相反,我们原本期望随着日本人的到来,和平、安宁和繁荣将得以恢复。"[6]

南京大屠杀期间,美国人和欧洲人的英雄事迹不胜枚举(他们的日记长达数千页),无法在此一一详述。因此,在记述整个安全区委员会的功绩之前,我决定先着力介绍三位杰出个人的事迹——一位德国商人、一位美国外科医生和一位美国传教士。表面看来,他们三人并无任何共同之处。

中国的辛德勒

也许在南京大屠杀的历史上,最有吸引力的人物就属德国商人约翰·拉贝了。对留在南京的大多数中国人而言,他是一位英雄,是"南京的活菩萨",作为国际安全区的传奇领袖,他拯救了数十万中国人的生命。但对日本人来说，拉贝不太可能成为南京人的救星，他不仅是德国人——日本盟国的公民，而且是纳粹党在南京的领袖。

我从 1996 年开始调查约翰·拉贝的生平，最终发现了拉贝和其他纳粹党人在南京大屠杀期间留下的数千页日记。通过这些日记，我得出一个结论：约翰·拉贝是"中国的辛德勒"。

在南京大屠杀之前，拉贝过着游历广泛而又相对平静的生活。他于 1882 年 11 月 23 日出生于德国汉堡，是一位船长的儿子。在汉堡结束学徒生活之后，他到非洲工作了几年，后于 1908 年来到中国，成为西门子中国公司驻北京办事处的职员。1931 年，他被调到西门子南京办事处，向中国政府销售电话和电器设备。拉贝已经秃顶，戴着眼镜，穿着保守的西装，打着蝶形领结，一副典型的西方中年商人形象。他很快成为南京城内德国人社区的核心人物，管理着自己创办的德国学校中的中小学生。[7]

几年后，拉贝成为纳粹主义的忠实拥趸，并担任纳粹党在南京的区域负责人。1938 年，他常常告诉德国同胞："作为党的一名组织成员，我不仅相信我们的政治制度是正确的，并且百分百地支持这一制度。"[8]

几十年之后，拉贝的外孙女赖因哈特坚称，拉贝主要是把纳粹党看作一个社会主义组织，他并不支持对犹太人和其他德国少数民族的迫害。这完全有可能是真的。拉贝在拜访南京政府的各个部委时，一再用社会主义术语概括他的纳粹哲学："我们是工人的军队，工人的政府，也是工人的朋友，我们在危急关头绝不会抛弃工人。"

他的大多数德国同胞都听从朋友和使馆官员的忠告，早在日军兵临城下之前就已离开中国，但拉贝却选择留在南京，并在不久之后当选为安全区国际委员会主席。事实上，甚至连日本大使馆官员也曾会见拉贝，更强烈地建议他离开，但他还是留了下来。南京陷落后，奉上级之命前来保护拉贝的日军少佐冈曾经问他："你究竟为什么要留下来？你为什么要卷入我们的军事事务？这些事和你有什么关系？你离开这里不会有任何损失！"

拉贝停顿片刻后回答冈说："我已经在中国生活了30多年，我的儿孙都在这里出生，我在这里生活幸福、事业成功。中国人一直对我很好，即使在战争期间也一样。如果我在日本生活了30年，而日本人民同样对我很好的话，我向你保证，在危急时刻，正如中国目前面临的境遇时，我也不会离开日本人民。"

日军少佐对这个回答非常满意，他十分敬仰这种忠贞赤诚的理念。"他向后退一步，嘴里喃喃着一些武士义务之类的词句，并向我深鞠一躬。"拉贝在日记中写道。

但拉贝没有离开南京以求自保更多是出于个人的原因——他觉得自己有责任保护其中国员工的安全，他们是西门子公司的机械师，负责维护南京市主要电厂的涡轮机，各政府部门的电话和时钟，警察局和银行的报警器以及中央医院的大型X光机。"当时我就有一种不祥的预感。"拉贝写道，"现在我知道了——如果我当时将他们弃之不顾，他们全都会被杀掉或者受到严重伤害。"

南京大屠杀前，拉贝在南京就经历了无数次空袭，每次都只能躲在类似散兵坑的防空洞里，洞口盖几块木板作掩护。拉贝的衣服也不够穿，尤其是他在9月底做出一个错误的决定，将所有衣物都寄存在运送德国公民离开南京的"库特沃"号轮船上，轮船到达汉口后，拉贝的行李因无人认领被丢掉了。因此，拉贝只剩下两套衣服，他又将其中一套送给一位中国难民，只因他觉得这个难民比自己更需要衣服。

第五章　南京安全区

但拉贝最关心的并不是他个人的安危和舒适程度,而是建立安全区。安全区国际委员会成员希望整个区域内都没有任何军事活动,但是日军拒绝承认该区域为中立区,而且安全区委员会还发现,让南京卫戍司令唐生智将军的部队撤出安全区几乎是不可能的——唐生智自己的别墅就坐落在安全区内。中国军队不仅拒绝撤离安全区,还在区内街道上架设炮塔,这对拉贝而言无异于压死骆驼的最后一根稻草。拉贝忍无可忍,于是威胁唐生智如果不立即将军队撤离安全区,他就辞去安全区国际委员会主席的职务,并将其中原委公之于世。拉贝说:"他们承诺会尊重我的意见,但他们准备开始履行诺言所花的时间太长了。"

此时拉贝意识到,需要向更高当局寻求帮助。1937年11月25日,他给希特勒发了一份电报,请求元首"从中调停,促使日本政府批准为南京的非战斗人员设立中立区"。与此同时,他还给自己的朋友克里拜尔将军发了一封电报:"诚挚地恳请您支持我向元首提出的请求……否则,将不可避免地发生一场恐怖的大屠杀。希特勒万岁!西门子公司代表暨南京安全区国际委员会主席拉贝。"

希特勒和克里拜尔都没有回复他,但拉贝很快就注意到日军对南京的轰炸方式发生了变化。在他发电报之前,日军飞机对南京各区域恣意狂轰滥炸;而在他发电报之后,日军飞机只攻击军事目标,如军事学校、飞机跑道、兵工厂。拉贝写道:"这些改变正是我发电报的目的,这给我的美国同事留下了持久而深刻的印象。"

但是拉贝的胜利非常短暂,各种危机很快就接踵而至。起初,拉贝及其同事希望将安全区内空置的建筑留给南京城内最贫困的居民。为避免人潮大量涌入,安全区国际委员会还在全市到处张贴海报,力劝难民向朋友租借房屋。但随着大量人流涌入这片只有2.5平方英里的区域，拉贝很快发现，安全区所需容纳的人数比当初估计的最糟情况还要多出5万人。安全区内不仅所有建筑都已人满为患，甚至草坪、壕沟和防空洞中也挤满了人。全家露宿街头的情况随处可见，美国大使馆附近雨后春笋般地冒出数百个芦席窝棚。截至南京陷落时，安全区内已经涌入了25万难民。边界插有白旗和红圈环绕的红十字标记的安全区看起来像个巨大的"人体蜂窝"。

卫生问题很快就成为另一个噩梦。难民营内脏乱不堪，尤其是厕所问题更让拉贝怒不可遏，他为此发表了一番言辞激烈的讲话，西门子难民营的秩序才略有改善，恢复到可接受的水平。后来，拉贝在视察西门子难民营时发现，不仅厕所状况有所改善，而且整座院落的围墙都已得到整修。"没人告诉我那些漂亮的新砖块是从哪里弄来的。"拉贝写道，"后来我才发现安全区内的许多新建筑比以前矮了很多。"

粮食短缺是最令安全区负责人头疼的问题。12月初，南京市市长曾送给安全区国际委员会3万石（约2 000吨）大米和1万袋面粉，作为难民的口粮。[9]但这些粮食储存在南京城外，安全区国际委员会缺少必要的卡车将其运到安全区。由于中国军队早已征用了本地区的大部分交通工具，用来运送2万人和5 000箱珍宝离开南京；绝望中的平民和个别士兵铤而走险，几乎将其余车辆全都偷走。拉贝和其他外国人别无选择，只好驾驶着自己的汽车疯狂地往返于两地之间，尽可能将更多粮食运到安全区。即使当日军轰炸南京时，这些勇敢的外国人仍继续运送粮食；事实上，曾有一位司机被流弹片炸瞎了一只眼睛。[10]最后，安全区负责人只运回所获粮食的一少部分——1万石大米和1 000袋面粉，但正是这些粮食使安全区内的许多难民免遭了饥饿之苦。[11]

12月9日，由于意识到恐怖局势迫在眉睫，安全区国际委员会试图调停中日双方实现为期3天的停火,在此期间日军可以维持其现有的阵地,中国军队则可以和平地撤出南京城。然而,蒋介石反对停火,这促使日军第二天开始对南京进行更猛烈的轰炸。12月12日,安全区国际委员会再次在中国军队的请求下就中方向日本投降事宜进行调停,但该计划同样未能实现。

从那时起,除了观望和坐等不可避免的灾难降临,拉贝已经无能为力。事态逐步恶化,他逐一记录下来。12月12日下午6点30分,拉贝写道:"紫金山上的大炮持续开火,四周全是火光和轰鸣声。突然,整座山都陷入烈火中——有些房屋和弹药库着火了。"那时,拉贝想起一句预示南京命运的中国古谚:"紫金焚,则金陵灭。"

晚上8点,拉贝看见城南方向的天空被火光映得通红。接着,他听到疯狂的敲门声:许多中国妇女和儿童哀求拉贝放他们进来,男人们则从德国学校后面翻越花园围墙进来。人们争先恐后地挤进花园中的散兵坑,甚至还有人藏到一面巨幅德国国旗底下,这面国旗是拉贝用来警告日军飞行员的,提醒他们不要轰炸自己的房屋。哭喊声和敲门声越来越响,拉贝心烦意乱,忍无可忍。他猛地打开大门,把人群放了进来。但随着夜色渐深,人群的喧闹声有增无减。拉贝被激怒了,他戴上一顶钢盔,来到花园,大声怒吼着让众人闭嘴。

晚上11点30分,拉贝接待了一名意外的访客。来者叫克里斯蒂安·克勒格尔,他也是纳粹党员,看起来30来岁,为德国礼和洋行工作。他是一位身材高大、金发碧眼的工程师,原本被派到中国来监督一家大型炼钢厂的建设,此时却同拉贝一样身陷南京的狂乱之中。安全区国际委员会指定他负责财务工作。

克勒格尔路过这里,顺便来告诉拉贝,中山路上满是中国军队撤退时丢弃的武器和各种军需品，甚至有人要以20美元的价格抛售一辆公共汽车。

克勒格尔问："你觉得会有人买吗？"

"克勒格尔，逃难者怎么可能买这辆车呢？"拉贝说。

"是不可能。我已经让那个人明天一早去我办公室。"

最后，他家周围的喧闹声逐渐平息下来。精疲力竭的拉贝已经整整两天无暇换衣服了，他躺回床上，试着让自己放松，而周围他所熟知和热爱的社会正在走向崩溃。他知道交通部大楼已遭焚毁，这座城市随时都会陷落。拉贝安慰自己，从现在起，事情不可能变得更糟了。拉贝的中国同事曾经对他说："你不用害怕日本人，一旦他们接管南京，和平与秩序就会恢复：通往上海的铁路很快就会重建，商店也将恢复正常营业。"入睡之前，拉贝想："感谢上帝，最糟糕的难关已经渡过了！"

第二天一早，拉贝被另一次空袭吵醒。他想，显然并非所有的中国军队都已被迫撤离南京。当时刚刚5点，于是他又躺下了。与南京的大部分居民一样，拉贝早已被空袭搞得疲惫不堪，爆炸的巨响已不能打扰他了。

那天早上晚些时候，拉贝到城里四处检查南京的受损情况。大街上到处是中国人的尸体，其中许多是从背后遭到射杀的平民。他看到一群日本士兵闯进了一家德国咖啡馆。当拉贝指着屋顶悬挂的德国国旗斥责他们的盗窃行为时，一个会说英语的日本士兵大声吼道："我们饿了！你想抱怨的话，去找日本大使馆，他们会付账的！"这些日本士兵还告诉拉贝，他们的军需供应队还未到达，即使到了，也不能指望他们提供足够的食物。后来拉贝了解到，这些日本士兵洗劫了咖啡馆，然后将它付之一炬。

第五章　南京安全区

更糟的事情还在后面。拉贝远远望见日本士兵正从城南向北挺进，从而占领整座城市。为避开他们，拉贝立即驱车向北行驶，来到南京市的主干道中山路，停在外交部的红十字医院外。中国的医护人员早已逃离，医院里到处都是尸体，阻塞了房间、走廊甚至医院的出口。

那天，拉贝还遇到了尚未撤走的中国军队，这群又累又饿的掉队溃兵没能渡过长江、脱离险境。驱车驶过山西路环岛时，拉贝遇见400名尚未解除武装的中国士兵正朝日军推进的方向前进。这时拉贝突然产生了一种"人道主义的冲动"，这种冲动后来一直纠缠着他的良知，其持续时间即使没有数年，也达数月之久。拉贝警告他们日军正从南面过来，并建议这些中国士兵扔掉机关枪，混入安全区的难民中。简短的讨论过后，士兵们接受了拉贝的建议，并跟他去了安全区。

同样，当数百名中国士兵被困在城市北郊无法安全渡江时，许多人闯入安全区，请求保护他们的生命。安全区国际委员会的成员拿不定主意，不知道是否该向他们伸出援手。毕竟，设立安全区的目的是为平民而非军人提供避难场所。委员会试图与日军司令部取得联系，以解决这个两难处境，但是他们只在汉中路上遇见了一名日军上尉，没能联系上更高级别的军官。[12]

由于被中国士兵的困境所触动，安全区国际委员会最终对他们的请求做出让步。同拉贝一样，他们告诉这些士兵，如果放下手中的武器，日本人或许会善待他们。之后，委员会成员帮助这些士兵解除了武装，并把他们安置到安全区的各幢建筑物中。在混乱中，许多士兵脱掉军装，与安全区的平民混合到一起。[13]

第二天，拉贝给一位日军指挥官写了封长信，说明了这一情况。他恳请日本人对这些过去的士兵施以同情，并根据公认的战争法人道地对待他们。让拉贝大感宽慰的是，一位日本军官向他承诺他们会饶恕这些中国士兵的性命。

但是，当日军违背诺言将这些已经解除武装的中国士兵拉去处决时，这种宽慰变成了恐惧。如果拉贝曾经奢望日军无法从数十万平民中辨别出士兵的话，他就大错特错了。通过检查每个人的双手，日军几乎将所有中国士兵都找了出来，因为他们知道当过兵的人每天用枪，会在手指的特定部位留下老茧。他们还检查每人的肩膀上是否有背包的压痕，前额和头发是否有戴过军帽的痕迹，甚至还检查脚掌上是否有连续数月行军磨出的水泡。

12月14日晚，在一次全体成员大会上，安全区国际委员会了解到日军从委员会总部附近的一所难民营中逮捕了1 300人，并将他们枪决。"我们知道这些人中曾有人当过兵，但那天下午曾有一位日本军官向拉贝许诺会饶恕他们的性命。"基督教青年会代表乔治·菲奇在日记中记录了该事件，"现在看来，日本人要做什么已经很明显了。带着刺刀的日本士兵将这些人排成队，以100人为一组捆在一起；对于那些戴着帽子的人，日本士兵粗暴地将他们的帽子扯掉，扔在地上。借着汽车前灯的亮光，我们眼睁睁看着他们被日本士兵押走，一步步走向死亡。"[14]

"我有权利那样做吗？"拉贝后来提到他在安全区收容中国士兵的决定时这样写道，"我这样处理到底对不对？"

接下来的几天，拉贝无助地看着日军将数以千计的中国士兵从安全区拖走并处决。日军还杀害了数千名碰巧手指、额头或脚掌上有结茧、印痕或水泡的无辜人士——拉黄包车的苦力、体力劳动者和警察。拉贝后来看到，城内的佛教慈善机构红卍字会仅从一个池塘中就打捞出 120 多具尸体。(拉贝在后来的一份报告中指出,事实上南京有好几个池塘因为被尸体填满而消失了。)

身兼安全区国际委员会主席和纳粹党在南京的负责人之职,拉贝的这一身份对日本当局来说是有一定分量的,于是他一封接一封地给日本大使馆写信。最初他努力克制自己的愤怒情绪,非常客气地与日方沟通,因为他觉得自己作为德国公民和纳粹党领导人有义务维持两国大使馆之间的良好关系。他还要求安全区国际委员会的美国成员将写给日本大使馆的信先给他看一下,以便帮他们在信中"增添些甜言蜜语"。他个人拜访日本大使馆时也一直保持风度,语调客气。

反过来,日本外交官也以优雅的微笑和官方礼节回敬拉贝的信件和拜访,但拉贝每次得到的最终答复都是一样的:"我们会通知军方。"日复一日,每天都有持续不断的新暴行发生,拉贝与日本人之间的文字交流中充满越来越多的敌意,字里行间不时闪现愤怒的谴责之辞:

> 当时南京城内的 27 名西方人士和所有中国民众都对贵国部队 12 月 24 日所实施的抢劫、强奸和屠杀感到无比震惊![15]

> 无论在安全区内还是入口处,我们连一支日本巡逻队都没有看到![16]

> 昨天,光天化日之下,神学院的几位妇女居然在一间挤满男人、女人和儿童的大房间里遭到强奸![17] 我们 22 名西方人士没法养活 20 万中国人并日夜保护他们。这是日本当局的责任。如果你们能保护他们的安全,我们能够帮忙提供给他们食物!

> 如果目前这种恐怖局面持续下去的话,就不可能找到工人恢复基本的生活服务![18]

后来，拉贝和安全区国际委员会的其他成员逐渐理解了日本外交官所做答复的真正含义——掌握决定权的是日本军方，而不是大使馆。日本大使馆秘书福田笃泰曾这样告诉拉贝："日本军方要破坏这座城市，但我们大使馆将尽力阻止他们。"事实上，南京大屠杀期间，有些日本大使馆官员曾建议安全区国际委员会直接向日本民众公开真相，舆论会迫使日本政府采取相应行动。[19]但与此同时，也有一位日本大使馆官员要求拉贝保持沉默，并警告他："如果你敢向报纸记者透露任何一点儿负面消息，整个日本军方都会与你为敌。"[20]

最后，日本盟国官员的身份成了拉贝唯一的护身符，他做了现在看来难以想象的事情：他在南京城里四处巡视，试图以一己之力阻止暴行。

无论拉贝何时开车行驶在南京城内，总会有人跳出来拦住他的车，哀求他去阻止正在发生的强暴事件——通常是日本士兵正强暴当事人的姐妹、妻子或女儿。拉贝通常让这人上车，直接带他赶到强暴现场。一到出事地点，拉贝就将日本士兵从受害者身边赶跑。有一次，他甚至亲自将压在一名年轻女孩身上的日本士兵拖开。[21]虽然他知道这样做非常危险（拉贝在他写给希特勒的报告中说："日军有手枪和刺刀，而我只有党的标志和卐字臂章。"），但是没有什么能阻止他这样做——即使冒着生命危险也在所不惜。

拉贝在1938年1月1日的日记中记载了这样一个典型案件："有位漂亮女孩的母亲朝我大喊，并跪在我面前，哭着求我帮帮她，救救她的女儿。她带着我刚一进屋，就看到一个日本士兵完全赤裸地压在一名年轻女孩身上，那女孩歇斯底里地哭喊着。我朝那个畜生大吼，用任何他能听懂的语言说：'新年快乐！'他拿起裤子，赤着身子逃离现场。"

第五章 南京安全区

拉贝对南京城内发生的暴行感到无比震惊。他在街头见到许多被强奸后惨遭杀害的女性尸体，横陈在受害者已被烧成废墟的住宅附近。"日本士兵开始以3~10人为一伙，在城里四处游逛，掳掠任何能被偷走的东西。"拉贝在给希特勒的报告中写道：

> 他们不停地奸淫妇女和女孩，随心所欲地杀死任何反抗或试图逃跑的人，甚至连那些碰巧在不恰当的时间和地点出现的人都不放过。下至不满8岁的幼女，上至年过七旬的老妪，在遭日军强奸以后，往往还会遭到最残酷的痛打和折磨。我们发现许多妇女尸体中被塞入啤酒杯，有些女尸则被插入竹竿。我亲眼见过这些受害者——我甚至曾同一些奄奄一息的人说过话，并把她们的遗体送到鼓楼医院的太平间，因此我个人相信所有相关报道都有事实依据。

拉贝走过这座他深爱的城市，满目疮痍，却几乎在每个街角都能看到亮丽的日军海报："请相信日本军队——他们会保护你并给你食物。"

拉贝下定决心要拯救中国人的生命，竭尽所能为更多中国人提供避难之处，将自己的住处和办公室变成收容西门子雇员及其家属的避难所。拉贝还在自己家里收容了数百名中国妇女，允许她们住在自家后院的茅草棚里。为保护这些妇女免遭日本士兵强奸，拉贝还为她们开发出一套警报系统。

每当日本士兵翻越围墙进入后院时，妇女们就吹响哨子，拉贝闻声立刻冲到院内将入侵者赶走。由于此类事件经常发生，拉贝担心日本士兵会趁他不在时来强奸妇女，所以他晚上几乎不出家门。他曾向日本军官抱怨过这种情况，但他们根本不当回事。[22] 当拉贝在后院的一间草棚中抓到一名正在强奸妇女的日本士兵时，一位日本军官只是打了那个禽兽一记耳光，并没有对他进行其他惩罚。

拉贝和安全区国际委员会的其他20多位成员要保护几十万中国平民免受5万多名日军的伤害，这无异于蚍蜉撼大树，他们所能做的极为有限，但即使拉贝为此深感沮丧，他并没有表现出来，他深知需要在日本人面前隐藏自己的软弱，并用"盛气凌人的气势和力量"打击对方嚣张的气焰。

幸运的是，拉贝的纳粹党员身份使一些日本士兵在实施进一步犯罪之前有所顾忌——至少拉贝在场时如此。当地基督教青年会的秘书乔治·菲奇写道："每当有日本士兵不买账时，拉贝就会愤怒地把自己的纳粹臂章伸到他们面前，指着象征德国最高荣誉的纳粹标志，质问他们是否明白这意味着什么。这一招总能奏效！"[23] 日本士兵似乎很尊重（有时甚至很害怕）在南京的纳粹党人。尽管日本士兵会毫不犹豫地痛打美国人，拿刺刀威胁他们，甚至曾将一名美国传教士推下楼梯，但他们对拉贝及其德国同胞却表现出相当的克制。有一次，正在实施强奸和抢劫的4名日本士兵看到爱德华·施佩林的卐字臂章后，立即惊叫："德国人！德国人！"然后落荒而逃。[24] 还有一次，可能正是卐字臂章救了拉贝一命。一天晚上，一群日本士兵闯入他的住处，拉贝打开手电筒照向他们。其中一名日本士兵掏出了手枪，作势要向拉贝开枪，但当他意识到"向德国人开枪可能会惹来麻烦"时，就停了下来。[25]

如果说日本人尊重拉贝，那么中国难民则对他怀有深深的崇敬之情。对他们而言，拉贝是拯救女儿免于沦为性奴隶、拯救儿子免遭机关枪射杀的大救星。有时拉贝的出现甚至可以在安全区引起轰动。有一次，拉贝到安全区巡视，数千名妇女扑倒在他面前，哭着恳求保护，声称他们宁愿当场自杀，也不愿离开安全区遭受日本士兵的强暴和折磨。[26]

在恐怖的气氛中，拉贝努力让安全区的难民保持对未来的希望。住在他后院的难民妇女生产后，他会为新生儿举办小型的庆生会。每位新生儿都会得到一份礼金：男孩10元，女孩9.5元。（拉贝在给希特勒的报告中解释说："在中国，男孩比女孩更受重视。"）通常情况下，新出生的男孩会取名为"拉贝"，新出生的女孩则取名为"多拉"——拉贝夫人的名字。

拉贝的勇气和慷慨最终赢得了安全区国际委员会其他成员的尊敬，甚至那些从根本上反对纳粹主义的人也很尊敬他。乔治·菲奇在给朋友的信中说，为了与拉贝和在南京的其他德国人保持友谊，他"几乎也想佩戴一枚纳粹臂章了"。[27] 连对纳粹主义深恶痛绝的罗伯特·威尔逊医生也在写给家人的信中为拉贝高唱赞歌："他是纳粹圈里的一位杰出人物，通过过去几周与他的密切接触，我们发现他宅心仁厚，出类拔萃，实在很难将他的崇高人格与他对'元首'希特勒的推崇联系在一起。"[28]

南京唯一的外科医生

南京是罗伯特·威尔逊的出生地和童年成长的地方，所以一直在他心中占有特殊的地位。因此，当几乎所有外科医生都离开南京时，威尔逊选择留下来并不令人吃惊。威尔逊生于1904年，从小生长在一个卫理公会传教士家庭，他的家人曾在南京创立过许多教育机构。他的舅舅约翰·福开森是金陵大学的创始人之一；他的父亲是一名牧师，并在南京的一所中学任教；她的母亲是一位受过高等教育的希腊学者，精通好几种语言，在南京经营一所教会子弟学校。少年时代，威尔逊甚至曾跟着赛珍珠学习几何学，赛珍珠后来因其中国题材的小说获得诺贝尔文学奖。威尔逊在良好的环境中茁壮成长，并展现出非凡的才华，他17岁就获得普林斯顿大学的奖学金。大学毕业后，他在康涅狄格州的一所高中教了两年拉丁文和数学，后来进入哈佛大学医学院深造，毕业后在纽约的圣卢克医院做见习医生，并同医院的一位护士长恋爱结婚。但是，威尔逊没有选择在美国发展事业，而是认定他的未来在自己的故乡南京。1935年，威尔逊带着新婚妻子回到南京，在金陵大学医院悬壶济世。[29]

　　对于威尔逊而言，初回南京的两年或许是他们一生中最富田园风情的美好时光。那时，他们的生活节奏舒缓而迷人——与其他传教士夫妇共进晚餐，去外国大使馆参加高雅的茶话会和招待会，去配有私人厨师和佣人的乡间别墅聚会。每天晚上，威尔逊阅读中国古文，并在私人家教的指导下扩展中文知识。他还在每个周三下午打网球。有时，他会和妻子一起去湖边，在小船上进餐，泛舟湖上，穿行于红莲盛开的水巷之间，呼吸着沁人心脾的芬芳。[30]

　　然而，战争粉碎了威尔逊一家在南京安宁闲适的幸福生活。"七七事变"之后，为了防范日军发动毒气攻击，南京市民开始戴着防毒面具上街，并随身携带着化学溶剂和层层纱布。[31]1937年8月，日军开始轰炸南京，威尔逊的妻子马乔里带着襁褓中的女儿伊丽莎白登上一艘炮舰，并安全抵达了江西庐山的牯岭镇。但是威尔逊还是担心，如果战争继续下去的话，他的妻子和爱女会被饿死，于是坚持要她俩回到美国。威尔逊太太遵从丈夫的意愿，回到纽约的圣卢克医院工作，将孩子交由她的母亲照顾。毫无疑问，威尔逊医生本人则会继续留在南京。60年后威尔逊太太回忆说："他认为这是他的职责，中国人是他的同胞。"[32]

1937年秋天，为了排遣寂寞，威尔逊搬到赛珍珠前夫洛辛·卜凯家中，很快卜凯家中就高朋满座：外科医生理查德·布雷迪、基督教联合会的传教士詹姆斯·麦卡伦以及后来加入南京安全区国际委员会的其他人。同威尔逊一样，他们大多已送妻儿离开南京。[33]

当病患较少时，威尔逊经常给家人写信。他在大部分信件中描述了遭日军轰炸后南京市民的惨状，比如炸弹在一个女孩身后爆炸，结果把她的臀部炸掉了。[34] 他从战争受伤者身上取下成堆的炸弹碎片和子弹，他讥讽地写道，这足够在战争结束之前开"一家相当规模的博物馆了"。[35]

尽管知道日军会无所顾忌地轰炸医院，威尔逊仍然坚持上班。9月25日，南京经历了有史以来最猛烈的一次空袭。尽管楼顶涂着巨大而醒目的红十字标志，中央医院和卫生部还是难逃厄运。[36] 日军向它们投掷了两枚重达1 000磅①的炸弹，这些炸弹在距离100名医生和护士藏身的防空洞仅50英尺的地方爆炸。

威尔逊尽一切可能减少医院引起日军飞机注意的危险，他在医院的窗户上挂上厚厚的黑色窗帘，以防日军飞行员发现房间内的灯光。[37] 但南京城内谣言满天，说有间谍在夜间用红色和绿色的信号灯为日军飞行员标示重要的轰炸目标。在一次空袭中，有一个陌生人潜入医院，

---

① 1磅≈0.45千克。——编者注

手持一个带有红色灯罩而非普通的绿色或黑色灯罩的手电筒,当他试图打开一扇为防止毒气渗入而一直紧闭的窗户时,引起了人们的怀疑。当这个陌生人向一位中国飞行员病人询问关于中国轰炸机的飞行高度与轰炸范围等一系列不同寻常的问题时,进一步引起人们的不满。

秋天即将结束,威尔逊发现自己的工作负荷过于沉重。需要医治的病人数量骤增,不仅有在日军空袭中受伤的平民,还有来自上海前线的中国伤兵。在上海和芜湖之间的医院里,住着大约10万名中国伤兵。[38] 一列列满载伤兵的火车将他们丢在南京北郊的下关车站。有些人躺在车站的地板上奄奄一息,有些人则漫无目的地在南京街头踉跄而行。从伤病中康复的士兵又返回前线,而那些因伤致残的士兵只领到2美元的抚恤金,就被打发回家。[39] 大多数士兵回家的路途都非常遥远,极少有人拥有足够的财力和体力返回家乡。上千名中国伤兵被上级抛弃后,在上海—南京一带陷入困顿不堪的境地,他们无依无靠,或瞎或跛,伤口因感染而不断溃烂,最终只能沦为乞丐。

随着局势日益恶化,医院的职员越来越少。中国医生和护士都已逃离南京,加入了数十万南京居民向西迁移的洪流。[40] 威尔逊尽力劝说他的同事们不要离开,坚称南京陷落后在军法管制下没什么可害怕的。然而,他最终没能说服他们留下来。[41] 到了12月的第一个周末,金陵大学医院里仅剩下三名医生:罗伯特·威尔逊、C·S·特里默和一名中国医生。[42] 当另一名外科医生理查德·布雷迪因其小女儿在牯岭镇病重而离开后,威尔逊成为南京城内唯一一位随时都要做截肢手术的外科医生。[43] 威尔逊在12月7日的日记中写道:"这简直是特大新闻,在这座遭战火蹂躏的城市中,我竟然是唯一的外科医生。"[44]

一周以后,威尔逊险些丢掉性命。12月13日的下午,威尔逊打

第五章　南京安全区

算给一位在爆炸中眼睛严重受伤的患者做一个精密的手术。为了保住另一只眼睛，威尔逊必须把受伤眼睛的残余部分清除干净。手术进行到一半，威尔逊正在摘除眼球时，一发炮弹在离他只有50码的地方爆炸，震碎了玻璃窗，弹片洒得满屋都是。虽然没有造成人员伤亡，但威尔逊注意到护士们都吓得"不由自主地浑身发抖"，并且想知道是否要继续手术。"当时我们显然别无选择。"威尔逊写道，"任何眼球摘除手术都没那么快完成。"[45]

到12月13日傍晚，日军已经完全控制了古都南京。威尔逊看到日本国旗在城内四处飘扬。[46]第二天，日军开始接管南京的医院。日军闯进收容中国军队的主要医院——位于外交部内、由已成立红十字会地方分会的安全区国际委员会成员管理，并将几百名中国士兵困在里面。[47]日军严禁医生进入医院，也不允许提供食物给伤兵们。后来这些伤兵被押出医院，遭到日军有计划的射杀。日军以这种方式控制了四所红十字医院中的三所之后，安全区国际委员会只能把全部精力都集中在金陵大学医院。

在日军占领南京的最初几天，威尔逊目睹了日本士兵在南京城内四处放火，大肆劫掠。他看到日军洗劫了金陵大学医院，并为无力阻止这些盗窃行为而深感沮丧，真想对那个试图抢夺护士相机的日本士兵"飞起一脚"。[48]威尔逊还看到日本士兵在大街上焚烧一堆乐器，心中暗想他们大肆破坏中国人的财物，可能是打算以后强迫南京人购买日货。[49]

威尔逊甚至还目睹了日本士兵对他自己家的洗劫。当他冒险回家查看受损情况时，当场抓获三名正在他家抢劫的日本士兵。他们已经闯进阁楼，砸开一个大箱子，并把里面所有东西都倒在地板上。威尔

107

逊进来时，其中一人正盯着一架显微镜查看。这三名士兵一看到威尔逊，立即冲下楼梯，窜出房门逃走了。威尔逊写道："最大的侮辱发生在二楼，一名日本士兵在离马桶不到一英尺的地面上排下一堆粪便，并拿了一条挂在房间里的干净毛巾盖在上面。"[50]

但是，与他在城内目睹的强奸和屠杀相比，这些抢劫实在不值一提。威尔逊作为战时外科医生，对各种战争暴行已经司空见惯，但日军残暴和野蛮的程度还是让他无比震惊。

12月15日：对平民的屠杀骇人听闻。我可以一口气写上好几页，记述日军几乎令人难以置信的强奸和暴虐行为。[51]

12月18日：今天的南京是但丁《神曲》中地狱篇的现代版，鲜血与强暴是这一篇章的关键词。今天发生了大规模的屠杀和数以千计的强暴案，暴行、淫欲和各种野蛮行径似乎永无休止。起初，我尽力对日本人表示友好，以避免惹怒他们，但后来我的笑容逐渐消失了，眼神变得同他们一样冷漠无情。[52]

12月19日：穷人的所有食物都被偷走了，他们饱受惊吓，处于歇斯底里的恐慌状态。这种局面何时才能结束！[53]

12月24日：日本人告诉我们现在还有2万名中国士兵留在安全区（没人知道他们从哪里得来的这些数据），他们要把这些人都找出来杀掉。那意味着城内所有18~25岁的健壮男子都是他们的怀疑对象。难道他们一点儿都不为自己的残忍感到羞愧吗？[54]

到1937年年底，威尔逊给家人的信中开始有了宿命论的味道。"唯一令人感到安慰的是情况不可能更糟了。"他在12月30日写道，"城中已经被他们杀得没有那么多人可供继续屠杀了。"[55]

威尔逊和其他人经常看到日军把中国士兵围拢在一起，将他们射杀后，把尸体填到躲避空袭的地洞里，使之成为集体坟墓。[56]但威尔逊听说，许多中国人被杀并非因为他们对日军构成威胁，而是因为他们的尸体有某种实际用途。南京陷落之后，中国军队先前修建的用来阻挡日军坦克的大壕沟都被日军用中国士兵的尸体填满了。当日军找不到足够的士兵尸体填塞壕沟以使坦克通过时，他们便枪杀附近的居民，并把他们的尸体也扔进壕沟。[57]告诉威尔逊这一事件的目击者用借来的相机拍摄了照片，以证实自己的说法。

要阻止屠杀，威尔逊所能做的非常有限。他遇到的日本士兵通常会明目张胆地摆弄他们的武器——将子弹上膛或退出，以恐吓他和其他外国人。[58]威尔逊充分意识到，日本人随时都有可能在背后向他开枪。

威尔逊在南京看到的极恶劣的情景之一是，日本士兵在街上对十几岁的少女实施的大规模轮奸，这一幕他一辈子都不会忘记。日本士兵让一群15~18岁的少女排成一排，整个团的日本士兵一个接一个地在泥地上强暴她们。一些少女因大量出血而死，另一些则事后不久便自杀身亡。[59]

医院里的情景甚至比大街上还要触目惊心。威尔逊看到的景象令他痛彻心扉：肚破肠流的妇女被送进急诊室；有的男子被烧得焦黑，面目严重损毁，日军原本打算将他们活活烧死；还有无数威尔逊无暇付诸笔墨的恐怖景象。威尔逊告诉妻子，他永远也不会忘记那个头部几乎被砍掉的妇女，脑袋挂在脖子上摇摇欲坠的样子。[60]"今天早上来了另一位处境悲惨的妇女，她讲述了自己的恐怖经历。"一位医院的志愿者在1938年1月3日的日记中记录了这名妇女的受害情况：

109

她是被日本士兵抓到一家日本医疗机构的五名妇女之一，她们白天为日军洗衣服，晚上则被他们强奸。其中两位妇女每天晚上被迫满足15~20个日本士兵的兽欲，最漂亮的那个妇女每晚要遭受40个日本士兵的蹂躏。到我们这里来就医的这位妇女先前被3名日本士兵带到偏僻无人的地方，他们企图将她的头砍掉。日本暴徒已经把她脖子上的肌肉全都切断，但没能砍断她的颈椎。她假装死去，后来才挣扎着来到医院，成为又一位日军暴行的见证人。[61]

威尔逊对病患遭受的痛苦与磨难感同身受，同时他也被一些病人顽强的意志所震撼。他在1938年新年写给家人的信中讲述了一位幸存者难以置信的经历，一位29岁的妇女住在南京城南的一个小村庄里，在战火将她的房子烧毁后，她被迫带着5个孩子徒步向南京逃亡。黄昏时，一架日军飞机俯冲下来，用机关枪朝他们扫射，一颗子弹击中了这位妇女的右眼并从颈部钻出来。她当场昏死过去，第二天早晨醒来后发现自己躺在血泊中，孩子们正在她身边哭泣。她身体太虚弱，抱不动最小的孩子，只好将这个只有3个月大的婴儿留在一座空房子里。然后，她不知哪里来的力气，竟然带上另外4个孩子，挣扎着向南京走去，最终成功到达了医院。[62]

威尔逊和其他留在医院工作的志愿者坚守岗位，直到身体几近崩溃才肯休息。安全区国际委员会本来可以利用来自城外的医疗援助，但日军不允许医生和其他医疗志愿者进入南京。因此，仅由20多名受困南京的外国人组成的安全区国际委员会需要承担起照顾病人和管理安全区的重担。为保护医院免遭日军破坏，他们轮流值班，确保每天

24 小时至少有 1 名外国人值守。其中一些人因劳累过度而病倒,身受伤风、感冒和其他疾病的折磨。南京大屠杀期间,南京城仅有的另一位西方医生特里默曾发高烧达 39 摄氏度。[63]

金陵大学医院很快就成为另一处难民营,因为威尔逊拒绝让无处可去的病人出院。确实可以出院的病人则由外国人护送,以确保他们能够平安返家。詹姆斯·麦卡伦充当起医院的司机,开着一辆没有上漆、仓促拼装的救护车,在南京城内四处运送病人。南京大屠杀的幸存者还记得,在开车送病人回家时,疲惫不堪的麦卡伦为保持清醒常常拿冷毛巾擦脸。但是,当冷毛巾也无法提神时,麦卡伦就咬舌头以保持清醒,一直咬到舌头出血。[64]

当时南京城里几乎没有人像威尔逊那样忘我地在医院拼命工作。当大规模屠杀和强暴案件逐渐减少时,其他几位医生每个周末都会去上海度假,以缓解压力。但威尔逊仍然不知疲倦、夜以继日地为病人做手术,一刻也不停歇。[65]近 60 年后,幸存者仍然记得他无私的奉献精神,提及威尔逊,他们都会满怀崇敬之情。有人详细描述了威尔逊手术前的准备工作,以及成功为他实施手术的过程。威尔逊的手术是免费的,因为极少有患者付得起医疗费用,然而这些手术却使威尔逊付出了沉重的健康代价。他的家人相信,到最后他完全是靠着卫理公会教徒的虔诚信念和对中国的热爱,才有勇气挺过了南京大屠杀的煎熬。

南京的活菩萨

威廉明娜·魏特琳,大多数人称她为明妮·魏特琳,当时担任金陵女子文理学院教育系的主任和院长,是南京大屠杀开始后的几周里留在南京城内屈指可数的西方女性之一。多年以后人们仍然怀念她，不仅因为她曾奋勇保护数千名中国妇女免遭日军蹂躏，还因为她保存的日记非常珍贵。许多历史学家认为，这些日记的重要性在于它们描绘了南京大屠杀期间一位目击者的精神世界，因而会像《安妮日记》一样为世人认可。

魏特琳是一位铁匠的女儿，1937年时，她已经51岁。魏特琳在伊利诺伊州西科尔镇的一个小农场长大，母亲去世6年后，她被送给邻居抚养。魏特琳在邻居家受到的待遇并不比仆人或农场工人好，甚至在数九寒天也要出去照看牲畜。尽管幼时贫苦，但魏特琳还是设法完成了学业，并于1912年以优异的成绩毕业于伊利诺伊大学厄巴纳–香槟分校。[66]

魏特琳年轻时身材高挑、美丽端庄，有一头深色长发。她开朗大方，吸引了众多追求者。但从伊利诺伊大学毕业时，她就决定终身不嫁。她加入了海外基督教传教士联合会，来到中国安徽省合肥市，在那里的一所女子中学当了7年校长，并学会了中文。后来魏特琳来到南京，到金陵女子文理学院任职。

显然，魏特琳在南京生活得非常愉快。回到伊利诺伊的家乡时，她会滔滔不绝地谈论中国——中国的文化、人民和历史。她送给家人蚕茧，教他们烹饪并享用中国美食。她在日记里对南京的美景赞赏不已。[67]魏特琳热心园艺，不仅在金陵女子文理学院四处种植玫瑰和菊花，还去参观中山陵的花房，到明孝陵附近弥漫着桃李芬芳的小路上漫步。

1937年夏天，魏特琳与朋友们去海滨避暑胜地青岛度假时，听说有个日本士兵在北平城南几英里的地方失踪了。这一事件引发了中日两国军队在该地区的几次战斗。魏特琳的一位朋友有感而发,悲观地评论说,1914年在萨拉热窝只有两个人被刺杀,却最终引发了造成1 100多万人死亡的战争。[68]

但南京陷落前,魏特琳仍然拒绝随其他美国人一起撤离南京,于是美国大使馆借给她一面长达9英尺的崭新的美国国旗,将其铺在金陵女子文理学院绿草如茵的院落中央,以保护学校免遭日军轰炸。[69]美国大使馆工作人员还给了魏特琳和其他安全区国际委员会成员一些长绳,以便在危急时刻结成绳梯使用,并告诉他们一旦载着大使馆官员的"帕奈"号离去,中国守军关闭城门后,他们逃走的唯一希望就是利用绳梯翻越城墙了。[70]

然而,魏特琳根本没有时间考虑逃跑。当学院的大多数教员都逃离南京后(大部分人抛弃家园,逃到上海、成都等城市),魏特琳成了学院的代理院长。她不辞辛劳,将校园改造成收容女性难民的避难所,并帮助中国伤兵撤离该地区。[71]为掩盖伤兵们的军人身份,魏特琳利用学校的焚化炉将他们的军事文件和军装全都烧掉。她指挥众人将学校的家具搬到阁楼,清空保险柜,打扫干净宿舍,并将贵重物品用油纸包好藏起来。与此同时,她组织人员制作了安全区的标志、袖章和海报,并分发给志愿者。魏特琳还找裁缝又制作了一面美国国旗,这面国旗更大,长达21英尺,但裁缝却无意中犯了个错误,将带有星星的蓝底布料误缝在了国旗左下角,而非左上角。[72]

12月的第二个星期,金陵女子文理学院向妇女和儿童开放。[73]成千上万人涌入,每天都有上千名难民穿越南京城来到学院。[74]许多人疲惫不堪,精神恍惚,饥肠辘辘,到达安全区难民营时只带着随身衣物。[75]"从早上8点半一直到晚上6点,除午饭时间外,我都站在学校大门口看难民们不停地涌进来。"她写道,"许多妇女脸上都带着惊恐的神情,因为昨晚南京城经历了恐怖的一夜,很多年轻女性被日本士兵从家中抓走了。"[76]

魏特琳允许年轻女性和儿童自由进入校园,但她恳请年老的妇女留在家里,以便为更多年轻妇女留出地方。[77]但几乎没有人听从她的建议,大多数人向她哀求说自己只需在草地上占有一席之地。截至12月15日夜晚,金陵女子文理学院难民营中的难民人数已经膨胀到3 000多人。

12月16日,日本士兵袭击了金陵女子文理学院。上午10点,100多名日本士兵闯入校园,在各幢建筑中搜查藏匿的中国士兵。他们要求将每扇门都打开,如果不立即交出钥匙,手持斧头的日本士兵随时准备将门劈开。一想到日本士兵可能发现藏在楼上地理系办公室的几百件棉军服,魏特琳的心立即沉了下来,但幸好有间挤满了200多名中国妇女和儿童的阁楼转移了日本士兵的注意力。(后来魏特琳将这些军服全都埋了起来,以防被日军发现。)[78]

那天,日军两度到校园里抓捕校工,并打算将他们拖走。魏特琳大喊:"他们不是士兵!是苦力!"这才将他们救下,否则他们必死无疑。[79]后来魏特琳才知道,那天日军至少在校园里架起6挺机关枪,还安排了更多日本士兵在校外把守,他们随时准备向任何试图逃走的人开枪。

那天晚上,魏特琳在街上看见许多妇女被日军用卡车拉走,并听到她们绝望的呼救声。一辆卡车载着8~10名女孩从她身边经过时,魏特琳听到她们尖声叫着:"救命!救命!"[80]

1937年12月17日,情况变得更糟了。随着日本士兵潮水般涌入南京城,到金陵女子文理学院避难的妇女越来越多。"这景象太令人心碎了！"魏特琳写道，"筋疲力尽的妇女和惊恐万状的姑娘们，拖儿带女，长途跋涉，带着被褥和少量衣服来到这里。"[81]她想，如果有人能有时间把每个进入校园的难民的故事（尤其是那些将面孔涂黑、头发剪短的姑娘们的遭遇）都写下来就好了。妇女们源源不断地赶来，一个个眼中满是惊恐，在安置她们的过程中，魏特琳听说日本士兵强奸下至12岁的幼女、上至60岁的老妪，甚至还以刺刀威胁，强奸孕妇。她为此苦恼不堪，从早到晚忙碌不停：为难民安排食物，指引男性难民到安全区的其他难民营，并随时准备将出现在校园任何地方的日本士兵赶走。

但是，一天晚上的遭遇却让魏特琳猝不及防。当时两名日本士兵用力拉拽中央大楼的门，要求魏特琳立即把门打开。魏特琳坚称她没有钥匙，而且里面根本没有藏匿中国士兵，其中一名日本士兵不仅扇了她一记耳光，还打了站在她身边的一名中国男子。接着，又有两名日本士兵抓了学校的三名校工，并将他们捆起来带走。魏特琳跟他们来到学校门口后，发现日本士兵强迫一大群中国人跪在路旁。日本士兵要求与院长谈话，当得知魏特琳正是院长时，便要求她去辨认跪在地上的每一个人。有名男子上前说了句话，要求帮助魏特琳辨认，却遭日本士兵重掴耳光。

在这严峻的时刻，安全区国际委员会的三位成员驱车赶来，他们分别是基督教青年会秘书乔治·菲奇、金陵大学社会学教授刘易斯·史迈士和长老会传教士W·普卢默·米尔斯。日本士兵要求他们三人站成一排，并搜查他们身上是否带有枪支。突然，他们听到了妇女的尖叫和哭喊声，发现日本士兵正将一群妇女从学校的侧门拖出去。魏特琳直到这时才明白，先前的整个审问过程不过是日军声东击西之计，一部分日本士兵在大门口纠缠住学校的外国人，另一部分日本士兵则到校园中搜寻可供强暴的妇女。"我永远都不会忘掉这一幕！"她一边回忆当时的愤怒和无助一边写道，"一大群中国人跪在路旁，玛丽、陈夫人和我则站在一边，枯叶纷飞，寒风哀鸣，被抓走的妇女哭喊着远去。"[82]

此后的几个月中，魏特琳时常发现自己是金陵女子文理学院难民营的唯一守护人。日本士兵不断前来骚扰难民营，不是将男人抓去处决，就是将妇女抓到慰安所。有时，他们招募军妓的伎俩厚颜无耻。有一次，日本士兵开着卡车到校园难民营，明目张胆地索要姑娘。[83] 不过，大多数时候他们都是偷偷摸摸地将妇女绑架回去以供强奸。日本士兵常常趁着夜色翻过竹篱，或者砸开侧门或后门，进入校园随意抓捕妇女。[84]

1938年1月1日，魏特琳救下了一名被日本士兵拖到图书馆北面竹林中的少女。[85] 有好几次，魏特琳的英勇行为差点儿让她送命。许多日本士兵在她面前"既凶狠又不可理喻"，常常向她挥舞沾满鲜血的刺刀。[86] 魏特琳在日记中写道："在许多情况下，他们极具挑衅性，常常对我怒目而视，有时甚至手持匕首盯着我。"有一次，当魏特琳试图阻止日本士兵抢劫时，其中一个士兵竟拿枪对准了她。

在与日军交涉过程中，魏特琳偶尔也会犯错。正如拉贝和安全区国际委员会的其他成员被日军蒙蔽把难民交给他们处决一样，魏特琳也曾被他们欺骗，将无辜的妇女交到日军手里。12月24日，魏特琳被叫到自己的办公室，与一名日本高级军官及年龄较大的中国翻译会面，他们与魏特琳讨论日本军队需要妓女之事。魏特琳后来在日记中记录了此次会面："他们要求从1万名难民妇女中挑出妓女，并声称一共需要100名妓女。他们认为，如果能够为日本士兵开办一家正规的、有执照的慰安所，那么这些士兵就不会侵犯无辜的良家妇女了。"[87]

不可思议的是，魏特琳答应了他们的要求。也许她在这件事上别无选择，也许她真的相信了日本人的鬼话，认为一旦日本慰安所里有了妓女，日本士兵就不会再来骚扰难民营里的小女孩和良家妇女了。无论魏特琳这一决定背后的原因是什么，可以确信她当时是在压力之下做出这种决定的。日军在校园的难民营中搜寻妓女时，魏特琳在一旁等候着。过了很长时间，他们终于找到了21名妇女。至于他们是如何分辨出这些妇女为妓女的，魏特琳在日记中没有说，但她却提到日军对这一结果很不满意，因为他们确信一定还有更多妓女藏在安全区的某个地方。魏特琳写道："当一群接一群的女孩前来问我，日本人是否还会从她们这些正派女孩中挑选另外79人时，我只能告诉她们，如果我有能力阻止，是不会允许他们那样做的。"[88]

南京陷落一周以后，日军开始有计划地对安全区的活动进行管理。日军宪兵司令发布了一份12月24日起开始生效的公告，要求所有南京市民必须从日军的发证办公室领取"良民证"。"良民证"不许代领，没有"良民证"者禁止在南京城内居住。日军在街道上张贴公告，通知市民去登记，否则将面临被处决的危险。[89]

12月28日，男性居民的登记工作开始进行。他们在金陵女子文理学院排成四排，领取表格后前往校园东北角的一座房子，日本士兵在那里记录他们的姓名、年龄和职业。魏特琳注意到，前来登记的男子主要是老人和残疾人，因为大多数年轻人要么已经逃离南京，要么已被日军杀害。[90]在前去登记的人中，更多男子被当作前士兵抓走了，留下老人和妇女跪在安全区负责人面前，哭着请求他们救出自己的儿子和丈夫。有几次安全区负责人成功救出一些人，但他们也注意到，日本军官对他们的干预表现出越来越多的愤恨和不满。[91]

日军对前来登记的男子人数非常不满，于是决定利用恐吓的办法迫使民众就范。12月30日，他们宣布，所有第二天下午2点之前仍不来登记的人将被枪毙。"后来的事实证明这不过是唬人。"一位传教士就这一事件写道，"但普通市民却被吓坏了。"[92] 第二天一早，大批男子乖乖出现在登记区，许多人甚至凌晨3点就起床，以确保能排上队。日军严厉的威胁引起民众极大的恐慌，截至1938年1月14日，日本当局至少成功登记了16万人。[93]

接下来对妇女的登记开始了。12月31日上午9点，数千名妇女聚集在金陵女子文理学院中央大楼前，听一位日本军官向她们训话。该军官讲的是日语，然后由翻译帮他译成中文。魏特琳在日记中回忆着他们的讲话："你们必须遵守古老的婚姻习俗，你们不要学习英语，也不要去剧院。中国和日本必须合二为一。"[94] 训话结束后，妇女们排成两列纵队，经过为卖大米而搭设的货架，并领了票。魏特琳发现，日本士兵像赶牲口一样驱赶着这些妇女，看上去从中获得了极大的乐趣，有时他们甚至将印章盖在这些妇女的脸上。[95] 哪怕仅仅想到登记的后果，有些妇女就已被吓出病来，日本士兵还强迫她们在记者和摄影师面前强颜欢笑，显出高兴的样子。[96]

在魏特琳看来，日军在很多情况下登记中国妇女不过是想全面搜寻最有吸引力的强暴对象罢了。就在登记妇女的第一天，他们就仔细审查了安全区的一些妇女，并试图将她们带走。他们挑选出20个女孩，说她们肯定是妓女，因为她们烫着卷发或者穿得太好了。但这些女孩后来都被释放了，魏特琳后来写道："因为有位母亲或其他什么人能够为她们提供担保。"[97]

登记结束后，日军便试图取缔安全区。[98]他们要求所有人1月底前离开安全区，回到自己家中。他们将2月4日确定为难民离开安全区的最后期限。[99]期限一到，日军就来到金陵女子文理学院检查，要求留在这里的妇女和女孩离开。

魏特琳告诉他们，她们不能离开安全区，因为她们要么来自其他城市，要么家园已遭焚毁，日本人则声称日军宪兵队会承担保护她们的责任。魏特琳对他们的承诺持怀疑态度，甚至一位跟随这些日本人前来传达信息的中国翻译也悄声告诉魏特琳，他认为年轻妇女离开后并不安全，应该继续让她们留在安全区。[100]

然而，庞大的难民人数最终让魏特琳觉得越来越难以招架。数百名妇女涌进走廊，过道上水泄不通，还有更多妇女在外面的草坪上过夜。[101]金陵女子文理学院科学会堂的阁楼上也住了1 000多名妇女，魏特琳的一位朋友注意到："在寒冬腊月，这些妇女一连几星期都肩并肩地睡在水泥地面上！每一级水泥台阶就是一位妇女的容身之处——这些台阶长度不过4英尺！有些人为能够在化学实验室的桌子上拥有一块栖息之地而心满意足，水管和其他设备的妨碍对她们来说根本不算什么。"[102]

南京大屠杀期间的经历严重损害了魏特琳的身体健康，但她每天所承受的精神折磨远甚于身体所遭受的伤害。"啊，上帝，请控制一下今晚城内日本士兵的残忍兽行……"她在日记中写道，"如果日本妇女知道日军的各种暴行，她们该会多么羞愧啊！"[103]

在沉重的压力之下，魏特琳依然打起精神安慰别人，重新唤起中国人的爱国热情，她如此了不起的举动令人印象深刻。当一位老妇人来到金陵女子文理学院红十字会的厨房取一碗米粥时，发现粥已经没有了，魏特琳立即将自己正在吃的粥送给她，并对她说："你们中国人不用担心，日本一定会战败，中国不会灭亡。"[104] 还有一次，她看到一个小男孩为保证自身安全，戴着象征日本的太阳袖章时，魏特琳责备他说："你没必要佩戴这个太阳标志。你是中国人，你的国家还没有灭亡。你要记住自己佩戴这玩意儿的日子，永远都不要忘记。"[105] 魏特琳一再激励金陵女子文理学院的难民，永远都不要失去对未来的信念，她对他们说："中国还没有灭亡，而且永远都不会灭亡。日本注定要失败。"[106]

魏特琳废寝忘食地努力工作，难民营的人都看在眼里。一位中国幸存者回忆说："她从早到晚都无暇小憩，她时刻保持警惕，一旦有日本士兵闯入……她就竭尽全力把他们赶出去，然后去找他们的军官，请求他们不要对中国妇女和儿童犯下如此邪恶的罪行。"[107] 另一位幸存者在有关南京大屠杀的目击报告中写道："据说她曾被凶残的日本士兵打过好几个耳光，我们都很为她担心。大家都努力安慰她。但自始至终，她都意志坚定，大无畏地为保护中国妇女而战斗。"[108]

安全区的管理工作让人心力交瘁，体力透支也就罢了，精神上也饱受折磨。安全区国际委员会成员、纳粹党人克里斯蒂安·克勒格尔说，他在街上见到了太多尸体，因而很快就遭受与此相关的梦魇折磨。[109] 但在令人难以置信的险恶处境中，安全区最终还是拯救了许多人的生命。以下是一些令人震惊的事实：

• 抢劫和纵火导致食物极度匮乏，许多难民只能吃在金陵女子文理学院校园内挖到的紫苑和秋麒麟草之类的野菜，或者靠从城内其他地方采来的蘑菇为生[110]，甚至安全区负责人也因食品不足而挨饿。他们不仅通过施粥场向难民提供免费食物,还直接将食物送到难民营,因为安全区的许多中国人惊恐万分,根本不敢迈出住所半步。[111]

• 安全区的大多数负责人都是温文尔雅的读书人,没有与大批强奸犯、杀人犯和街头流氓打交道的经验。然而,当时他们在南京甚至会充当起保护警察的角色,而且不知哪里来的勇气和力量,他们如勇士般投入战斗:将中国男人从刑场救出,将日本士兵从中国妇女身上踢开,有时甚至纵身跳到机关枪和大炮跟前,阻止日军开火。[112]

• 在此过程中,许多安全区负责人险些被射杀,他们有的遭到日军殴打,有的被拿着军刀或刺刀的日军砍伤。例如,在试图阻止一名日本军官将误认为是中国士兵的平民带走时,金陵大学农业工程系教授查尔斯·里格斯遭到毒打。该军官恼羞成怒,"三次以刺刀威胁里格斯,最后在他心脏部位狠狠重击了两拳"。[113] 贝德士教授也曾被持枪的日本士兵威胁过。[114] 罗伯特·威尔逊在试图将一名爬到三位女孩床上的日本士兵赶出医院时,另一名士兵拿枪对准了他。[115] 还有日本士兵真的向詹姆斯·麦卡伦和特里默开过枪,所幸没有打中。[116] 金陵大学附属中学的一名学生被日本士兵绑走后,贝德士到日本宪兵司令部打听这名学生的下落时被日本人猛推下楼梯。[117] 有时,甚至纳粹党人如佩戴护身符一般佩戴的卐字臂章也不管用,日军照样会袭击他们。约翰·拉贝曾经记载,1937年12月22日,克里斯蒂安·克勒格尔和一名叫哈茨的德国人在试图救一个被酒醉的日本士兵刺伤喉咙的中国人时遭到袭击。哈茨举起一把椅子进行自卫,而克勒格尔最后却被绑起来毒打一顿。[118]

• 安全区总共安置了二三十万中国难民——留在南京的中国人几乎有一半人口都在安全区。[119]

根据后来对南京大屠杀的相关研究，这一统计数字令人不寒而栗。在大屠杀发生之前，约有一半原南京居民逃离南京。留下来的人中有一半惨遭屠杀。(南京陷落后，城里的难民、本地居民和中国士兵有六七十万人，其中大概35万人被杀。)

如果说有一半人口在大屠杀最猖狂时逃到了安全区，那么另一半（几乎是没有进入安全区的全部人口）很可能都死在了日军手里。

THE RAPE OF NANKING
The Forgotten Holocaust of World War II

第二部分

第六章
世人所了解的南京大屠杀

关于南京大屠杀，世人并非完全被蒙在鼓里；随着事态的发展，南京大屠杀的消息不断传播给世界各地的民众。早在南京陷落前的几个月，众多派驻在南京的外国记者就报道了日军对南京的空袭。1937年12月初，随着日军不断逼近这座在劫难逃的城市，记者们每天都提供最新、最真实的报道，包括战况、兵燹、中国守军最后阶段的撤退以及国际安全区的建立等。令人吃惊的是，在南京大屠杀的初始阶段，日本的报纸也刊登了大量照片，展现了日军将中国人围捕并处决，河边成堆的尸体等待处理，以及日本士兵之间进行杀人竞赛等场景，甚至还有日本记者为此深感震惊的评论。

很显然，在国际舆论介入报道之前，日本政府对大屠杀前几天的情况深感自豪。攻陷南京的消息传到国内之后，日本举国欢庆。在东京，人们特意准备了庆祝胜利的"南京面条"[1]，全国各地的儿童参加夜晚游行时手提球形的纸灯笼，里面点上蜡烛，象征日本旭日东升的辉煌。只是到了后来,日本将美国"帕奈"号炮艇击沉以及大肆屠杀南京居民的消息遭到国际社会的谴责之后,日本政府才匆忙粉饰其军队的所作所为,并试图用战争宣传取代真实的报道。幸有几位美国记者的努力,日本作为一个民族很快就不得不面对丑闻带来的舆论压力。

美国记者

当时,对西方舆论影响最大的是三位美国记者:《纽约时报》的弗兰克·提尔蔓·德丁、《芝加哥每日新闻报》的阿奇博尔德·司迪尔和美联社的C·耶茨·麦克丹尼尔。这三位记者都具有冒险精神。时年29岁的德丁是一位来自休斯敦的记者,他通过为一艘货轮擦洗甲板和冲洗绞车,得以免费乘船从美国来到中国。初到上海时,他为一家英文报纸工作,不久之后转投《纽约时报》,报道中日战争的新闻。[2]司迪尔是一位资深记者,曾报道过日本侵占中国东北以及亚洲战事不断蔓延的新闻。[3]麦克丹尼尔或许是三人中最勇敢的一位:在南京大屠杀之前,他曾驱车穿越乡间战线,在其"发现战争"的调查过程中险些被炮弹炸死。[4]

德丁、司迪尔和麦克丹尼尔在大屠杀发生几天后就离开了南京,但就在这短短几天内,他们发挥了巨大的作用。他们不仅撰写了非常精彩的报道,刊登在美国极负盛名的各大报纸的显著位置,而且加入安全区国际委员会,努力拯救中国民众的生命。[5]

南京大屠杀迫使这些记者跳出中立观察者的角色,成为这场战争悲剧的全面参与者。有时,他们因保护中国民众免遭日本侵略者的迫害而成为自己新闻报道中的主角。例如,麦克丹尼尔就曾担负起保卫

1937年12月13日，南京沦陷。图为狂喜的日本人在城墙上欢呼雀跃庆祝的情景。（出自《中日战争图片史》）

1937年12月13日清晨，日军坦克轰鸣着穿行在南京的街道上。（新华社供）

1937年12月12日，日本海军在南京附近的长江上炸沉了美国"帕奈"号炮艇，尽管上面的乘客都是外交官、记者、商人和西方国家的难民。（合众社的科尔维斯－贝特曼供）

松井石根将军进入南京城后向获胜的日军敬礼。（合众社的科尔维斯－贝特曼供）

这是日本人进行宣传的一个例子。日本人将这幅肖像画张贴在南京的各个角落——一个抱着中国儿童的和善可亲的日本士兵正给孩子感恩戴德的父母发放食品。这个张贴画鼓励南京市民："回到家乡来！给你饭吃！信赖日本军！可得救助！"很多宣传画就张贴在刚刚发生过暴行的住宅附近。日军还用飞机散发传单，承诺"所有返回自己家中的中国良民都会得到食物和衣服。那些未被蒋介石军队的魔鬼所愚弄的中国人，日本愿意做你们的好邻居"。收到这些传单之后，数以千计的南京市民离开了南京安全区，回到了他们自己的家。（约翰·拉贝的资料集，耶鲁大学神学院图书馆供）

随着日军在中国战事的推进,他们抓走了成千上万的中国妇女。她们中的很多人遭到轮奸,或者被强行送到军方的妓院。(国民党军事委员会政治局供,中国台北)

日军捆住年轻男子的手腕,用卡车将他们运到南京郊外集中处决。(日本报纸《每日新闻》)

1937年12月16日,17个日本宪兵军官正在检查一大群南京城的中国平民,这些平民被日军的大屠杀吓坏了,没有人敢进行任何反抗。(台北新闻社供)

该图片展示了南京陷落之后，日本新兵以中国俘虏作为活靶进行刺刀训练。在画面中央，一位不幸的俘虏（或许我们应该说是幸运）已经受到致命一击。在画面前端，一个日本士兵正用刺刀"轻轻地"地刺着一个被捆绑的中国人，以寻找合适位置对他进行致命一击。就该照片的真实性来说——这张照片是汉口的W·A·法默送给《展望》杂志的，据他讲这张照片是一个日本士兵拍摄的。照片的胶片被送到上海冲洗，一家日本独资店的中国雇员多洗了几张，并把它们偷偷运了出来。（合众社的贝特曼供）

这个可怜的人被蒙住眼睛靠在两根棍子上，充当日军练习刺刀的活靶子。画面中的士兵正在练习刺杀动作，甚至在受害者死亡后还要对其猛刺。(国民党军事委员会政治局供，中国台北)

南京沦陷后，5名中国俘虏正在南京郊外被日军活埋。这是W·A·法默送给《展望》杂志的另一张照片，是由一个日本士兵拍摄的，并被冲洗店的中国雇员"违反命令多洗了一份"后私运出来。(合众社的贝特曼供)

砍头在南京司空见惯。这张照片抓拍到受害者遭斩首的一瞬间。(新华社供)

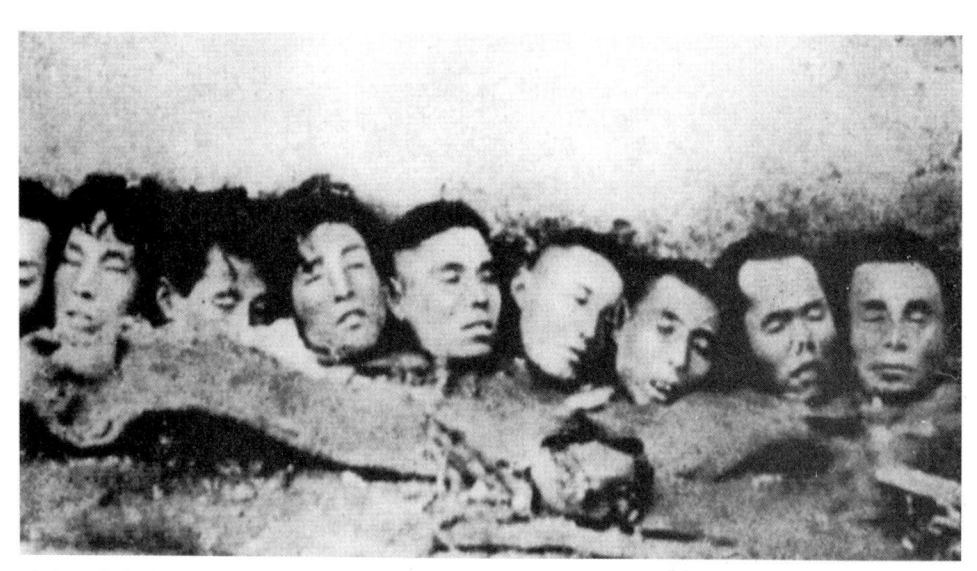

南京遇难者令人触目惊心的头颅。（新华社供）

一个中国士兵的头被挂在南京城外的铁丝防御网上，日军还在他嘴里插了根烟蒂以供取乐。（全球第二次世界大战史实维护联合会亚洲分会供）

在南京，日军以杀戮为乐。请注意后面日军脸上的微笑。（革命文献，中国台北）

日本媒体争相报道了军方在南京附近的杀人竞赛。在这一最臭名昭著的事件中，两名日本陆军少尉向井敏明和野田毅在南京附近进行了一场砍头比赛，看谁能最先杀死100人。《日本广知报》在他们的图片下标上醒目的标题："百人斩杀人竞赛没有决出胜负，因为他们都超过了预先确定的上限——向井杀了106人，野田毅杀了105人。"（出自《日本广知报》）

南京市民的尸体被拖到长江边,然后抛入长江。(村濑森安供)

南京北部重要港口下关码头成堆等待处理的尸体。(村濑森安供)

日本士兵时常强迫受害者摆出各种色情姿势以供拍照,并作为强奸中国妇女的纪念。(菲奇家人供)

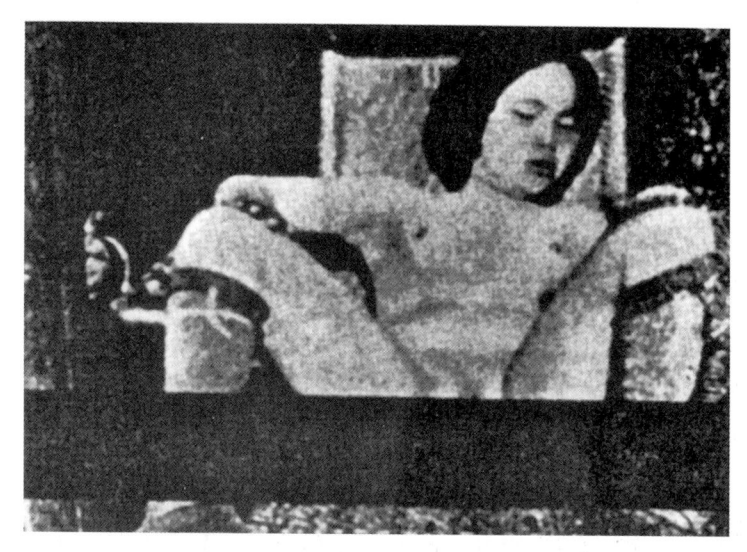

日本士兵将这位年轻女子绑在椅子上,以供其反复施暴。(新华社供)

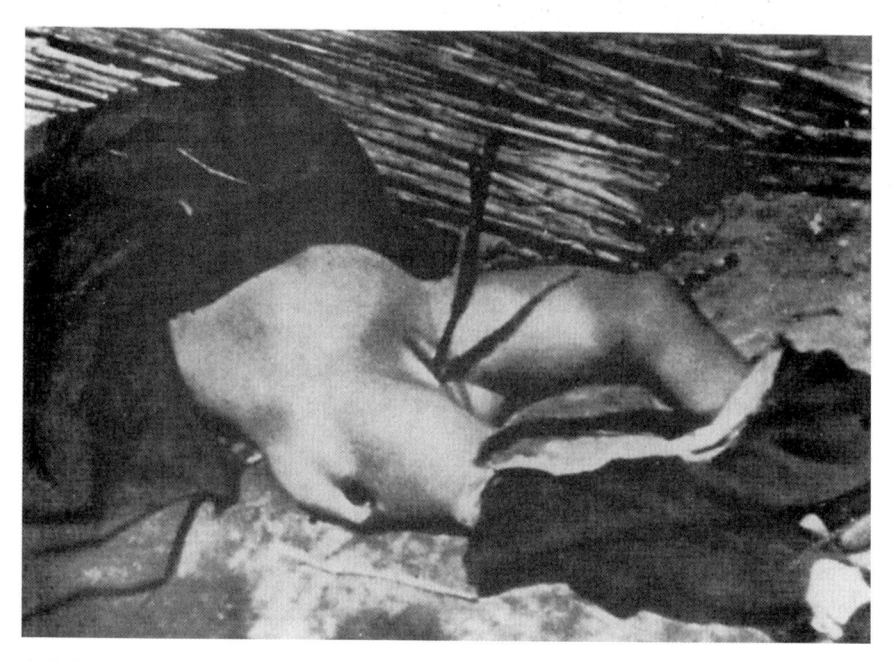

南京妇女不仅遭到强奸,还遭到毁尸和其他折磨。(当代中国出版社供)

南京大屠杀期间，南京1/3的地区被大火烧成废墟。图为日本军队放火烧毁南京郊区的一所房屋。(新华社供)

日军驶过一片遭蹂躏后的南京街区。(出自尹集钧和史咏编《南京大屠杀》)

在南京大屠杀期间，成千上万的中国难民涌入南京安全区——这是一片由少数西方人保护的免战区域。这片区域关系到南京城内留守中国人的生死存亡，安全区最后收容了 30 多万难民。（南京市档案馆供）

外国人也在南京城外建立了农村安全区。（欧内斯特·福斯特，耶鲁大学神学院图书馆供）

约翰·拉贝，南京的纳粹英雄（赖因哈特供）

南京安全区国际委员会主席约翰·拉贝与同事们一起站在宁海路5号的安全区总部门前（耶鲁大学神学院图书馆供）

约翰·拉贝关于南京大屠杀的日记中的一页。(约翰·拉贝的资料集,耶鲁大学神学院图书馆供)

约翰·拉贝写给希特勒的信。拉贝将这封信连同一份报告和一部关于南京大屠杀的影片呈递给希特勒。几天后,拉贝就遭到逮捕并在柏林受到盖世太保的审讯。(约翰·拉贝的资料集,耶鲁大学神学院图书馆供)

罗伯特·威尔逊——南京大屠杀期间南京城内唯一的外科医生。(约翰·拉贝的资料集,耶鲁大学神学院图书馆供)

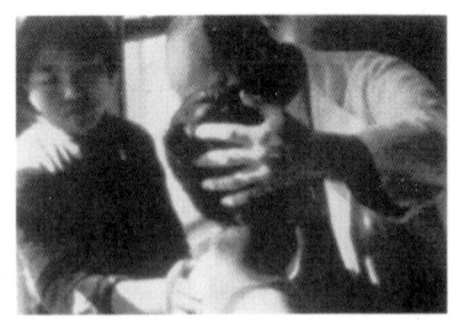

威尔逊医生检查一位遭到轮奸的受害者,她的头被日军严重砍伤。在一座废弃的校舍里,两名日本士兵砍了她10刀,其中手腕上1刀、脸上1刀、背上4刀、脖子上4刀,致使肌肉上的伤痕深至脊柱。(约翰·马吉供)

威尔逊工作的金陵大学医院内的场景。日本士兵在这个十几岁的男孩身上浇上汽油,然后点火,将他的脸烧焦了。(约翰·马吉供)

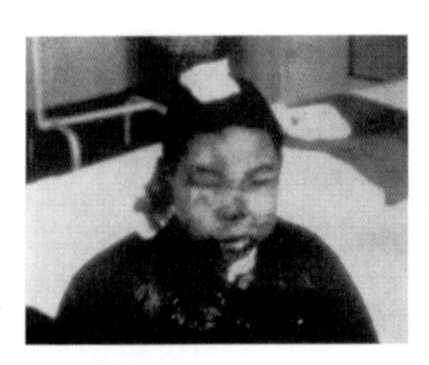

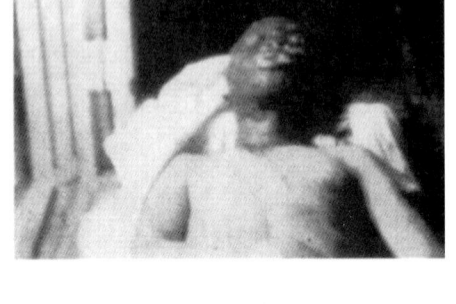

这个14岁的男孩被日本士兵囚禁起来,不给饭吃。当他乞求回家时,日本士兵用铁条对其进行猛烈抽打。(约翰·马吉供)

李秀英在与3个日本士兵的搏斗中被砍了37刀,她竟不可思议地逃过日本人的强奸并活了下来。由于搏斗时已有7个月的身孕,她在医院中流产了。她花了7个月的时间才从创伤中恢复过来。(约翰·马吉供)

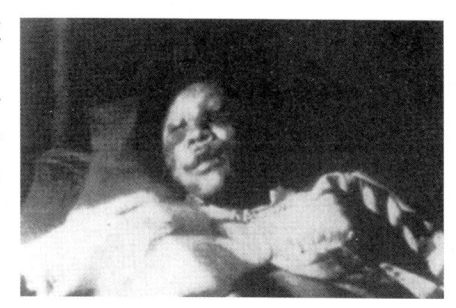

明妮·魏特琳——"南京的活菩萨"。(艾玛·莱昂供)

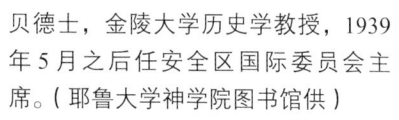

贝德士,金陵大学历史学教授,1939年5月之后任安全区国际委员会主席。(耶鲁大学神学院图书馆供)

克里斯蒂安·克勒格尔（左上），德国工程师，安全区国际委员会的纳粹成员，1937~1938年管理安全区的财务。（彼得·克勒格尔供）

约翰·马吉（右上），圣公会牧师，在南京大屠杀期间任国际红十字会南京分会主席。作为业余电影摄制者，马吉录下了金陵大学医院的很多重要影像。（耶鲁大学神学院图书馆供）

下页：刘易斯·史迈士（左上），1937年12月至1938年3月任安全区国际委员会秘书，他还是《南京"战争损害"研究》的作者。

欧内斯特·福斯特（右上），圣公会牧师，国际委员会的秘书之一。（耶鲁大学神学院图书馆供）

詹姆斯·麦卡伦（中），美国基督教传教会成员，也是安全区的重要人物，开着救护车穿行在南京城中把病人从家中接到医院。（基督门徒历史学会供）

威尔逊·普卢默·米尔斯（左下），长老会传教士，第一个提出创立南京安全区的人。（安吉·米尔斯供）

乔治·菲奇（右下），南京基督教青年会的领导人，安全区国际委员会的行政主任，曾把他本人和约翰·马吉的南京大屠杀影片送出了南京城。（伊迪丝·菲奇·斯瓦普供）

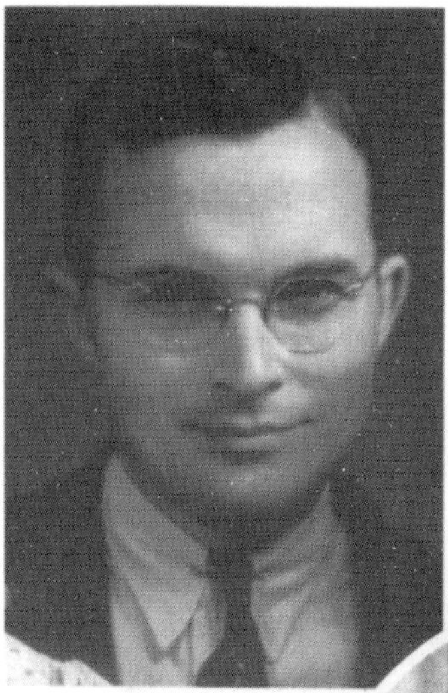
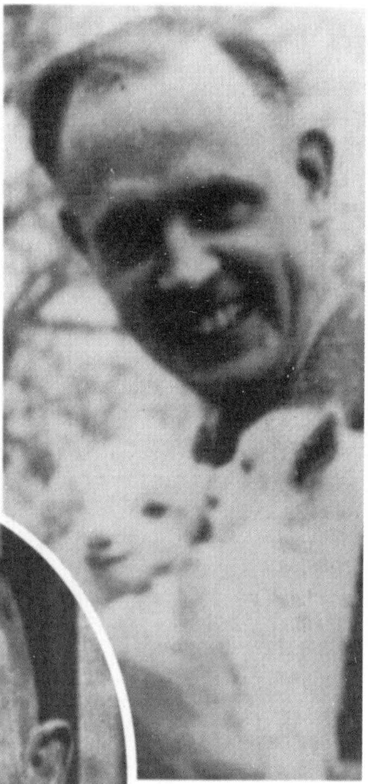
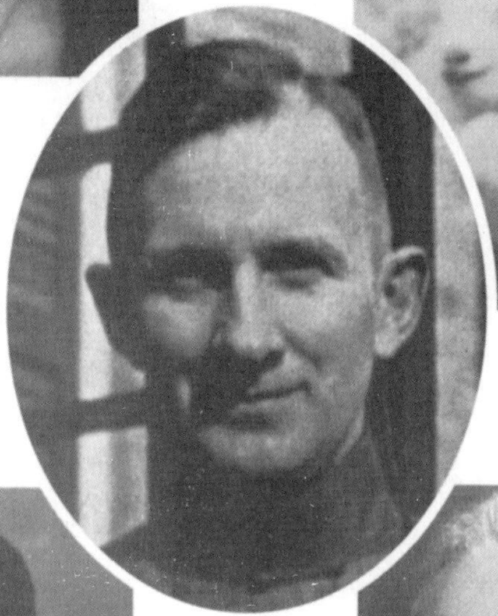
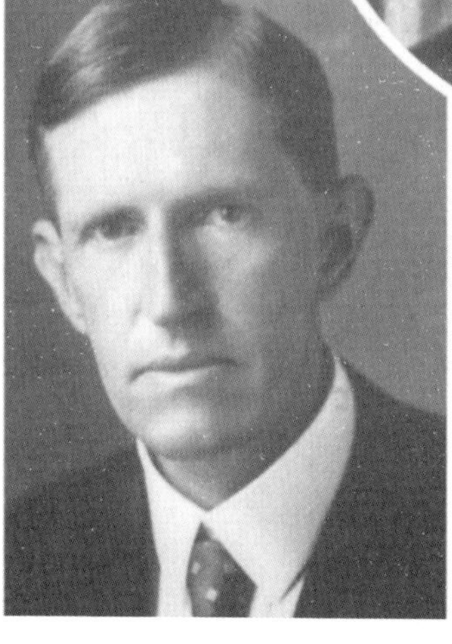
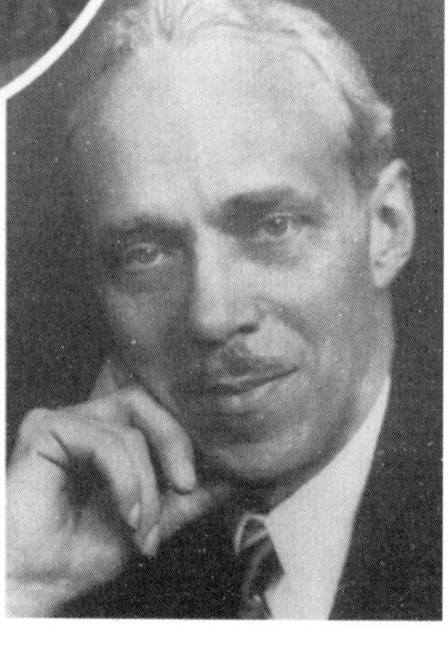

1946年战犯审判期间,从很多坟墓中出土的尸骨,供中国官员查验。(第二次世界大战史实维护联合会亚洲分会供)

美国大使馆的中国雇员的责任。南京大屠杀期间，大部分中国人都非常恐惧，以致不敢外出取水，于是麦克丹尼尔就花几个小时的时间打满一桶桶井水，然后不辞辛劳地运回大使馆给这些中国雇员喝。[6]他还设法帮这些雇员寻找失踪的亲人（通常只能找回他们的尸体），并将试图闯入美国大使馆的日本士兵赶走。

这些记者甚至还曾试图救助显然已无生还希望的人，哪怕只是给那些即将离世的人一丝安慰。在南京大屠杀期间，德丁看到一名下颌已被炸掉的中国士兵躺在人行道上，身上鲜血直流。这名士兵朝他伸出一只手，他上前握住。"我不知道该把他送到哪里去，或者该做点儿什么。"德丁几年后回忆说，"茫然中，我决定为他做点儿什么。于是，我在他手中放了一张5美元的钞票。当然，这对他来说毫无用处，但不论如何，我总觉得应该为他做点儿什么。他已经奄奄一息了。"[7]

12月15日，大部分记者离开南京去上海编发新闻稿，他们在南京度过的最后一天极为恐怖。[8]在去往码头的路上，他们需要开车从挹江门下几英尺厚的尸堆上碾过，当时已有野狗在啃食这些尸体。后来，他们在等船时看到日军将上千名中国男子排成一行，并强迫他们一批批跪下，然后瞄准后脑勺将他们逐个射杀。在处决这些中国人的过程中，这些日本士兵抽着烟，笑容满面，似乎非常享受整个过程。

美联社的麦克丹尼尔在乘驱逐舰前往上海之前在南京多待了一天。12月16日，即他滞留在这座被摧毁的城市的最后一天，他看到了更多的尸体，并遇到一长队双手被捆的中国男子从他身边走过。其中一人挣脱出来，跪在地上乞求麦克丹尼尔救他一命。"我无能为力。"麦克丹尼尔写道，"我对南京最后的记忆就是死去的中国人、死去的中国人、死去的中国人。"[9]

新闻短片制作人

南京附近还有两位短片制作人,他们冒着生命危险拍下了日军轰炸"帕奈"号的情景。[10] 当时环球公司的诺曼·艾利和福克斯公司的埃里克·莫耶尔恰好也在船上,他们拍摄到了那次轰炸行动的绝佳镜头。虽然他们在轰炸中侥幸生还(在这场空中轰炸和机关枪扫射中,艾利只是被划伤了一根手指,帽子被子弹打了个洞),但另一位记者就没那么幸运了。意大利记者山德罗·桑德瑞在跟随艾利登上"帕奈"号的旋梯时,被一块弹片击中后脑,几小时后去世。[11]

艾利和"帕奈"号上的其他幸存者一起躲入江边的芦苇丛中,他以为日军会追到岸上来将他们全都杀掉,于是将自己和莫耶尔的胶片用帆布包起来,埋入泥中。[12] 后来胶片被完好地挖出来并送到美国,其中关于本次轰炸的一部分短片镜头曾在全美各地的影院放映。

"帕奈"号被炸沉在美国引起了轩然大波,其程度远甚于对发生在南京的大规模屠杀和强奸的反应。12月13日,美国总统罗斯福宣称,他对轰炸"帕奈"号事件感到"震惊",并要求日本昭和天皇立即赔偿。[13] 几天之后,当疲惫不堪的幸存者终于回到文明世界时,民众的反应更加激烈。这些幸存者裹着毯子或被子,或披着破衣烂衫,他们满身污秽,瑟瑟发抖,有些人依然惊魂未定,有些人已经奄奄一息。[14] 他们的遭遇连同照片一起很快就出现在美国所有的主要报纸上,并配以"日军空袭整整一小时后的'帕奈'号幸存者"和"南京的烧杀抢掠"之类的标题。当艾利和莫耶尔拍摄的短片在影院放映后,进一步激起了美国民众的愤怒之情和反日情绪。[15]

日本人的危机控制

外国记者离开南京后,日军立刻封锁了整座城市,禁绝其他记者进入。12月15日,乔治·菲奇亲眼目睹了封锁开始阶段的情况,那天他开车送几位记者出城到江边,以便他们乘坐一艘开往上海的炮艇。当菲奇驱车从下关返回南京时,一名日本哨兵在城门前将他拦住,坚决禁止他返回城内,甚至陪同菲奇的日本驻上海领事馆官员冈村先生也无法说服哨兵放他们进城:"在日本,使馆根本拿军方没有办法。"[16] 最后,冈村只好乘车到日军司令部为菲奇领取了一张特别通行证。

当日本人最终允许少数外国人进入南京时,他们会严密控制外国人的行动。1938年2月,日本人允许几位美国海军军官在南京上岸,但他们必须乘坐日本大使馆的汽车,并由日本大使馆的代表陪同在侧。[17] 直到4月,日军最高司令部仍然不允许大部分外国人自由进出南京。[18]

为了掩盖日本军方令人作呕的暴行,日本甚至阻挠他国外交使节重返南京。但事实证明,他们最终未能成功掩盖真相,尤其是瞒不过德国人和美国人。

关于南京大屠杀的外国情报

希特勒政府很快就了解到日本人阻挠他国外交官重返南京的动机。"我之前所做的报告中的猜测已经得到证实,日本人拖延我们返回南京的时间,是为了防止任何官方人士目睹他们实施的种种暴行。"一名德国外交官在 1938 年 1 月给柏林的报告中写道,"根据留在南京的德国人和美国人的说法,日本了解到外国代表重返南京的意图之后,立刻在南京进行了紧张的清理工作,从而销毁大规模屠杀无辜平民和妇女儿童的证据。"[19]

美国政府也知道日本试图掩盖的事实。日本人曾用一套机械密码保护外务省的高层外交电文,但美国陆军信号情报处的密码专家 1936 年破译了这套密码,并为其取了"RED"这一代号。[20] 因此在南京大屠杀期间,美国情报部门得以截获并破译日本的东京领导人及其驻华盛顿代表之间的秘密通信。1937 年 12 月 26 日,日本外相广田弘毅给日本驻美大使斋藤博发去一封电报,强调了拖延美国外交人员重返南京的必要性。该电报写道:"如果他们真的返回南京,从本国侨民那里得到关于我国军队行为的负面报告,并将这些控诉传回他们国内的话,我们将会处于极端不利的境地。因此,我们认为尽一切努力最大限度地拖延他们返回南京的时间不失为最好的策略。即使这样做会引起他们的反感,但也比引发现场冲突要好得多。"[21]

然而,当时美国政府并没有向民众披露他们所知道的一切,甚至还为日本试图掩盖真相的新闻审查提供了帮助。例如,环球公司的诺曼·艾利拍摄了 53 卷关于日军飞机轰炸"帕奈"号的百尺胶卷,但在影片被送到电影院放映之前,罗斯福总统要求他将大约 30 英尺的内容剪辑掉,剪掉的这段影片拍下了好几架日军轰炸机几乎贴着"帕奈"号甲板对其进行扫射的画面。尽管剪掉的部分可能是整部影片中最精彩的镜头,而且无疑也是对日本政府最有力的谴责,但艾利最终还是同意删剪。[22]《"帕奈"号事件》(*The Panay Incident*)一书的作者汉密尔顿·达比·佩里认为,罗斯福此举意在接受日本的借口,即相信对"帕奈"

号的轰炸纯属误会，而非故意为之。毫无疑问，美国政府急于就这次轰炸与日本达成经济赔偿和外交和解等方面的协定，而剪掉的 30 英尺影片如果播出将使这种努力成为泡影。

日方的宣传

日本试图影响舆论的做法是其惯用伎俩。早在南京大屠杀之前，美国情报机构就曾获取过标有"绝密"字样的日本宣传计划，试图在美国进行有利于日本的宣传。[23] 日本政府还拥有一笔巨额预算资金，用于收买有影响力的媒体人，在美国的主流报纸和电台做有利于日本的宣传，以及制作印有亲日内容的手册和传单等。

然而在南京大屠杀期间，日本在面临如此巨大的公共关系灾难时却仍然试图掩盖真相，这在今天看来简直荒唐可笑。日本人非但没有采取措施整肃军队纪律，反而调动一切资源发动一场大规模的宣传攻势，企图在某种程度上掩盖这场世界历史上最血腥的大屠杀。

首先，日本媒体宣称南京城内一切安好。1937 年 12 月 30 日，罗伯特·威尔逊医生听说，日本新闻机构同盟通讯社报道称，南京居民已经开始返回家中，城内一切正常。威尔逊写道："如果这就是有关南京的全部报道的话，当真实情况得以披露后，必将引起轩然大波。"[24]

接下来，日本政府批准了为日本游客精心安排的南京之旅。同盟通讯社的报道发表一周以后，一艘载满日本观光客的商船从上海抵达南京。乔治·菲奇在日记中记录了这次观光："他们被人小心翼翼地引领着，穿过少数几条刚刚清理掉尸体的街道，优雅地将糖果分给中国儿童，甚至还拍拍这些惊魂未定的孩子的头。"[25] 一些妇女陪同日本的商务代表游览了南京，而菲奇注意到，他们看起来"极度自满，同时也为日本的胜利感到欢欣鼓舞，不过他们当然对真实的情况一无所知——我想世界其他地方的人也不知道实情"。[26]

1938年1月，日本的新闻记者来拍摄南京的相关画面，以便在日本及世界其他国家发行。元旦前夜，日本大使馆召集各个难民营的中国管理人员开会，告诉他们第二天要在城里举行"自发的"庆祝活动。[27]他们勒令中国人制作数以千计的日本国旗并带着上街游行，借以展示南京居民欢呼雀跃迎接日本军队的画面，并拍成影像。日本摄影师还在南京拍摄了中国儿童接受日本军医救治，以及从日本士兵手中接过糖果的镜头。刘易斯·史迈士在给朋友的信中写道："如果没有照相机在场，这种场景根本不可能出现。"[28]

日本虚假宣传最无耻的案例是1938年1月8日刊登在由日本人控制的上海《新生报》上的一篇文章。文章标题为"南京气氛和谐，形势进展喜人"，声称"皇军进城后，将刀剑入鞘，伸出仁爱之手检查和治愈病人，为饥饿者送上食物，为生病者提供医疗服务"。

> 男女老少纷纷向皇军跪拜，以表达敬仰之情……大批群众围拢着太阳旗和红十字旗下的日本士兵，高呼"万岁"，表达着他们的感激之情……日本士兵和中国儿童相处融洽，正愉快地玩着溜滑梯。南京成为举世瞩目的首善之地，到处洋溢着和平共处、安居乐业的气息。[29]

日本企图以弄虚作假的方式掩盖南京大屠杀，更引发了传教士的怀疑，这从他们的日记中可见一斑。

詹姆斯·麦卡伦在1938年1月9日的日记中写道：

现在，日本人正试图诋毁我们在安全区所做的努力。他们恐吓和威胁可怜的中国人，使他们拒绝相信我们的话……有些中国人甚至愿意证明所有的劫掠、强奸和焚烧都是由自己的同胞干的，与日本人无关。有时我觉得我们在同疯子和白痴打交道，而令我惊讶的是，我们所有的外国人都经受住了这场磨难，活了下来。[30]

乔治·菲奇在1938年1月11日的日记中写道：

我们看了几份在上海发行的日本报纸和两份《东京日日新闻》。这些报纸告诉人们：早在12月28日，南京的商店就已迅速开门，恢复正常营业；日本人同留在南京的外国人合作，共同赈济贫苦的难民；在城里打劫的中国人已经肃清；南京已经恢复和平与秩序！如果不是因为整个事件的悲剧性质，这些谎言简直让人忍俊不禁。这是自战争开始以来，日本人一直向外界散布的典型谎言。[31]

《读者文摘》转载了乔治·菲奇的另一篇日记：

1938年3月，东京的一家政府电台向世界发布了这条消息："在南京造成重大伤亡和财产损失的暴徒已被抓获并处决，他们是蒋介石部队中胸怀不满的中国士兵。现在一切都已恢复正常，日军正在赈济30万难民。"[32]

刘易斯·史迈士在1938年3月8日写给妻子的信中说：

日本报纸最新的消息称，他们已经发现了11名中国武装强盗，他们是南京一切坏事的元凶！唉，如果他们每人都能够在两

第六章　世人所了解的南京大屠杀

133

星期内、每天都日夜不停地强奸100~200名妇女，并携带报道所称的5万美元逃逸，那这些中国人也未免太强悍了……[33]

　　散发传单是日本人实施虚假宣传的另一种方式。南京大屠杀期间，日军飞机向南京民众空投了不计其数的传单。例如，上面写着："所有返回自己家中的中国良民都会得到食物和衣服。那些未被蒋介石军队的魔鬼所愚弄的中国人，日本愿意做你们的好邻居。"[34] 这些传单上还印有彩色图画：一名英俊的日本士兵怀抱着一个中国儿童（一位观察家评论说"犹如基督一般"），孩子的母亲跪拜在他脚下，感谢他送来的几袋大米。根据乔治·菲奇的说法，日本人撒下这些传单的当天，确实有数千名中国人离开难民营，返回已成废墟的家中。

　　日军还在自己曾经酿成惨剧的房屋外墙或附近张贴色彩鲜艳的海报。其中一幅海报上画着一个日本士兵将一个中国小孩抱起来，同时把一桶米递给孩子的母亲，把糖和其他食品递给孩子的父亲。一位德国外交官在报告中描述这幅海报："一位英俊而富有爱心的日本士兵手拿厨具，肩上扛着一个中国小孩，孩子贫穷老实的农民父母满怀感激地望着士兵，一家人其乐融融，多亏了这位好叔叔。"海报的右上角写道："回到家乡来！给你饭吃！信赖日本军！可得救助！"[35]

　　与此同时，日本还在南京和上海举办招待会和媒体活动，以此转移人们对南京大屠杀的注意。1938年2月初，一位日军将领曾邀请他国外交代表出席日本大使馆在南京举办的茶话会。这位将领在茶话会上吹嘘说，日本军队以纪律严明闻名于世，在日俄战争和"九一八事变"期间，军队没有发生过一起违纪事件。他说，即使日军出于某种原因在南京犯下暴行，那也只能是因为中国人在某些外国公民的煽动下对日军进行抵抗的结果。这显然是暗指安全区国际委员会。[36] 但奇怪的是，这位将领的话与其在同一场演讲中的言论相矛盾，他之前曾承认，在向南京挺进的途中，日军曾因找不到任何可吃或可用的东西，而将愤怒发泄在中国人身上。

然而，他国外交使团并未被日本媒体的伎俩愚弄，他们对日军在南京所犯下的纵火、强奸和屠杀等暴行并非一无所知。1938年2月中旬，日本在上海举办了一场军队音乐会，参加的还有艺妓和摄影记者。但一位德国外交官注意到，就在这一欢庆活动进行的同时，一位11岁女孩的母亲为保护自己的女儿免遭日本士兵强奸，而被烧死在屋内，住房也遭焚毁。[37]

安全区负责人的反击

安全区国际委员会竭尽所能地对日本密集的宣传攻势进行反击。在大屠杀开始的最初几天里，安全区负责人借助弗兰克·提尔蔓·德丁、阿奇博尔德·司迪尔和C·耶茨·麦克丹尼尔等美国记者的帮助。但当这些记者们离开南京后，安全区国际委员会就只能自食其力了。此后日本政府开始禁止其他记者进入南京，如《芝加哥论坛报》的马克斯·科佩宁就曾被挡在南京城外。当意识到他们的行为不再受世界媒体监督之后，日军更加肆无忌惮地实施暴行。[38]

但是，日本政府低估了安全区国际委员会开展宣传活动的能力。安全区负责人的一大共同特质是他们在文字表达方面都接受过出色的训练[39]，他们几乎无一例外都是能言善辩的作家和演说家。各位传教士都曾在美国和欧洲最好的大学接受教育，成年后将其大部分岁月都奉献给了布道、撰写文章和基督教的巡回演讲；国际委员会的许多教授还曾出版过自己的著作。此外，作为一个团体，他们非常善于同媒体合作。早在南京陷落之前，他们就通过南京的电台广播发表演讲，或在通俗报刊上撰写有关中国的文章。最后，传教士们还拥有另一个日本人始料未及的优势：他们终其一生都在追索"地狱"的真正含义。于是在南京发现了真正的地狱之后，他们便毫不犹豫地为世界民众描述这一地狱。他们的文章笔锋犀利、证据充分，令人信服地再现了他们亲眼目睹的恐怖景象。

> 彻底的无政府状态已经持续了10天——这里已经变成了人间地狱……我们在一旁眼睁睁看着日军抢走赤贫者的最后一点儿财产——他们的最后一枚硬币、最后一床被褥（时值隆冬）以及黄包车夫的车子，却无能为力；数千名曾与你一起寻找避难所的解除武装的士兵，连同数百名无辜平民一起，从你眼前被带走，他们或遭枪杀，或者成为日本士兵练习刺刀的活靶，而你却只能听到他们被射杀的枪声；上千名妇女跪在你面前歇斯底里地哭喊，请求你解救她们免遭日本禽兽的追捕和蹂躏；眼睁睁看着本国国旗屡遭撕扯和侮辱，自己家园横遭洗劫，自己深爱的城市和打算为之奉献终身的机构遭到有计划的蓄意焚毁——这是我做梦都不曾想象过的人间地狱。[40]（乔治·菲奇，1937年12月24日）

> 我要讲述的是一个可怕的故事，但我不知道该从何说起，也不知道该以何结束。我之前从未听闻如此野蛮的暴行。强奸！强奸！我们估计，每天晚上至少会发生1 000起强奸案，甚至光天化日之下也会屡屡发生。受害者只要稍有反抗或不从，就会被刺

刀捅死或遭枪杀。我们每天都可以记录数百起类似的案件。人们已经变得歇斯底里，每当有外国人出现，他们就跪下来磕头，乞求帮助。那些被怀疑为士兵的人连同其他人一起被带到城外，遭集体枪杀，每次有数百人，甚至数千人……即使难民营里那些最贫穷的难民也屡遭抢劫，直到他们最后一分钱，甚至最后一件衣服、最后一床被褥都被夺走……每天的任何时间，不论上午、下午还是晚上，都有妇女被日本士兵带走。[41]（詹姆斯·麦卡伦，1937年12月19日）

关于这些恐怖案件，我想我已经说得够多了——有数十万件。实在太多了，最后使人变得麻木，几乎不会再为此感到震惊。简直无法想象，现代世界居然会有如此残暴的人存在……似乎只有"开膛手"杰克这种罕见的疯子才会干出这种事。[42]（约翰·马吉，1938年1月28日）

对日军暴行的生动描述不仅出现在安全区负责人的日记中，还出现在他们的信件和报告里。这些信件和报告经多次复制和打印，以便亲朋好友、政府官员和新闻媒体都能收到。在寄送描述大屠杀的文件时，安全区负责人通常会恳请收件人，如果出版的话不要透露作者姓名，以免安全区国际委员会成员遭到报复或被驱逐出南京。马吉牧师在给家人的信中写道："请务必谨慎处理这封信，一旦将它发表，我们可能会被驱逐出南京，这对南京的中国人来说是一场灾难。"他解释说，日本人对外国人离开南京"求之不得"，但之后就不再允许他们回来。[43]

最后，安全区负责人的坚持、勤奋和谨慎终于获得了回报。乔治·菲奇的日记最先被带出南京,并在上海引起"轰动"。[44] 他和其他人的故事(通常被隐去主要人物的姓名)很快就刊登在《时代周刊》、《读者文摘》和《远东》等主流杂志上,激起了广大美国读者的愤慨。他们的许多故事还被一些著作收录,比如《曼彻斯特卫报》记者田伯烈1938年出版的《外人目睹中之日军暴行》和徐淑希于1939年出版的《南京安全区档案》。

为了让读者有心理准备,安全区负责人有时会在文件的序言中加以提醒。菲奇在其日记出版之前写道:"我要讲述的绝不是一个令人愉悦的故事;事实上,它会令人非常不快,因此我建议胃不好的人最好不要读,因为这则故事中包含的罪恶和恐惧简直令人难以置信,它讲的是一伙灭绝人性、穷凶极恶的野蛮罪犯对一群和平、友好、守法的人民进行劫掠和屠杀的故事……我相信这种恶行在现代历史上是绝无仅有的。"[45]

不出所料,安全区国际委员会的报告引起了美国民众的质疑。当一篇题为"南京劫难"的文章在《读者文摘》上刊出后,一位订阅者给编辑写信说:"真不可思议,你们居然相信这种东西,这明显是拙劣的宣传,让人不禁想起上次战争期间向公众灌输的虚假消息。"[46] 其他订阅者也有类似的评论,但《读者文摘》的编辑们坚称这些事件是真实的。为了捍卫他们的公信力,编辑们"忍受着巨大的痛苦"收集了更多安全区负责人的信件,并将其发表在1938年10月刊上。编辑们还临时加上按语说:"我们所看到的资料,能够载满整期杂志,所有这些资料都证实了以下节选的典型事件。"

所幸日军在南京犯下的罪行不仅有文字记录,还有相关的影像资料,因此他们几乎无法抵赖。约翰·马吉当时有一台业余摄影机,他拍下了金陵大学几位卧床不起的受害者。他们的惨状令人过目难忘：几位被烧得面目焦黑、身体遭到严重损毁的男子，日军原本打算将他们活活烧死；一位搪瓷店职员的头部被日军用军刀严重砍伤，入院6天后，他脑部受伤处的脉搏跳动依然清晰可见；还有一位遭日军轮奸的受害者，她的脑袋几乎被日本士兵砍掉。[47]

尽管冒着巨大的生命危险，乔治·菲奇最终仍将影片胶卷偷偷运出中国。1938年1月19日，菲奇获准离开南京后，乘日本军用火车前往上海。在火车上，他和"一群臭名昭著的日本士兵"挤在同一节三等车厢。[48]有关南京暴行的8卷16mm电影负片被缝在他的驼毛大衣内衬里。他后来告诉家人，当时他心里很清楚，如果日军从他身上搜出这些胶卷的话，一定会立即将他杀死。[49]但幸运的是，菲奇成功将这些胶卷带到了上海，并到柯达冲印店拷贝了4份。南京的纳粹党领导人拉贝离开南京返回德国时带走一份，其他几份最终被带到了美国，菲奇和其他传教士在向宗教和政治团体发表演说之前经常放映它。这些影片的部分镜头后来在《生活》杂志上刊登过，影片的某些片段后来还曾出现在弗兰克·卡普拉的新闻纪录短片《我们为何而战：中国的战争》中。几十年后，该影片的许多镜头又重新出现在20世纪90年代发行的两部历史纪录片中——《马吉的证言》和《以天皇的名义》。

可以想见，当这些揭露日军暴行的书面报告、照片甚至影片出现在全世界的媒体上之后，日本军方领导人该是何等恼火。因此，很多安全区负责人一直生活在恐惧中，他们相信，如果日本人确信自己能够逃脱罪责的话，一定会将他们统统杀掉。许多人在自己的住宅周围设置预防他人擅自闯入的障碍物，天黑后除非两三个人结伴，否则不敢贸然外出。他们中有人（乔治·菲奇）怀疑日本人已经悬赏取他的脑袋。[50] 尽管他们非常害怕，但每晚仍然继续轮流守卫安全区的关键地区，并坚持将日军的暴行公之于众。"日军对我们的仇恨远甚于仇敌，因为我们向全世界揭露了他们的丑行。"约翰·马吉于 1938 年 1 月 28 日写道，"我们都很惊讶，至今我们中还没有人被杀害，但大家能否安全离开南京依然是个未知数。"[51]

第七章

日本占领下的南京

南京大屠杀持续了数月之久,但最恶劣的暴行主要集中在最初的6~8周。到1938年春天,南京人民知道大屠杀结束了,尽管南京仍将处在日军占领之下,但日军不会将他们全都杀掉。随着南京陷入日本统治者之手,日军开始采取措施降服全体南京人民。

最初,南京城内并没有多少可征服的东西。一位外国人写道:"你很难想象这座城市被破坏的严重程度,到处都是随意倾倒的污物和形形色色的垃圾。"[1] 民众任由垃圾与尸体在街上腐烂,因为没有日本人的批准,什么都不能做,甚至包括处理垃圾和尸体。事实上,日本军车连续多日从挹江门下数英尺厚的尸堆上驶过,通过碾压尸体向南京民众展示反抗的悲惨下场,以儆效尤。[2]

据观察家估计,按照1939年的美元市值计算,遭日军损毁的公共财物价值总额约为8.36亿美元,私人财产损失至少1.36亿美元[3],这还不包括被日军掠走的珍稀文物的价值。

在社会学教授刘易斯·史迈士的引领下,安全区国际委员会对南京地区的受损情况进行了一次系统调查。调查人员走访了南京城内1/50的住户，并在农村地区走访了1/3的村庄，对这些村庄内1/10的农户进行了调查。史迈士在1938年6月发布的长达60页的调查报告中总结道，南京城所遭受的120天空袭和4天围困的损失仅仅相当于日军进城后肆意破坏所造成损失的1%。[4]

大部分破坏是由纵火造成的。从南京陷落之日起，城内的火灾一直持续了6个多星期。[5]日本士兵在军官的指挥下放火烧毁建筑物，甚至使用特殊的化学物质点火。[6]他们烧毁了教堂、大使馆、百货公司、商店、大厦和茅屋，甚至连安全区内的建筑也不放过。安全区负责人无法扑灭这些大火，因为水泵和消防设备都被日本士兵偷走了。[7]南京大屠杀开始几周以后，日军就已将全城1/3的地区和3/4的商店烧成灰烬。[8]

他们烧毁了苏联公使馆，破坏了美国大使馆，并洗劫了几乎所有外国人的寓所——即使那些在显要位置挂着本国国旗或标示本国徽章的建筑也未能幸免。[9]日军还特意对美国人的财产进行了专门的侮辱：他们曾6次扯下挂在金陵大学的美国国旗，并将其扔到泥地上践踏，还威胁要杀死任何胆敢重新挂起国旗的人。[10]虽然纳粹德国是日本的盟国，但德国人的财产损失绝不亚于美国人。日军扯掉纳粹旗帜，烧毁德国人的住宅和商铺，甚至偷走希特勒和兴登堡的画像。一位德国人写道，"考虑到日本人对天皇画像的尊崇程度"，这种偷窃行为显得"非同寻常"。[11]

日军对南京的劫掠远远超出了城墙之内的范围。日本士兵还摧毁了南京周边的乡村，他们通常将整个村庄付之一炬，先将茅草屋烧毁，然后将家具、生活用具和农具一起扔到砖房中点燃，这样就可以一次性将所有东西化为灰烬。城市周围地区所有农场的动物,包括家畜和其他动物,都被日军劫掠一空。[12]

日军还用乙炔枪、手枪和手榴弹等工具打开银行的保险库,其中包括德国官员和居民存在银行的个人保险箱。[13]日本士兵还获准将获取的部分赃物寄回日本,但大部分物品都被没收充公,集中起来供官方享用。[14]仓库中很快就堆满了各种珍稀的玉器、瓷器、地毯、字画和金银财宝,仅在一间仓库就堆放了200多架钢琴。[15]1937年12月底,日本人开始将这些偷来的赃物(珠宝、工艺品、家具、金属制品和古玩等)聚集到码头,准备运回日本。[16]

这些日本劫掠者通常搜寻价值不菲的物品。他们垂涎外国人的汽车[17],这使得安全区国际委员会的成员相信,城内的所有汽车只要没有外国人坐在里面,日军就会把它们全部开走(甚至用于运送尸体的卡车也被偷走了)。[18]日本士兵也会潜入金陵大学医院偷一些小物件——护士的钢笔、手电筒和腕表等,他们甚至一再闯入安全区,从无家可归的难民那里偷走被褥、厨具和食物等。[19]一份德国人的报告提到,12月15日,日军曾强迫安全区的5 000名难民排成队,以便从他们身上搜刮财物,最后一共抢走了180元钱。[20]菲奇写道:"日本士兵甚至连难民手中的一把脏米也不放过,难民们若有任何怨言,必会被杀。"[21]

1938年1月,除了一家军用商店和安全区国际委员会的米店外,南京城内没有其他商店正式开门营业。[22]南京港内几乎空无一船。[23]由于日本人之前曾围捕并处决了当地电厂的50名员工,导致南京城内大部分地区停水、断电,也没有电话服务。[24](由于没有自来水,南京居民很难洗澡,而且许多妇女宁愿不洗澡,希望自己肮脏的身体能够打消日军强奸自己的念头。)[25]

这座城市逐渐恢复了生机。全城到处可见人们在无人居住的房屋中仔细搜寻，偷走任何有用的东西：拆掉木地板和木窗当柴烧，运走金属和砖块修缮自己的房屋，或者拿到街上卖给其他人。[26] 安全区的上海路上，数百名小贩在出售任何你能想象的赃物，甚至包括门、窗等，熙熙攘攘的人群聚集在这些小贩周围。[27] 这一活动推动了当地经济复苏，紧邻着卖赃物的小货摊，路边雨后春笋般地出现了许多新的茶馆和餐馆。[28]

1938年1月1日，日本人在南京成立了新的市政府——南京自治委员会，城里有些西方人也称之为"自治政府"。[29] 自治委员会由中国傀儡官员组成，他们控制着南京的市政管理、社会福利、财政、警察、商业和交通事务。到了春天，南京表面上又像正常城市一样恢复了日常运转。自来水、电力照明和日常邮政服务得以恢复。[30] 日本人的城市公交服务开始运营，人力车重现街头，人们也能够从南京乘坐火车去上海了。南京很快成为日本人繁忙的航运中心，每天都有大量的小火车、马匹、野战炮、卡车和其他物资被从南京运到附近的浦口。

然而，被日军占领的残酷迹象也无处不在。中国商人承受着沉重的税款和租金勒索，用以支付新政权官员的薪水。[31] 日本人还开办面向中国民众的军队商店，用毫无价值的军用货币榨干城内中国人的黄金和钱财。[32] 即使物主仍在南京，中国傀儡政府还是将城内尚存的贵重物品和公司库存没收充公，进一步加剧了市民的贫困。[33] 以致一些中国下层官员彼此间自我嘲讽说："我们正在进行一场被授权的抢劫。"[34]

第七章　日本占领下的南京

远比重税盘剥和没收财产更令人担忧的是，鸦片重新在南京泛滥。[35] 日本人占领南京之前，鸦片属于地下毒品，南京的权贵和商人在隐秘场合偷偷吸食。但那时没有人厚颜无耻地在大街上公开出售鸦片，也不会张狂地在年轻人面前炫耀。南京陷落之后，人们可以自由出入鸦片馆而不受警察干预。鸦片馆明目张胆地用写有"官土"（鸦片的代名词）字样的中文招牌为鸦片做广告。

为鼓励人们吸食毒品，从而进一步奴役南京人民，日本人通常用毒品支付劳务报酬或嫖资，他们甚至向年仅 10 岁的儿童提供海洛因香烟。金陵大学历史学教授贝德士在研究的基础上得出结论，认为南京地区约有 5 万人吸食毒品——占当时南京人口的 1/5。

许多遭受压迫的南京市民深受毒品之害，他们借毒品逃避现实生活的苦难，哪怕只是暂时的逃避。有些人甚至试图通过吞食过量鸦片的方式自杀。[36] 还有人为满足毒瘾而走上犯罪道路，一时之间南京城内盗匪肆虐。[37] 日本人在南京为盗窃行为提供了温床，反过来又利用城内犯罪猖獗证明其占领的合法性，借以鼓吹帝国法律和秩序的必要性。

日本雇主对待广大本地中国劳工的态度比对待奴隶还要残暴，经常因微小的过错将他们杀掉。[38] 幸存者后来指出，日本人故意在工作场合营造严酷的工作氛围，并实行变化无常的惩罚措施，是为了让中国雇员一直处于恐惧状态。一位在日本人强占的工厂工作的中国男子描述了自己几个月来亲眼见证的恐怖事件。曾有一名日本监工诬栽一位中国雇员偷了他的毛衣，结果这位雇员被人像木乃伊一样用绳子从脚捆到喉咙，然后被日本人用一堆砖头砸死。砸到最后，这位雇员的身体已经完全变形，血肉模糊的尸体与绳子缠绕在一起，被日本人扔去喂狗。还有一次，日本人发现工厂里少了 4 个小垫肩，后来发现它

145

们被当作厕纸用掉了。一位 22 岁的妇女承认自己那天用过厕所，于是被拖到工厂后面，惨遭砍头。就在那个下午，同一个日本刽子手还杀了一位十几岁的少年，他指控这位少年偷了一双拖鞋。

日本人甚至用南京人做医学实验。[39]1939 年 4 月，他们在南京开设了一个将人类当作豚鼠进行实验的机构，他们称被实验的人为"圆木"。在离长江只有几步之遥的中山路上，日本人将一所六层楼的中国医院改建为传染病研究实验室，并将其命名为"荣字第 1644 部队"。这个实验室的位置非常安全，临近一个军用机场和一个艺妓区，周围还有几家电影院和众多显赫的日本人活动中心，如日本领事馆、宪兵司令部以及中国远征军最高司令部等。尽管如此，这里依然戒备森严，极为隐秘。实验室被高高的砖墙围起来，砖墙顶部是带刺的铁丝网；周围有警卫巡逻；工作人员奉命在写回日本的信中不得提及"荣字第 1644 部队"。在实验室内，日本科学家给中国囚犯注射或喂食各种有毒物质、细菌和致命气体，这些物质包括各种剂量的丙酮、砷酸盐、氰化物、亚硝酸盐以及蛇毒，如眼镜蛇、响尾蛇和竹叶青蛇的毒液。日本科学家每周以这种方式杀掉 10 名甚至更多的中国人，并在"荣字第 1644 部队"的焚化炉中将他们的尸体处理掉。

1945 年 8 月日本投降时，"荣字第 1644 部队"的成员销毁了他们的实验设备和数据，炸掉了实验室，在中国军队抵达南京之前逃之夭夭。我们能够了解这个秘密实验室的情况，只是因为该实验室的一些科学家在战后向美国审讯人员交代了他们的所作所为。

那些侥幸逃脱日本人的肉体迫害、医学实验和毒品诱惑的中国人在日本人的军事压迫下，生活在令人窒息的氛围中。日本当局设计出一套控制大规模人口的方法，以金字塔式的等级结构将全体人民组织起来。每十户人家为一甲,并任命一名甲长;每十甲为一保,任命一名保长。以此类推。在这一制度下,每个南京人都必须持有一张登记卡,上面有甲长、保长和镇长等人的签名,以此证明他对新政权的忠诚。另外,如果家中有陌生人或者未登记的人,每个人都有义务立即向甲长报告,甲长再向其直属上司报告,层层上传,最后传达给市政府的区级官员。[40] 该制度并非日本人的发明,而是中国传统保甲制度的翻版,日本人重新采用这一制度无疑是为了增加他们统治南京本地居民的合法性。

日本人经常测试这套保甲制度,有时他们会故意将没有通行证的人放到城内,看他们能否找到藏身之所。如果这些人没有在两小时之内被抓获或上报,他们所逗留地区的甲长、保长等都会受到严厉的惩罚。安全区国际委员会成员、金陵大学美籍教授史德蔚在他1939年的日记中写道:"这应该就是日本人迫使南京人忠于新政权的办法。"

尽管经历了战争、火灾和大屠杀,南京还是恢复了些生气。南京没有发生可怕的饥荒[41],这不仅因为日本人最终批准将粮食运进南京,还因为大部分日军离开南京继续追击撤到内陆的中国军队后,当地的南京农民收获了冬小麦。一年之内,在肥沃的长江三角洲地区,大部分农作物的产量已经接近战前水平。当然,这不是说南京在日军占领下没有发生过食品短缺的情况。城墙内的菜园和农场收成都不好,这是因为日本士兵不但从农民手中没收蔬菜,还强迫他们把农作物挖出来,并送给日军享用。[42] 而且随着战争的拖延,南京的日本当局紧缩供应,严格控制煤炭和大米等生活必需品的配给。不过,没有证据表明南京的饥荒或营养不良情况比中国其他地区严重。[43] 其他城市,比如陪都重庆,战争期间的食品短缺程度比南京严重得多。

尽管在日本统治下，南京城内的鸦片和海洛因交易非常猖獗，但南京居民相对来说疾病较少。占领南京后，日本当局制定了严格的政策，要求因病而死的尸体都要火化。他们强制推行接种天花和霍乱疫苗的计划，要求南京居民每年接种好几次。[44]中国的卫生官员们守候在街道和火车站，随时为行人或来南京的访客接种疫苗。这在市民中引起了很大的不满，许多人担心这些注射器会让他们死于非命。西方传教士的孩子们还记得，外地人到达南京火车站之后必须受命站到消毒盘中消毒——许多人觉得这种要求是一种巨大的侮辱。[45]（西方人初到南京城时，经常被喷洒来苏水消毒。[46]）

几年之内，南京便从废墟中走了出来。1938年春天，人们开始冒险返回到南京：有些人回来查看受损情况，有些人把钱花光后回来找工作，还有些人查看形势是否足够安全，以便举家迁回南京。[47]重建工作开始后，对劳动力的需求日益增加。很快，很多男子被吸引回来，不久之后，他们的妻子儿女也随着迁徙浪潮回到南京。在一年半的时间内，南京的人口增长了1倍，从1938年3月的25万~30万人口激增到1939年12月的57.6万人以上。虽然这一数字并未达到1936年人口总数100万的水平，但是截至1942年，南京人口已增长到70万左右，并在战争期间一直保持稳定。

虽然日军占领下的生活远谈不上幸福，但当众多南京居民开始相信日本人会一直留在这里时，他们也只能听天由命了。城内偶尔也会发生一些地下抵抗活动——间或有人跑到坐满日本官员的影院投掷一颗炸弹，但总体而言，这类反抗活动比较罕见。[48]南京民众大多以非暴力的方式表达对日本的敌意，如反日标语、传单和涂鸦。

南京的苦难终于在1945年夏天画上句号。1945年8月6日，美

第七章　日本占领下的南京

国在日本第八大城市广岛投下一颗未经测试的原子弹，第一天就导致这座城市 24.5 万人中的 10 万人丧命。日本依旧负隅顽抗，于是美国又于 8 月 9 日在日本城市长崎投下了第二颗原子弹。此后不到一周，即 8 月 14 日，日本最终决定投降。

日本人一直留在中国的前首都南京，直到投降那天才迅速撤离。[49] 据目击者说，日本投降后曾见到南京的日本士兵喝得酩酊大醉或当街哭泣；还有人听到传言说，当地居民强迫缴械投降的日本士兵跪在路边并殴打他们。然而，对日本军队的报复是有限的，因为在当时无比混乱的情况下，许多居民都躲在家中不敢出来庆祝，担心日本战败的消息是假的。日本人的撤退非常迅速，南京没有发生大规模迫害或囚禁日本士兵的情况。一位南京居民回忆说，日本投降后她躲在家中长达数星期之久，等她出来时，日本人已经走了。

149

第八章
审判日

　　早在第二次世界大战即将结束之前，同盟国就已经组织了战争法庭，准备将日本战犯绳之以法。美国和中国国民党政府充分预见到了日本的失败，并为审判战犯进行了初步安排。1944年3月，战争罪行调查委员会成立[1]，并在中国战时首都重庆设立了一个战争罪行调查委员会远东及太平洋分会。日本投降之后，在远东地区建立审判法庭的计划逐步展开。驻日本的盟军最高司令部和中国国民党政府密切合作，搜集日军在华所犯暴行的相关信息。对于日军在南京大屠杀期间的滔天罪行，日本当局的相关人员在南京和东京两地接受审判。

南京战争罪行审判

　　南京大屠杀是南京这座城市一道难以愈合的精神创伤，它深沉而痛楚，多年来一直隐藏着南京居民被压抑的恐惧和仇恨。1946年8月，对乙级和丙级战犯的审判在南京进行，这道伤口被陡然撕裂，战争期间积聚其中的国恨家仇瞬间喷薄而出。

尽管只有一小部分日本战犯在南京受审，但这仍然给南京当地民众提供了倾诉愤懑并参与集体宣泄的机会。这场审判一直持续到了1947年2月，在此期间，有1 000多人为460起谋杀、强奸、纵火和抢劫案件出庭作证。[2] 中国政府在南京的街道上贴出告示，鼓励目击者站出来作证。与此同时，有12个地区办公室负责收集南京市民的证词。证人一个接一个地出现在法庭上，聆听中国法官的警告——作伪证要被判刑五年，并在书面陈述上签名、盖章、按指印或画押，从而宣誓所有证词句句属实。出庭的目击证人中不仅有幸存的中国人，也有当时南京安全区国际委员会的负责人，包括贝德士和刘易斯·史迈士等。

南京审判期间，那些被煞费苦心地隐藏多年的证据一一浮出水面。其中最著名的物证之一是一套包含16张照片的小相册，这些展示南京大屠杀的照片是由日本人自己拍摄的。[3] 南京大屠杀期间，当日本人将底片送到一家照相馆冲洗时，店员偷偷多冲洗了一套照片放进相册，藏在浴室的墙内，后来又藏在一尊佛像下面。这本相册几经辗转，甚至当日本人发出威胁并搜查关于其罪行的照片证据时，人们依然冒着生命危险将这些照片藏起来。曾有一名男子为了这16张照片逃离南京，数年间如逃犯一般从一座城市流浪到另一座城市。（从照相馆到战争法庭，最后被安放到档案馆内，这些照片经历了漫长而曲折的旅程。在中国，这个故事为许多文章提供了素材和灵感，甚至还有人为此拍摄了一部大型纪录片。）

当然，并不是所有提交的证据都经历了如此轰动而曲折的过程。有些证据直接来自旧报纸的剪报。《日本广知报》上的一篇报道被提交给法庭，该报道讲述了两名日本少尉野田毅和向井敏明参加的臭名昭著的百人斩竞赛，本书第二章曾提到过。[4]在审判过程中，这两名军官当然否认各自杀害过 150 多人，其中一人指责这篇报道是外国记者凭空捏造的，另一人则坚称杀人竞赛是他编造出来的，目的是为了回日本之后更容易娶妻。1947 年 12 月 18 日，当法庭宣读两人的判决书时，旁听席上的中国听众高声欢呼，喜极而泣。这两名少尉都被执行了死刑。

南京战争犯罪审判的焦点是谷寿夫。[5]1937 年，谷寿夫担任日军第 6 师团中将师团长，该师团曾在南京，尤其是中华门附近犯下众多暴行。1946 年 8 月，谷寿夫被引渡回中国受审，到达中国后，一辆囚车把他送到南京的一座拘留所。为准备对谷寿夫的起诉，身穿白色工作服的法医专家在中华门附近挖开了五处尸体掩埋场，数千具遗骸和头骨展现在人们面前，许多头骨因枪击而断裂，被挖出时上面还带着黑色的血迹。

在法庭上，面对整座城市集中爆发的愤怒，谷寿夫一定非常惊恐。他身穿已被摘除肩章和绶带的黄色日本军装站在被告席上，80 多名目击证人出庭作证，详述日军罄竹难书的恐怖暴行。检方的起诉书很长，列举了谷寿夫师团所犯下的数百桩刺杀、焚烧、溺毙、绞杀、强暴、盗窃和破坏案件。罪证如山，件件令人发指。中国公诉人甚至请专家在法庭的桌子上展示了一堆堆头骨，进一步增强了证据的震撼力。1947 年 2 月 6 日，对谷寿夫进行公审那天，法庭无法容纳所有想来旁听的民众。法庭内挤了 2 000 多人，另外还有数万名南京居民聚集在外面，于是法庭利用扩音器向庭外的民众广播审判过程。

最终法庭判决谷寿夫有罪，没有人对此感到意外。1947 年 3 月 10 日，法庭做出判决，谷寿夫的部队违反了《海牙公约》中关于"陆战法规和战时俘虏待遇公约"的相关规定，并参与了夺走大约 30 万人生命的南京大屠杀。法庭判处谷寿夫死刑。谷寿夫被处决那天，南京万人空巷。4月26日，人们聚集在街道和人行道两旁，观看警卫将双手反绑的谷寿夫押往城南的雨花台刑场，谷寿夫在那里被执行枪决。许多大屠杀的幸存者认为，他的结局比大多数死在他手上的受害者要人道得多。

远东国际军事法庭

远东国际军事法庭，也称东京审判，于1946年5月3日在日本首都东京开庭。东京审判的规模之大令人震惊。远东国际军事法庭吸引了20多万名旁听者和419名证人。庭审记录多达49 000页、1 000万字，包括779份书面陈述和口供，以及4 336件法庭证物。这场被称为"世纪审判"的东京审判持续时间长达两年半——是纽伦堡审判时间的3倍。事实上，远东国际军事法庭的审讯是有史以来持续时间最长的战争罪行审讯。[6]

尽管只有28位日本军事和政治官员受到起诉，但远东国际军事法庭仍然吸引了众多媒体和法律人士的关注。包括法官、律师、外国记者、新闻摄影师、法律工作者、军警、速记员和翻译在内，审判期间每天都有1 000多人涌进法庭。媒体席左边的高台上坐着来自11个盟国的法官，媒体席右边是被告方。观众坐在位置较高的楼厅里，律师、助理和职员则站在下面的较低处。每个人都戴着耳机，因为诉讼程序采用英语和日语两种语言。

阿诺德·布雷克曼在其著作《另一个纽伦堡：东京审判未曾讲述的故事》中写道："在远东国际军事法庭上，各种野蛮残酷的暴行堪比1 000起美莱村屠杀。"[7]在审判过程中，随着大量新闻报道、调查报告、统计数据和证人证言的出现,日军在整个亚洲所犯无数恐怖暴行的细节得以曝光。远东国际军事法庭不仅建立了关于南京大屠杀的永久性口述历史记录,而且证明南京大屠杀不过是日军在第二次世界大战期间所犯滔天罪行的一小部分。在审判过程中,检方了解到日军还犯下了其他众多暴行:在俘虏身上进行医学实验;强迫俘虏行军,导致病重和饥饿的俘虏精疲力竭而死(如臭名昭著的巴丹死亡行军);强迫劳工和战俘在极端恶劣的条件下修建泰缅死亡铁路;日军残酷的"水刑",即通过口鼻将水或煤油注入受害者体内,直至其内脏爆裂而亡;勾住战俘的手腕、手臂或是腿部,将他们悬挂起来,直至其关节完全脱臼;强迫受害者跪在锋利的器具上;残忍地将受害者的手指甲拔掉;对受害者实施电击折磨;强迫妇女裸体坐在炭炉上;实施各种超乎想象的殴打和鞭笞(日本士兵喜欢的一种折磨方法是,将俘虏捆在树上,围在四周将他们踢死。日军委婉地称这种折磨方法为"三重攻击"或"三方汇合");日军还对人进行活体解剖,甚至吃人肉。[8] 后来法庭认定,在对待战俘的残忍程度方面,日军甚至超过了纳粹。囚禁在纳粹集中营的美国战俘死亡率为 1:25,相比之下,遭日军囚禁的美国战俘死亡率则高达 1:3。[9]

南京大屠杀(也许是远东国际军事法庭审判中最引人注目的部分)是整个战争期间日军行为的一个象征。当年合众社一位报道远东国际军事法庭审判的年轻记者布雷克曼指出:"南京大屠杀不是与整个战争脱节的孤立事件,而是日本军队蓄意为之,是日本的一项政策。日本政府对此也心知肚明。正因如此,它成为世界媒体的头版新闻。这就是远东国际军事法庭的全部结论。"[10] 审判过程中,检方提供的证据完全击败了日方的抗辩。安全区国际委员会的数位成员飞到东京,在法庭上宣读他们的日记，并展示自己的研究成果，回答与南京大屠杀相关的问题。远东国际军事法庭的判决书毫不含糊地谴责了日军在南京犯下的罪行，并援引一位观察家的话指出，日本士兵"就像一群被放出来的野蛮人，肆无忌惮地蹂躏了南京这座城市"。[11] 法庭还得出结论，认为日本政府完全了解日军在南京的种种暴行。毕竟，这些罪行是在日本大使馆眼皮底下发生的。安全区国际委员会每天都去拜访日本外交办事处和日本大使馆的代表，报告南京暴行的最新情况，甚至在南京陷落后的前6个星期，每天向他们递交两份抗议书。美国驻东京的大使约瑟夫·格鲁曾亲自会见了包括广田弘毅在内的日本高级官员，向他们通报了日军的暴行。另外，1937年和1938年在中国担任无任所公使的伊藤也曾向广田弘毅转寄过有关日军在南京暴行的报告。

对于南京暴行的责任，松井石根承受了最猛烈的谴责。作为当时日军华中方面军司令官，松井石根是最明显的谴责目标：在侵占南京前一个月，松井曾鼓吹说他的使命就是"严惩南京政府和粗鲁的中国人"。[12] 1937年12月17日的入城式上，他骑着栗色高头大马，在士兵的夹道欢呼声中，以盛大的排场进入南京。但有些历史学家曾经提出，松井石根或许充当了南京大屠杀的替罪羊。他体弱多病，当时正患肺结核，甚至南京陷落时他都不在城内。

由于在这个问题上缺乏相关资料，松井石根对南京大屠杀应负的责任问题仍需进一步研究和讨论。但有证据显示，这位身患肺结核的将军对整个事件深怀负罪之心，这很可能是因为在朝香宫鸠彦接掌兵权之后，松井无力维持日本军队的秩序。为弥补在南京犯下的罪行，松井石根在距离东京50英里的海滨胜地，即他的家乡热海的一座小山上，修建了一座忏悔神社。神社内供奉着一尊佛教慈悲女神观音菩萨的塑像,它是将从长江沿岸运去的几袋泥土和日本当地的泥土混合在一起,经雕刻、烘焙和上釉后制作而成的。松井一家请来一位尼姑,在佛像前诵经祈祷,哀悼在战争中死去的中国亡灵。[13]

然而,在公众面前表达自责是一回事,愿意为无辜的遇难者讨回公道则完全是另一回事。时至今日,当年松井石根在远东国际军事法庭上的举措仍然令人费解。为避免日本皇室遭到牵连,他在出庭作证时没有透露发生在南京的全部情况,相反,他以喋喋不休的谎言和偶尔的自责应付法庭的审判。他有时努力为日军在南京的暴行寻找借口,有时又完全否认南京大屠杀,他顾左右而言他,含糊地讨论佛教教义和所谓日中亲善的性质,让检方大为恼火。他从未指责过天皇,反而责怪自己没能为天皇和朝香宫鸠彦提供恰当的指导,并告诉检察官为皇室而死是他的责任。松井石根说:"我很高兴能以这种方式了结,我真的渴望随时赴死。"[14]

他的愿望实现了。法庭得出结论,认为南京大屠杀"若非秘密受命,便是蓄意为之"[15],并判处松井石根死刑。他并非唯一被判处死刑的战犯,包括外相广田弘毅在内的共7名日本甲级战犯被远东国际军事法庭判决有罪,后来在东京的巢鸭监狱被执行绞刑。

遗憾的是,许多南京大屠杀的主要罪犯,或者说那些原本可以运用皇家权威制止大屠杀的人,却从未出庭受审。[16]

中岛今朝吾的部队在南京大屠杀期间犯下了许多极其恶劣的罪行,但这位中将在日本投降后不久(即1945年10月28日)就去世了,他似乎是死于尿毒症和肝硬化。曾有传言说,中岛是个酒鬼,他是自杀身亡的。但据他的长子说,中岛的病是他从事化学武器研究和教育工作时吸入有毒气体所致。巧合的是,一名美国军警到中岛家中询问有关战争罪行的问题，刚到他家门口时，正遇到医生在通知其家属，中岛已经死亡。中岛的传记作家木村久迩典（他认为中岛在南京奉行了"不留俘虏"的政策）援引了中岛之子的话："如果我父亲还健在的话，他大概也逃脱不了被处决的命运。"[17]

柳川平助将军也在1945年死亡，但他在死于心脏病之前曾多次接受其友人菅原丰的采访，后来菅原根据他们会谈的七本记录出版过一本书。尽管该书大部分内容都是颂扬柳川的军事成就（菅原称"他是一个杰出的人，一位伟大的天才"），但书中也提到了南京大屠杀的话题。柳川对整个事件不屑一顾，他向菅原保证，有关他的部队所犯暴行的报道都是"毫无根据的谣言"。相反，他吹嘘他的士兵在南京严格遵守军事纪律，他们在中国人家里住宿时甚至会小心地换上拖鞋。[18]

裕仁在日本投降之后又活了很长时间，但对他在战争期间的行为从来没有进行彻底的道德清算。作为日本投降的交换条件，美国政府给予日本天皇免受审讯的特权，因此他不仅没有作为被告出庭，甚至也没有作为证人受到传唤。由于投降条款免除了所有皇室成员的责任，裕仁的叔父朝香宫鸠彦（其部下伪造了"杀掉所有俘虏"的命令）也逃脱了审判，根本无须在远东国际军事法庭上出现。

豁免裕仁战争责任的规定，以及更糟的是保留其皇位的决定，后来妨碍了日本人民对其"二战"罪责的历史认知。裕仁的传记作者，同时也是杰出的日本学者赫伯特·比克斯认为："对许多日本人来说，既然他们忠诚侍奉的天皇从不需要为自己的言行承担任何责任，那么实在很难接受自己会是一场几乎造成种族灭绝的侵略和大屠杀的帮凶……麦克阿瑟否认昭和天皇曾经掌握过实权，这为日本人对战后君主制的保守解释提供了依据。"[19]

由于缺乏可供参考的原始资料,裕仁在南京大屠杀事件中所起作用的详情仍然是颇有争议的话题。纳粹德国战败后,其政府记录被盟国没收,并制作成缩微胶卷,后来成为战争犯罪审判的证据;日本的情况则与之不同,早在麦克阿瑟将军到来之前,日本就已蓄意销毁、藏匿和篡改了大部分战时秘密文件。美国占领军于1945年缴获的大部分日本高层军事记录——一位教授称之为"无价的历史宝藏",也在十多年后,尚未将其制作成缩微胶卷之前,由美国政府不负责任地交还给日本,这实在令人费解。[20] 由于这些原因,如今我们几乎无从证明裕仁是否计划、批准或仅仅是了解过日军在南京的暴行。

戴维·伯格米尼的《天皇的阴谋》一书或许是唯一一部试图阐明裕仁与南京大屠杀有牵连的英文专著。伯格米尼在该书中断言,日本制定了一份征服世界的精密蓝图,而决定侵略南京的正是裕仁本人。伯格米尼的叙述引人入胜(很完整,而且显然引用了日本的绝密资料),一系列事件环环相扣,最终导致了南京的悲剧。遗憾的是,伯格米尼的书受到很多著名历史学家的严厉批评,他们认为伯格米尼所引用的资料要么根本不存在,要么来自未署名的消息源,这些神秘人士所提供的信息虽然令人惊异却无从证实。[21]

使问题更加扑朔迷离的是,学者们一直争论不休,弄不清日本帝国征服世界的阴谋是否存在过。多年来,许多人相信日本首相田中义一曾在1927年的远东会议上向天皇提交了一份秘密报告,据说这份被称为"田中奏折"的报告概述了当时日本的野心。据称,该报告是这样说的:"如欲征服世界,必先征服中国;如欲征服中国,必先征服满蒙……倘中国完全被我征服,则其他亚洲国家与南洋诸国必畏我敬我而降于我。则世界知东亚为我之东亚,永不敢向我侵犯。此为明治大帝之遗策,亦我大日本帝国存立之根本。"22

今天,学者们普遍认为这份报告是伪造的,其最初来源可能是俄国。但1929年9月,这份报告首次出现在北平时,它使许多人相信,日本对中国的侵略是其征服世界这一精密计划的组成部分。《田中奏折》的英文版后来出现在上海的报纸上,它甚至激发好莱坞拍摄了一部经典大片《太阳之血》,在这部电影中,詹姆斯·卡格尼为拯救世界而试图窃取日本的总计划。时至今日,《田中奏折》仍然在很大程度上左右着世人的想象空间:许多中国历史学家相信《田中奏折》是真的,中国的许多百科全书、词典、英文报纸和通讯社文章依然将其当作史实引用。

目前,没有一位有名望的日本历史学家相信日本曾有征服世界的预谋。23 仔细考察20世纪二三十年代日本国家行政机构的混乱状况,就可发现他们不太可能有这样的阴谋:日本陆军与海军不和;东京最高司令部不知道关东军在中国东三省的所作所为,等了解情况时为时已晚;日本外务省与军队的关系冷淡,几乎到了互不交流、各自为政的地步。

然而,许多学者相信,裕仁一定知道南京大屠杀。(赫伯特·比克斯个人认为,如果裕仁不知道,简直"难以置信"。24) 首先,南京大屠杀是当时世界媒体的头版新闻。其次,裕仁的弟弟也会告诉他这场血腥屠杀的详情。早在1943年,裕仁最小的弟弟三笠宫崇仁亲王曾在日本皇军中国远征军的南京司令部当过一年参谋,在那里他听一个年轻军官提到过,日军为训练新兵,用中国俘虏作为练习刺刀的活靶。25 "这能帮他们提高胆量。"这名军官告诉亲王说。26 三笠宫大为震惊,他认为这种练习"极尽恐怖,只能称之为大屠杀"。出于"促使战争结束的强烈愿望",三笠宫向年轻的参谋人员发放问卷,询问他们对战争的看法，并准备进行一场谴责日本侵略中国的演讲；他还写了一份报告，题为"一个日本人对日中战争的反思"。这篇文章被认为极具争议和危险，但由于三笠宫是皇族成员，没有受到惩罚。事后日本军方没收并销毁了这篇文章的大部分副本，但有一份得以留存，后来在国会档案馆收藏的缩微胶卷中被发现。

如果这一情况在远东国际军事法庭审判期间被公之于世，日本皇室和军队高层可能都会受到牵连，因为当他们得知军队的不端行为后，并没有采取严厉措施制止战争犯罪。（三笠宫承认，他曾"东鳞西爪"地向其兄长裕仁汇报过中国的情况，甚至曾与他一起观看了一部关于日军在中国暴行的新闻短片。[27]）但三笠宫的坦白直到1994年才得以披露——此时远东国际军事法庭的审判已经过去了半个世纪之久。

我们也许永远无法确切得知，当南京大屠杀发生时，裕仁究竟得到了什么消息，但有记录显示南京战报令他异常兴奋。南京陷落后的第二天，天皇便向皇后的叔祖兼陆军参谋总长闲院宫载仁亲王表示他对此"极为满意"[28]，接着闲院宫亲王又给松井石根发了贺电："有史以来从未有过如此卓著的战绩。"[29] 裕仁甚至邀请松井、朝香宫和柳川到他的夏宫，并御赐他们带有皇室菊花浮雕的银质花瓶。[30]

最后，皇室成员不仅逃脱了远东国际军事法庭的审查，而且继续过着悠闲的生活，受到举国尊崇。朝香宫亲王就是其中之一，他退休后与裕仁一起观看每周新闻，共同出席"皇室血亲理事会"的会议，并一起打高尔夫球，直到去世。（朝香宫不仅擅长高尔夫运动，而且对高尔夫球场的发展怀有浓厚兴趣，并成为日本东海岸旅游胜地箱根市大箱根乡村俱乐部的高尔夫球场设计师。[31]）裕仁本人也过着平静而尊贵的生活，直到1989年去世。

第九章
幸存者的命运

　　不止一位研究南京大屠杀的学者评论说，远东国际军事法庭审判之后正义没有得到充分伸张，受害者处于凄凉的氛围之中。当许多曾肆意蹂躏南京市民的日本人享受着日本政府的全额军队养老金和其他津贴时，成千上万的南京大屠杀幸存者却默默忍受着（并将继续遭受）贫困、屈辱的生活，或长期承受肉体和精神上的痛苦。

　　这种对正义的颠覆主要是由冷战造成的。美国原本打算通过"清洗"参与战争的日本领导人，从而在日本施行民主。但战争结束之后，苏联违反在雅尔塔会议上的承诺，占领了波兰和一部分德国领土。1949年，新中国成立，蒋介石领导的国民党政府退守台湾。接着，1950年朝鲜战争爆发。随着中国、苏联和朝鲜成为战后新的敌人，美国迅速将日本视为具有重要战略意义的国家。为增强对抗亚洲共产主义的力量，华盛顿当局决定维持日本政府的稳定。美国基本保留了日本战前的官僚政治体系，并容许众多战犯逍遥法外。因此，当德国纳粹政府受到彻底审查并被取而代之、众多纳粹战犯倒台并被送交审判之时，许多日本战时高官却重新掌权并飞黄腾达。1957年，日本甚至将曾身陷囹圄的甲级战犯岸信介选为首相。

与此同时，大多数（即使不是全部）南京大屠杀幸存者却从公众视野中消失了。在冷战和中国改革开放前的岁月中，南京与中国其他地区一样，处在与国际社会隔绝的状态。几十年来，中国政府不仅断绝了与西方国家的交流，而且将许多留在南京的外国人驱逐出境，甚至连拯救了数千名中国人性命的南京安全区管理者也不例外。

1995年夏天，我成为首批为南京大屠杀幸存者的口头证言留下录像资料的西方人士之一。遗憾的是，如果我能提早10年来到南京的话，我原本可以看到许多保存完好的大屠杀遗址，因为当时的南京还是保存历史遗迹的典范，许多20世纪30年代的建筑都还保留着。但到了20世纪80年代末和90年代，南京经历了一场疯狂的房地产开发浪潮，大部分古代景观遭到拆毁，取而代之的是笼罩在厚厚尘雾中新落成的豪华宾馆、摩天大楼和公寓楼，以及各种工厂，甚至连著名的南京城墙也消失大半，只留下几座城门作为观光景点。

如果在探访这座富足、拥挤和繁荣的城市之前不曾了解南京大屠杀的话，我甚至会怀疑它是否真的在这里发生过，因为南京市的人口已经至少比大屠杀刚结束时多出10倍有余。然而在繁荣的背后，隐藏着不为人知的一面，那就是与历史相联的最后的人物纽带——垂垂老矣的南京大屠杀幸存者。南京的学者引领我探访了散居在全城各地的幸存者。

我所发现的情况令人震惊且沮丧。大部分幸存者住在阴暗、肮脏的房子里，里面堆满破破烂烂的废弃物，散发着潮气和霉味。我了解到，许多幸存者在大屠杀期间身体受到严重伤害，以致在之后的数十年间都无法过上体面的生活。大部分人都处于赤贫状态，日本人即使给予少量经济补偿，也会大大改善他们的生活状况。哪怕100美元的战争赔款，也能买一台空调，从而使他们中的许多人过上完全不同的生活。

战后，许多南京大屠杀的幸存者曾坚定地相信本国政府会维护他们的利益，强烈要求日本支付战争赔偿，并正式道歉。然而，这一希望很快就破灭了。

国际人权律师卡伦·帕克认为，尽管中国政府多次向日本政府发表过和解性声明，但从未与日本签订过任何条约，以放弃就日本的战时罪行寻求赔偿的权利。而且帕克认为即使两国政府签订过这样的条约，根据国际强行法的原则，它也不能侵害中国人民作为个体就自己战时遭受的磨难寻求赔偿的权利。[1]

但是，我采访的大部分南京大屠杀幸存者都不了解国际法错综复杂的相关规定，而且对他们来说，任何有关中日两国政府友好关系的新闻在感情上都是难以接受的。一位在南京大屠杀期间差点儿被日军活活烤死的男子告诉我，当听到传言说中国政府已经宽恕了日本曾经犯下的战争罪行时，他忍不住失声痛哭。[2] 还有一位妇女告诉我，她的父亲在南京大屠杀期间被日军处决，当她的母亲从收音机中得知日本首相访华的消息后，不禁晕倒在地。[3]

同样发人深省的是许多曾组建南京安全区的外国人的命运。尽管他们为帮助在南京的中国人付出了精力、牺牲了健康，但生活和后人从未给予他们应得的回报。关于这些被遗忘的"二战"英雄，迄今没有任何出色的专著，当然更没有像《辛德勒的名单》那样引起举世关注的电影。他们的精神主要存在于从柏林到森尼韦尔的少数档案馆和藏书楼里,活在少数中国幸存者的心中,这些幸存者把他们视为拯救南京的活菩萨。

大部分南京大屠杀幸存者都知道安全区负责人的事迹,但几乎没有人知道他们最终的命运。安全区的一些负责人蒙受羞辱并被驱逐出中国,回到自己的国家后又受到审讯和排挤,遭受了无可弥补的身体和精神伤害,甚至有人自杀。当了解到这些情况时,许多接受我采访的中国幸存者都非常难过。在这些外国英雄中,有几个人应该被视为南京大屠杀后续的受害者。

数位安全区国际委员会成员被南京大屠杀事件夺去了好几年寿命。约翰·马吉牧师的儿子戴维·马吉确信,与日本人交涉的压力导致他父亲英年早逝。[4] 其他安全区负责人也遭受了多年的精神折磨。例如,乔治·菲奇的女儿伊迪丝·菲奇·斯瓦普说过,日本人在南京的暴行使她父亲遭受极大的精神创伤,以致当他就这一主题进行演讲时常常会突然完全失忆。当菲奇在公众面前发表中日战争的演讲时,这种情形至少出现过两次。[5]

金陵大学医院的外科医生罗伯特·威尔逊也为其南京大屠杀期间的经历付出了健康的代价。他的遗孀回忆说,安全区国际委员会的其他医生都非常注意自己的工作节奏,每周至少去一次上海以补充睡眠,但威尔逊却不顾一切地持续工作。手术消耗了他白天的大部分精力,到了晚上,日本士兵又会打扰他休息,他不时被从家里叫出来,去阻止正在发生的强暴事件。如此看来,威尔逊那时完全是靠肾上腺素维持每天的工作。最后,他的身体不听使唤了。1940年,突然发作的癫痫甚至精神崩溃迫使威尔逊返回美国,在加利福尼亚的圣巴巴拉休息了一年。他再也没能回到中国，也没有从紧张状态中完全恢复过来。在美国，威尔逊不仅长期遭受癫痫和噩梦的折磨，还出现了早上视力模糊的麻烦。[6]

明妮·魏特琳则付出了生命的代价。南京大屠杀给她造成的心理创伤远远超出了其他安全区负责人或难民当时的预料。几乎没有人意识到，在成为神话的传奇背后，是一个脆弱而精疲力竭的女子，她再也没有从每天接触日军暴行所带来的情感和身体创伤中恢复过来。写于1940年4月14日的最后一篇日记透露了她当时的心理状态："我的精力即将枯竭，再也无法推进并制订工作计划，眼前需要处理的每件事似乎都有障碍。我多希望能马上休假，可是谁来为实验课程操心呢？"[7]

两周以后，她精神失常。在她日记最后一页的底部有一句话，无疑是其他人写的："1940年5月，魏特琳小姐身体垮掉，她必须回到美国。"[8]她的侄女回忆说，魏特琳的同事送她回美国接受治疗，但在跨越太平洋的旅途中，她多次试图自杀。一位陪同她的朋友差点儿没能阻止她投海自尽。一到美国，魏特琳就被送到艾奥瓦州的一家精神病院，在那里接受了痛苦的电击治疗。出院后，魏特琳继续为印第安纳波利斯的基督教联合传教会工作。她在密歇根谢泼德的家人想去看望她，但她却写信阻止，说她很快就会回去看他们。两周之后，魏特琳去世。1941年5月14日，即她离开南京一年之后，魏特琳在家中用胶带封住门窗的缝隙，打开煤气自杀。[9]

接下来是约翰·拉贝的命运，多年来，他的生活对历史学家来说一直是个谜。在被召回德国之前，拉贝曾答应在南京的中国人，他回国后会将日本人的暴行公之于众，并争取与赫尔曼·戈林甚至希特勒会面。[10] 南京民众祈祷拉贝的报告能够促使纳粹领导人向日本政府施加压力，从而阻止这场大屠杀。拉贝离开之前，一位中国医生请拉贝转告德国人，中国人民是爱好和平的民族，希望与其他国家和谐相处。1938年2月，一连串挥泪饯行会之后，拉贝带着一套约翰·马吉拍摄的南京暴行的拷贝，启程返回德国。此后，拉贝便音信全无，几十年来，学者们对他的下落困惑不已。

我之所以追根究底寻求拉贝的下落，有两个原因：其一，这个仁慈的纳粹分子与美国传教士一起，从日军的铁蹄下解救中国难民，这一具有反讽意味的现象强烈吸引着我，使我无法置之不理；其二，我确信拉贝回到德国后一定遇到了某些可怕的事情。毕竟，拉贝没有跟他在南京时的同事一起出现在远东国际军事法庭上，为恐怖的南京大屠杀作证。另外，对拉贝某位朋友的口述历史采访表明，拉贝回国后不知何故与希特勒政府发生了冲突。[11] 但他的这位朋友没有提供具体的细节，当我偶然发现这份采访记录时，他已不在人世，无法向我讲述故事的来龙去脉。

问题时时处处困扰着我。拉贝是否真的曾将南京大屠杀的影片和报告呈递给希特勒？或者他（但愿不会）深深卷入了德国的纳粹机器，参与了灭绝犹太人的罪行？（鉴于他在南京的英雄行为，我强烈怀疑这一点，但这种可能性是存在的。）也许他战后被投进了监狱。也许他音信全无的原因是，他成为被通缉的逃犯，在某个无人知晓的拉美国家了却余生。我还想知道拉贝是否在南京大屠杀期间留下过个人日记。但即使他确实写过日记，这些日记也有可能早已毁于战火，或许在一次空袭中化为灰烬，否则这些日记现在应该保存在档案馆里，供世人查阅。尽管如此，我还是决定往德国写几封信，看能否有所发现。

我有一条拉贝的重要线索：20世纪初他曾在汉堡当过学徒。也许他是在那里出生的，现在仍有家人在这座城市。我必须想办法与汉堡的某位关键人物取得联系。于是我向老友约翰·泰勒寻求帮助，他在华盛顿的国家档案馆工作了半个多世纪，几乎对世界上每位严肃的历史学家都有所了解，学者们称其为"国宝"。如果这个星球上有某位研究过"二战"期间在华德国人社区的专家，泰勒很可能知道他是谁。泰勒建议我联系加州芬代尔的历史学家查尔斯·伯迪克，伯迪克又建议我写信给汉堡的城市历史学家，他还将一位朋友玛莎·贝基曼的地址给我，并向我保证这是一位"可爱的女士"，她不仅在汉堡有着良好的人缘，而且乐于助人。随后，我就给贝基曼写信，向她打听拉贝的情况。我还写信给汉堡发行量最大的报纸的编辑，希望他能为我的研究刊登一份寻人启事。我原以为他们不会立刻回信，于是先忙其他事情了。

　　令我惊讶的是，贝基曼立刻就给我回信了。经过一连串的巧合之后，她已经找到了拉贝的家人。"我很高兴能够帮助你，这并非难事。"她于1996年4月26日在给我的信中写道，"首先，我写信给巴伐利亚的帕斯特·穆勒牧师，他收集了所有曾居住在中国的德国人的下落。前几天，他打电话告诉我拉贝之子奥托·拉贝博士和拉贝之女玛格丽塔的名字。"贝基曼还在信中附了拉贝在柏林的外孙女赖因哈特写给我的一张便条。[12]

　　从那时起，事情的进展非常顺利。我了解到赖因哈特出生在中国，她小时候甚至在南京陷落前几个月还去过这座城市，她是拉贝最喜爱的外孙女。令我感激的是，赖因哈特对我的研究助益良多，她给我写了许多长信。通过许多手稿、照片和新闻报道，赖因哈特提供了拉贝生平许多不为人知的细节。

拉贝信守对中国人的承诺，向德国当局通报了日军在南京的恐怖暴行。[13]1938年4月15日，拉贝和妻子返回德国，并因自己的突出成就多次受到表彰。在柏林，德国国务秘书公开赞扬拉贝在中国的工作成就；拉贝还荣获红十字服务勋章。在斯图加特，拉贝获得进一步表彰，得到一枚德国银质服务勋章，中国政府还授予他一枚带有红白蓝三色绶带的钻石勋章。5月，拉贝在柏林各地演讲并放映约翰·马吉拍摄的影片，向德国民众揭露了日军发动的南京大屠杀，他还在西门子公司、外交部、远东协会和陆军部的大批听众面前发表演讲，介绍南京大屠杀的情况。拉贝没有获得当面向希特勒汇报的机会，于是他于6月8日给元首寄去一封信，内附关于南京大屠杀的影片拷贝和一份打印报告。

如果拉贝曾指望获得希特勒支持他的回复，那就大错特错了。几天之后，两名盖世太保来到拉贝家中将他逮捕。当时赖因哈特也在场。那年她7岁，当时正在门口试穿一双新旱冰鞋，她看到两名官方模样的人身穿带有白色翻领的黑制服，将拉贝带上车。"外祖父看起来非常窘迫，而且那两名男子表情严峻而冷漠，所以我都没敢上前同外祖父拥抱告别。"[14]

拉贝在盖世太保总部被审问了好几个小时。直到他的雇主卡尔·弗里德里希·冯·西蒙对其品行进行担保，并保证他不会再公开地谈论日本后，拉贝才被释放。盖世太保警告拉贝，不得再就南京大屠杀这一主题进行演讲、讨论或写作，尤其是不得再向任何人放映约翰·马吉拍摄的影片。拉贝获释后，西门子公司或许出于保护他的考虑，迅速将拉贝派往国外。接下来的几个月，拉贝在阿富汗工作，负责帮助滞留该国的德国公民经由土耳其撤离。10月，德国政府退还了拉贝的报告，但没收了约翰·马吉所拍影片的拷贝。（拉贝始终不知道希特勒是否看过那篇报告或影片，但今天他的家人确信希特勒看过。）德国政府告知拉贝，他的报告被送到了经济部，政府最高层官员已经读过，但他别指望德国会因此改变对日本的政策。

接下来的几年对拉贝来说犹如噩梦，他的公寓被炸毁，苏联对柏林的占领又使他们全家陷入贫困。赖因哈特确信，他们之所以能幸存下来，是因为他们生活在柏林的英占区而非苏占区。拉贝仍然零零星星地为西门子公司工作，将一些信件翻译成英文，但微薄的收入几乎难以维持全家人的生计。

战争结束之初，拉贝想必遭受了一连串愤怒的指控。先是苏联人将他逮捕，他们在刺眼的弧光灯下对他审讯了三天三夜。接着他又遭英国人逮捕，他们对他严加拷问了一整天，但后来给了他一张工作许可证。（然而，该许可证对拉贝来说几乎没什么用，因为西门子公司依旧没有为他提供固定职位。）拉贝遭受的最后羞辱来自他的一位德国熟人，他告发拉贝曾加入纳粹，从而将拉贝拖入一场旷日持久的"去纳粹化"诉讼程序；拉贝必须自己支付辩护费用，在此过程中他失去了工作许可证，并耗尽了所有的积蓄和精力。拉贝全家挤在一间狭小的屋子里，饥寒交迫，为购买大豆、面包和肥皂，拉贝不得不将他心爱的中国艺术品一件件卖给美军。营养不良导致拉贝患了皮肤病，而心理和精神上的折磨则几乎毁了他的健康。在南京他曾是一个传奇人物，而在德国他却挣扎在死亡线上。

以下几段摘自拉贝的日记，透露了他 1945~1946 年的心理状态：

> 西门子公司没有工作岗位提供给我——我失业了……根据军

政府的规定，我必须持标准生活保险单去斯潘道区（柏林西北部的一个区）的斯达康特银行登记。保险单上有 1 027.19 英镑（原本有 5 000 英镑），这是我多年工作的积蓄，都在宾德的格蕾特尔（即玛格丽塔，拉贝的女儿）那里。据我判断，这笔钱现在已经没有了！[15]

上周日，我和多拉（拉贝的妻子）去了桑腾纳大街（那里有拉贝被炸毁的公寓）。有人砸开地下室的门，偷走了我的打字机、我们的收音机和其他很多东西！[16]

现在多拉只有 44 公斤重了——我们已变得非常虚弱。夏天结束了——冬天会带来什么呢？我们从哪里才能获得燃料、食物和工作？我现在正在翻译田伯烈的《战争意味着什么？》（一本关于南京大屠杀的书），但现在还拿不到钱，但我或许能得到一张好一点儿的食品配给卡……所有德国人都遭受着和我们一样的痛苦。[17]

我们一直忍饥挨饿——我没什么可说的，所以也不再写什么了。除了那点儿可怜的食物之外，我们喝橡子面粥。多拉在秋天偷偷收集了一些橡子。现在，由于定量供应的食物没有了，我们只能天天吃带刺的荨麻，它的嫩叶吃起来有点儿像菠菜。[18]

昨天，我要求去纳粹化的申请遭到拒绝。作为南京安全区国际委员会的主席，我曾拯救过 25 万中国人的生命，我的申请遭到拒绝的原因是我曾短暂地担任过纳粹党在南京的负责人，以我的智力水平原本不该寻求加入该党的。我打算上诉……如果他们不给我在西门子公司工作的机会，我不知道该如何维生。因此我必须继续斗争——但我实在太累了。现在，我每天都要接受警察的讯问。[19]

如果我曾在中国听说过纳粹的任何暴行的话，我是不会加入纳粹党的；如果作为一个德国人，我的主张与在南京的英国人、美国人、丹麦人等外国人有所不同的话，他们是不会选举我担任安全区国际委员会主席的！在南京，对成千上万的中国人来说我是活菩萨，而在德国我却成了一个"贱民"，一个被社会抛弃的人。啊，多希望能治愈我的乡愁！[20]

6月3日，夏洛滕堡的英占区去纳粹化委员会终于使我洗脱了纳粹的罪名。

判决如下："虽然你曾担任纳粹党在南京地区的负责人，而且你返回德国后并没有退出纳粹组织（赖因哈特指出，这样做无异于自寻死路），但鉴于你在中国出色的人道主义工作，委员会决定支持你的请求。"[21]

有了这个判决，精神的折磨才最终结束。很多朋友和西门子公司的负责人都祝贺我，西门子公司还让我休假，以便从压力中恢复。

今天，多拉带着我们的一个中国木偶去拜访克雷布斯博士，他时常接济我们食物，而且非常喜欢这个木偶。我们把孔先生作为礼物送给我们的地毯送给了特普费尔夫人，她曾送给我们300斤土豆……[22]

1948年，拉贝的困境传到中国。当南京市政府向市民宣布拉贝需要帮助时，引起了强烈反响，这让人不禁联想到弗兰克·卡普拉的经典电影《风云人物》的结尾。几天之内，南京大屠杀的幸存者就为拉贝募集了1亿元，相当于2 000美元——这在1948年可不是小数目。[23] 同年3月，南京市市长抵达瑞士，在那里购买了大量奶粉、香肠、茶叶、咖啡、牛肉、黄油和果酱，装了四大包寄给拉贝。从1948年6月，直到中国人民解放军接管南京，南京市民每月都会为拉贝寄去一包食物，以表达对拉贝领导南京国际安全区委员会的衷心感谢。[24] 当时的国民党政府甚至表示，如果拉贝选择回中国的话，会为他提供免费住房和终身养老金。[25]

对拉贝及其家人来说，这些包裹无异于雪中送炭。1948年6月，南京民众收到拉贝的数封衷心感谢信，从而了解到拉贝有多么需要他们的援助，这些信件至今保存在中国的档案馆中。[26] 拉贝收到这些包裹之前，他们全家只能采集野草做成汤给孩子们吃，大人则仅靠一点儿干面包维生。但当拉贝给南京回信时，柏林市场上甚至连面包也没有了，在此背景下，这些包裹对拉贝一家就越发珍贵。拉贝全家都非常感激南京市民提供的帮助，拉贝本人写道：这使他重建生活的信念。

1950年，拉贝死于中风。[27] 在他去世之前，拉贝留下了他在中国工作经历的书面遗产——2 000多页有关南京大屠杀的文献材料，拉贝对这些材料进行了精心打印、排序和装订，甚至配有插图和其他说明；这些文献包括他和其他外国人的目击报告、报纸文章、广播报道、电报和各种暴行的照片。毫无疑问，拉贝意识到了这些记录的历史价值，或许他已预计到这些资料未来将会被公之于世。拉贝去世10年后，赖因哈特的母亲在拉贝的文件中发现了这些日记，并提出把它交给赖因哈特。但时不凑巧,赖因哈特当时正怀有身孕并忙于学校的考试,更重要的是她不敢阅读日记中的恐怖内容。[28] 赖因哈特婉拒了这一提议,于是拉贝的儿子奥托·拉贝博士继承了这些文件。半个世纪以来,这些文件一直不为世人所知,甚至是德国历史学家也无从了解。

这些文件一直保密可能有多种原因。根据赖因哈特及其家人的说法,约翰·拉贝本人曾警告过他的儿子,不要向外人透露这些日记的存在。他的这种谨慎可能与他在盖世太保那里的遭遇有关。但拉贝家人不愿公开这些日记还有一个更根本的原因,有些家人担心他曾经的纳粹身份可能带来麻烦,这是可以理解的。在战后的最初几年,出版一名纳粹分子的文件或是宣扬他的成就(不管这些成就多么值得赞扬)在政治上都是不合时宜的。[29]

南京国际安全区委员会的其他纳粹成员也对自己持有的记录保持沉默。发现《拉贝日记》之后不久,我得知还有另一份关于南京大屠杀的纳粹日记存在,题为"南京遭劫的日子",作者是克里斯蒂安·克勒格尔。[30] 克里斯蒂安活了 90 岁,他去世后,他的儿子彼得·克勒格尔在其书桌里发现了这份日记的副本。彼得在给我的信中写道,幸好我的信来得正是时候;如果我的信早到一个月的话,他原本会告诉我他父亲只有关于这一主题的一些报纸文章。直到今天,他一直不明白为什么父亲从未告诉过他南京大屠杀或这份日记的事情。我猜想原因可能与拉贝将南京大屠杀的相关资料寄给希特勒后遭受的厄运和迫害有关。事实上,在这本日记最后一页有一行潦草的字迹,毫无疑问出自克勒格尔之手:"与希特勒政府目前的观点相左。因此我必须谨慎处理这本日记。"[31]

赖因哈特最终将拉贝的英雄事迹公之于世。收到我的信后,她断定这些日记值得仔细研究。她从舅舅那里借来这些资料，下定决心阅读它们。日记中所载内容的暴力程度超出了她最大胆的想象，关于日本士兵公然在大街上轮奸妇女以及中国受害者在南京被活活烧死的描述令她头晕目眩。[32] 数月之后，赖因哈特依旧对其外祖父在日记中描述的内容感到恐惧，因此她毫不犹豫地向一位《人民日报》的记者吐露了自己对南京大屠杀的真实看法，这一看法无疑会引起争议：日军对南京受害者的折磨在残忍程度上已经超过了纳粹，日军比希特勒本人还要坏得多。

赖因哈特担心向世界公布这些日记可能会受到牵累，她将这些日记视作可能破坏中日关系的政治炸弹。[33] 但在我和邵子平先生的鼓励下，她决定公布这些日记。她花了15个小时的时间影印这些日记。[34] 邵子平担心日本右翼分子闯入她家毁掉这些日记，或者以重金买下日记原件，于是匆忙让赖因哈特及其丈夫乘飞机飞往纽约。[35] 在纽约的一次记者招待会上，赖因哈特将日记副本捐赠给耶鲁大学神学院图书馆，《纽约时报》最先以精彩的报道宣布了这一消息。接着，1996年12月12日，即南京陷落59周年纪念日，美国广播公司电视台的彼得·詹宁斯、美国有线电视新闻网以及其他世界媒体都报道了这一消息。

历史学家们一致认同这些日记的价值。许多历史学家将《拉贝日记》视作证明南京大屠杀确实发生过的更有力证据，另外他们发现《拉贝日记》非常有吸引力，因为它是从一名纳粹党党员的视角记述的。拉贝的描述使得美国对南京大屠杀的报道更加可信，这不仅因为拉贝作为一名纳粹党人缺乏伪造日军暴行的动机，而且因为拉贝还在记录中将美国人的日记从英文翻译成德文，他翻译的内容与英文原文一字不差。在中国，学者们告诉《人民日报》，这些文件证实并确认了中国许多关于南京大屠杀的现存资料。在美国，哈佛大学的中国近代史学教授柯伟林告诉《纽约时报》："这是一份极其扣人心弦而又令人非常压抑的叙述文献，认真描述了大量细节和戏剧性事件。它以一种极其重要的方式再现了南京大屠杀，人们可以逐日阅读每天的情况，了解发生在南京大屠杀期间的一两百个事件。"[36]

日本的历史学家甚至也宣布，发现《拉贝日记》具有重要意义。宇都宫大学的中国现代史教授笠原十九司向《朝日新闻》证实说："这份报告的重要性不只在于它出自德国人之手，而德国是日本的盟国，还在于拉贝将该报告呈递给希特勒，使之意识到发生在南京的暴行。拉贝作为纳粹党在南京地区的负责人，恳求日本盟国的最高领袖希特勒干预南京大屠杀，这一事实证明了南京大屠杀的规模之大。"[37] 千叶大学日本现代史教授秦郁彦补充说："该报告的意义非常重大，因为作为一名德国人，其国家是日本的盟国，拉贝客观地描述了南京大屠杀。就此而言，作为历史文献，该报告比美国传教士的证词更有价值。当时德国还不确定到底应该站在日本还是中国一边。然而，里宾特洛甫就任德国外交部部长后，开始促使德国同日本结盟。在这样的关键时刻，拉贝却试图让希特勒了解日军在南京的暴行，他的勇气令人敬佩。"[38]

第十章

被遗忘的大屠杀：再次凌辱

今天，在美国的任何地方，或者世界其他许多地方，有哪个孩子没见过奥斯维辛集中营毒气室的阴森恐怖的照片？有哪个孩子没有读过至少是一部分小安妮·弗兰克令人难忘的故事？事实上，至少在美国，大部分学龄儿童还被告知美国在日本广岛和长崎投掷的原子弹所造成的毁灭性后果。但是，如果问大多数美国人（不论儿童还是成年人，甚至受过高等教育的人）关于南京大屠杀的情况，你会发现大多数人根本不知道60年前南京所发生的一切。一位著名的官方历史学家向我坦言，这一主题从未在她多年的研究生学习阶段出现过。一位普林斯顿大学毕业的律师难为情地告诉我，她甚至不知道中国和日本之间曾经发生过战争，她关于"二战"中太平洋战争的了解仅限于珍珠港和广岛。甚至美国的亚裔人士在这方面的了解也极其有限，其中一人暴露了她可怜的历史和地理知识，她问我："南京？是什么？一个朝代吗？"

60年前曾成为美国报纸头版新闻的南京大屠杀消失了，几乎无迹可寻。关于南京大屠杀，好莱坞没有拍过主流影片——尽管这个故事中包含着许多与《辛德勒的名单》类似的元素。直到最近，大多数美国小说家和历史学家也不愿就这一题材进行写作。

　　听到这样的言论，我感到非常恐惧：30万中国人被残杀的历史可能会消失，就像这些受害者曾在日本占领之下消失一样；将来某一天，世界可能真的会相信日本政客的狡辩，认为南京大屠杀是一个骗局和谎言——它根本不曾发生过。通过写作本书，我强迫自己不仅研究历史本身，还探究历史研究的方法——考察历史形成的动力和过程。究竟是什么原因使一些历史事件被载入史册，而另一些事件则被人遗忘？具体而言，像南京大屠杀这样的事件是怎样从日本（甚至整个世界）的集体记忆中消失的？

　　很显然，南京大屠杀的消息未能广泛传播的原因之一是，战后德日两国处理其战时罪行的不同态度。德国的反省或许超过了历史上的任何国家，它不仅承认纳粹分子个人有罪，而且承认德国战时政府也对战争期间的罪行负有责任，并使这种反省成为其战后政治认同的一部分。然而，日本政府却从未迫使自己或日本社会做同样的事情。因此，尽管许多人为迫使日本政府直面真相而进行了勇敢的斗争，许多日本人仍然将战争罪行视为个别士兵的孤立行为，甚至还有人认为这些野蛮罪行从未发生过。

　　关于"二战"期间究竟发生了什么，各种相互矛盾的说法仍旧在日本不断涌现。时下最流行的修正主义观点认为，日本对战争期间发生在任何地方的大规模屠杀平民事件都毫无责任。日本参战不仅是为了确保自身的生存，也是为了将亚洲从西方帝国主义的控制下解放出来。事实上，正是由于这一崇高行为，日本自身最终沦为广岛和长崎原子弹爆炸的受害者。

这种粉饰历史的观点甚至被写进了日本的历史教科书，这些教科书要么完全忽略南京大屠杀，要么大肆赞扬日本军队果敢的军事行动。反对者认为这些教科书没有告诉下一代真相，而极端民族主义者为了让反对者保持沉默，采取了从诉讼到死亡的一切威胁手段，有时甚至采取暗杀手段。

但试图篡改历史的人并不仅限于少数非主流的狂热分子。1990年，日本保守的自民党主要成员、《日本可以说"不"》等畅销书的作者石原慎太郎在接受《花花公子》杂志采访时说："有人说日本在那里（南京）进行了大屠杀，但事实并非如此。这是中国人杜撰出来的故事，它玷污了日本的形象，是赤裸裸的谎言。"[1]

毫无疑问，这种言论激起了全球学者和新闻记者的愤怒。有人指出："日本否认南京大屠杀，这在政治意义上等同于德国否认纳粹对犹太人的屠杀。"[2] 但是所有的谴责并没能使石原慎太郎闭嘴，他报之以一系列疯狂的反击。面对压倒一切的证据，石原慎太郎反驳说，在远东国际军事法庭对相关人员进行审判之前，南京大屠杀并不为世人所知；不论日本的随军记者还是西方的记者，在这场大屠杀发生期间都没有写过相关的报道；《纽约时报》的记者弗兰克·提尔蔓·德丁没有亲眼目睹任何屠杀；圣公会牧师约翰·马吉也仅仅看到一人被杀。[3]

当然，到20世纪90年代，约翰·马吉已经过世，不能为自己进行辩护，但他的儿子戴维·马吉却努力驳斥石原的说法。他接受媒体的采访，并在关于南京大屠杀的会议上宣读他父亲的文章，展示了他父亲曾用来拍摄日军暴行的摄像机。德丁仍然健在，他本人直接采取了行动。他中断在圣迭戈的退休生活，召开记者招待会，驳斥石原的言论。德丁对记者解释说，他确实在1937年写过一篇描写上海到南京之间乡村和平景象的文章，但该文章写于日本向南京进发前两个月。

石原的其他论点也不值一驳。当时，10多家西方报纸都报道了南京大屠杀的消息，甚至日本报纸上也出现了关于南京大屠杀的详细报道。至于德丁，他的文章不仅是对南京大屠杀的即时报道，而且作为头版头条刊登在《纽约时报》上。约翰·马吉的信中也有大量关于南京大屠杀的描述，比如"强奸妇女方式之残暴简直无法形容，超乎想象"[4]，"据我所知，南京的每条街道上都有尸体，我去过包括下关在内的许多地方"[5]。

但石原并没有因此闭嘴，而是继续宣称中国人对南京大屠杀的主张影响了美国轰炸广岛和长崎的决定。由于先前的所有观点都被驳倒而无法继续重复，石原稍微转变了自己的立场，但仍然顽固地坚持一点：即使德国已经为杀害犹太人道歉，也并不意味着日本应该向受害者道歉；在任何情况下，日本都不应该承认他们因做过任何错事而有罪。

尽管在接受《花花公子》采访时发表过否认历史的言论，石原的职业生涯却并未受到影响，但其他人就没这么幸运了。

• 另一个卷入这场争议旋涡的是永野茂门将军。1994年春天，接任内阁法务大臣几天后，他接受了《朝日新闻》的采访。这次采访终结了他的政治生涯。他告诉《朝日新闻》的记者："我认为南京大屠杀和其他事情都是编造出来的，日军进入南京后不久，我就到了南京。"他继续称韩国慰安妇为"有执照的妓女"，而不是性奴隶。他认为日本别无选择，只能进行战争，因为日本"面临被压垮的危险"。[6]他的言论在整个亚洲都引起强烈反响，他不得不引咎辞职。[7]

• 1986年9月，日本文部省大臣藤尾正行因宣称南京大屠杀"不过是战争的一部分"而断送了其政治生涯。[8] 在接受《文艺春秋》采访时，藤尾正行为日本在南京大屠杀期间的行为辩护，并宣称死亡人数被夸大了。他还声称在1910年日本吞并朝鲜事件中，朝鲜也应该承担一部分责任，因为它是自愿接受日本殖民统治的；东京战犯审判是为了"剥夺日本的权力"而进行的"种族复仇"。尽管藤尾正行做出这些评论仅仅是为了"通过历史和传统重塑日本精神"，但他还是因此丢了官职。当月，日本首相中曾根康弘将其免职。[9]

• 奥野诚亮在"二战"期间曾担任臭名昭著的日本宪兵队（日本秘密军事警察）地区司令，在战后升任日本法务省大臣，甚至还当了文部省大臣。1988年，奥野成为日本国土厅长官和内阁的第三号人物。但同年春天，奥野参拜靖国神社（那里供奉着日本甲级战犯），并透露了他对第二次世界大战的真正态度，他的政治生命就此终结。奥野告诉记者："日本人没有侵略企图，白种人把亚洲变成殖民地，但受到谴责的却只有日本。谁才是真正的侵略者？是白种人。我不明白为什么日本人被称为军国主义者和侵略者。"[10] 奥野的声明在整个亚洲引起轩然大波，于是他不得不改口："我没有说日本不是侵略者，而是说日本不是唯一的侵略者。"[11] 奥野在5月被迫辞职，但他始终不知悔改。[12] 奥野说他之所以辞职，只是迫于政府的压力，而不是因为他希望收回自己的话。

• 1994年8月，日本环境厅长官樱井新发表言论，称日本参战并不是为了侵略。[13] 面对中国的强烈抗议（中华人民共和国外交部发言人宣布："中国政府再次对日本内阁大臣发表歪曲历史事实的无耻言论表示遗憾。"14），最后日本首相村山富市为樱井新的言论道歉。他还指责该言论"不恰当"，并要求樱井新连夜举行记者见面会，收回自己的话。15

• 1995年，日本通产省大臣、自民党的实力派人物桥本龙太郎（后来成为日本首相）宣称，"二战"期间，日本的意图只是与美国、英国和"其他国家"开战。他说，尽管日本侵略了中国，但没有侵犯其他亚洲国家的意图。16

在本书即将付梓之际，日本官方仍然继续否认这段历史。日本内阁官房长官梶山静六认为，日本在"二战"期间的性奴隶和强奸受害者并不是奴隶，而是自愿从事卖淫的妓女。1997年1月，梶山静六宣称，日军的慰安妇"是为了挣钱"17，与当时日本国内合法的妓女没什么区别。令人惊讶的是，梶山的这些评论正好发生在日韩两国首脑会晤的前夕，日本首相桥本龙太郎和韩国总统金泳三都对他的言论深表愤怒。

后来，梶山静六作态就其言论进行道歉，但由于他的道歉缺乏诚意且具有侮辱性，让批评者更加愤怒。这位内阁大臣为其言论"导致日韩高级峰会的不愉快和韩国人民的误解"而表示遗憾，但拒绝收回其最初的言论。18 这不是梶山静六第一次因口无遮拦招惹麻烦。1990年，他由于把非裔美国人比作毁坏整个社区的妓女而被迫辞去日本法务大臣的职位。19

教科书的争议

日本教育中最令人忧心的险恶方面之一或许是，通过教科书审查制度刻意隐瞒关于"二战"的重要信息。[20]

几乎从出生开始，日本的孩子就为能在难以立足的教育金字塔上争得一席之地而奋斗，并努力攀上金字塔的顶端，即考取东京大学。在日本，中学生从上午9点一直学习到下午6点。为了升入好的中学，好的小学往往人满为患；为了升入好的小学，好的幼儿园往往也拥挤不堪；为了让孩子们获取进入好的幼儿园的资格，日本甚至出现了特殊的产妇病房。

但是，尽管日本以"考试地狱"而闻名，但日本的学生究竟学到了多少关于"二战"的历史呢？

事实是，非常少。日本的整个教育系统都患有选择性遗忘症，直到1994年，日本才在学校教育中告诉学生，昭和天皇的军队应该对"二战"期间至少2 000万盟军士兵和亚洲平民的死亡负责。20世纪90年代初，曾有报纸文章引用一位日本中学教师的话说，他的学生在得知日本曾与美国交战时很惊讶，他们首先想知道的是谁打赢了。[21]

怎么会这样呢？日本小学生和中学生使用的所有教科书都必须经过文部省的审查。日本评论家指出，社科类教科书的审查最苛刻。例如，1977年日本文部省将一本数百页厚的标准历史课本中关于"二战"的章节删减到只剩6页，只剩下美国轰炸东京和广岛化为废墟的照片，以及日本在战争中的死亡人数。[22] 至于日本给战争另一方造成的伤亡总数和日本的战争暴行，以及日本强迫中国和朝鲜俘虏到日本劳动营的事情，课本中只字未提。

如果不是一位勇敢改革者的努力，这种审查制度或许还不会受到任何挑战。1965年，日本历史学家家永三郎起诉日本政府，由此开始了一场长达30年的诉讼斗争，家永在日本赢得了数千名追随者的支持。

凡是见过家永三郎的人，无不吃惊于他虚弱的身体。这位年过八旬的历史学家，头顶光秃，走起路来颤颤巍巍，说话有气无力，低若耳语，但在他羸弱的外表下却蕴藏着不屈不挠的斗争意志。

家永三郎试图向日本学生证明南京大屠杀的存在，但文部省的官员对此进行了干预。例如，在他的教科书底稿中，家永三郎写道："日军占领南京，杀死了无数中国士兵和平民。这一事件后来被称为'南京大屠杀'。"然而，审查人员评论道："读者可能会把这种描述理解为，在占领南京之后，日军就单方面地屠杀了大量中国人。为了不使读者这样理解，这段话应进行修改。"[23]

在家永三郎的抗争下，这段论述最终被改为："经过与中国守军的激烈战斗，日军占领南京，并杀死许多中国士兵和平民。该事件后来被称为'南京大屠杀'。"这种表述是家永的论点同文部省立场之间的一种妥协，或许能为审查者所接受，但遗憾的是这种说法并不正确，因为它暗示南京大屠杀是在中日两军激战过程中发生的。

审查者还要求家永删除对日军强奸行为的描述，声称"侵犯妇女事件在人类各个历史阶段的每场战争中都发生过，并非日本军队独有的行为，无须在此专门讨论"。

甚至"侵略"一词也被视作忌语，审查者写道："侵略是一个包含消极伦理内涵的词汇。"文部省对家永三郎谴责日军战时行为的做法十分恼火，他们被家永的这段话所激怒："这场战争被荣称为'圣战'，日本的失败和他们在战场上的野蛮行径完全被掩盖。因此，大多数日本民众无法了解真相，在这种情况下，他们除了满腔热情地参与这场鲁莽的战争之外，别无选择。"文部省删除了这段文字，因为"在战场上的野蛮行径"和"这场鲁莽的战争"之类的表述是"单方面地批评日本在'二战'期间的处境和行动"。

1970 年，家永三郎胜诉（东京地方法院法官杉本良吉做出判决，教科书的审查不得超过纠正事实和印刷错误的范围）时，极端主义者多次向原告代理人、法官和家永三郎本人发出死亡威胁，与此同时，许多暴徒在家永三郎家门外敲击锅盆、高呼口号，使他无法休息。家永及其律师不得不在警察的护送下通过一道秘门出入法庭。[24]

除了 1948 年获得一次奖项之外（当时他承认自己"政治失聪"），家永三郎一直都被颁发国家历史学奖的官方委员会所忽略。[25] 然而，这位历史学家已经在历史上为自己赢得了一席之地。家永三郎的努力受到公众的广泛关注，并引起其他国家对日本的抗议，使保守的日本文部省不得不做出改变。到 20 世纪 80 年代，多年的诉讼和政治抗争终于得到了回报。1982 年，日本中学历史教科书歪曲南京大屠杀历史的话题成为热点，致使日本陷入一场国际外交危机。日本四家非常有影响力的全国性报纸都在显要位置刊登了这一新闻。中国和韩国官员也提出正式抗议，谴责日本试图抹杀他们的侵略历史，为在年青一代中复活军国主义打下了基础。然而，日本教科书审查委员会试图为自己辩护，并告诉记者："描述南京大屠杀用了三五行文字，而提到苏联和美国对日本的暴行时却只用了一两行文字，这不公平。"[26]

最后，教科书之争的公开化取得了两个成果：一是文部省大臣藤尾正行被免职，他曾竭力为文部省粉饰"二战"历史的政策辩护；二是文部省内部提高了认识，意识到他们再也无法忽视南京大屠杀。在藤尾正行被免职之前，"保卫日本全国委员会"早已准备了一本右翼历史教科书，其中对南京大屠杀是这样概括的："南京之战异常激烈。中国要求日本就中国方面军队和平民的伤亡进行反省。"藤尾正行被免职后，文部省修改了这段文字："南京之战异常激烈。据报道，南京陷落后，日军打死打伤了许多中国士兵和平民，因此招致国际社会的批评。"[27]

当然，审查教科书的问题远未结束。现在，一些日本官员不再完全否认南京大屠杀，而是致力于缩小大屠杀的规模。1991年，文部省的审查人员要求教科书作者删去南京大屠杀中所有涉及中国遇难人数的内容，因为当局认为缺乏足够的证据对其加以证明。3年后，文部省甚至强迫一位教科书作者将日军在南京大屠杀期间某一天杀死中国人的数量由原来的25 000人减至15 000人。该教科书的初版引用一篇日记的记载，日军在一天内处决了25 000名俘虏。但在文部省的压力下，该教科书的出版商做出让步，减少了日记中记载的死亡人数："佐佐木的部队处决了15 000人。"[28]

学术界的掩饰

日本学术界几乎毫无例外地回避对南京大屠杀的研究。有些学者认为，该事件距今不够久远，还不值得进行历史研究或让历史学家们评判日本的错误。有些人甚至对批评日本战时罪行的做法表示愤慨。（有人激愤地说："我们究竟要为犯过的错误道歉多久？"[29]）

其他学者则为日本辩护，甚至与保守的极端民族主义者沆瀣一气，极力减少南京大屠杀的影响及其死亡人数。东京大学教育学教授藤冈信胜就是一位知名的修正主义者，他发起了一场歪曲南京大屠杀和"二战"其他历史的运动。他的煽动性言论包括：南京大屠杀的实际死亡人数比中国声称的要少得多；大部分南京大屠杀的受害者是游击队员，而非平民；亚洲的性奴隶或日军的慰安妇都是普通妓女。藤冈声称这些妇女获得的经济补偿相当于"中了彩票"，并要求日本政府不仅收回对这些妇女的道歉，还要将有关她们的内容从日本历史教科书中删除。[30]

在日本，对南京大屠杀的严肃研究大多是由传统学术圈之外的人进行的，比如自由撰稿人和记者。工厂工人小野见次就是一个典型的例子[31]，他从1988年开始在自己工作的地区采访那些南京大屠杀期间曾在若松师团服役的农民。由于每次轮班之间有36小时的间歇，身为单身汉的小野也无须承担家庭责任，因而有时间全身心投入这项研究。据报道，小野6年来走访了约600个家庭，采访了200人，复印了30本日记中的20本，录制了对其中7人的采访资料。他的一些发现刊登在《金耀日》周刊上，被誉为首项完全基于日本的资料来源而对南京大屠杀进行的研究。1996年，他与人合作编辑了一本关于南京大屠杀的重要著作，但他仍然生活在可能遭到日本人报复的阴影下，由于担心自己成为右翼狂热分子的牺牲品，他甚至拒绝拍照。[32]

媒体的自我审查

在日本，不仅政府利用审查制度篡改教科书，媒体也实行自我审查。私营机构的自我审查危害更大，因为它更加微妙，也更难令人察觉。

日本电影发行商对《末代皇帝》中南京大屠杀的镜头所做的手脚充分说明了日本的自我审查制度。对于贝纳尔多·贝托鲁奇导演的这部关于溥仪传记的电影，1988年，日本富士电影发行公司删除了其中关于南京大屠杀的30秒镜头。贝托鲁奇发现后震怒:"日本发行商删除了影片中所有关于南京大屠杀的镜头,这不仅未经我授权,违背了我的意愿,更没有通知我,他们甚至对媒体宣称是我和制片人杰里米·托马斯提出删改的。这是赤裸裸的谎言,令人反感。"[33]

贝托鲁奇的公开反对迫使发行商立即恢复了被删减的镜头。他们找了各种借口解释自己的行为。富士电影发行公司的负责人久保谷对由此造成的"混乱和误解"进行道歉,解释说公司认为关于南京的那段镜头"过于骇人听闻",不适合在日本放映。他说:"删减这部影片是我们的自主决定。我们没有想到会引起这么大的问题。"[34] 富士公司的另一位发言人斋藤光宏告诉记者,删减关于南京的镜头是"出于对日本观众的尊重"。日本影评家中根猛彦分析认为,决定删减这些镜头,主要是由于发行商的胆小怕事和极端民族主义者的暴力威胁。这位评论家告诉记者:"我认为,这部电影的发行商和很多影院老板担心右翼团伙在影院外制造事端,许多右翼分子仍然认为,日本在中国的暴行以及'二战'期间的诸多行为是本国圣战的组成部分。"

关于南京大屠杀的争论

在日本,那些勇于撰写关于南京大屠杀的专著的人经常要面对无休止的攻击。以洞富雄和本多胜一为例。洞富雄是日本早稻田大学的日本史教授,他曾于1966年访问中国,调查日本人在中国的暴行;后来他在几本专著中发表了关于南京大屠杀的研究成果。本多胜一是《朝日新闻》的一名获奖记者,他曾于20世纪七八十年代前往中国大陆采访南京大屠杀的幸存者,并打破禁忌在日本媒体上讨论南京大屠杀。他的调查成果最先在《朝日新闻》及其他报刊上连载,后来扩展为一部专著。洞富雄和本多胜一的研究都得出这样的结论:日军曾于1937~1938年在南京杀害了大约30万中国人。

他们两人都在日本受到了恶毒的攻击。极端保守派作家铃木明是猛烈批评洞富雄和本多胜一的人之一,他在一篇题为"南京大屠杀的假象"的文章中对洞富雄和本多胜一的研究提出了挑战。铃木明指责洞富雄和本多胜一提及的许多内容是捏造的,因为现有的原始资料根本不足以证明南京大屠杀的真实性,所谓南京暴行不过是一种"假象"。[35] 铃木将其一系列文章汇编成书,获得了《文艺春秋》杂志非小说类作品的奖项,收到文学批评家们的大量溢美之词,如"令人钦佩"、"勇气十足"。当洞富雄发表一系列文章对其加以反驳时,数位日本著名作家立即群起而攻之,为铃木明辩护。

另一名批评者是田中正明,他自称是松井石根的门徒。1984年,他出版了一本反驳本多胜一的书——《"南京大屠杀"之虚构》,书中引用了松井石根的战时日记中的资料。他指责本多胜一散布"敌方的宣传",并争辩说,与欧洲或中国不同,"在日本的整个历史中,找不到任何有预谋、有系统的屠杀案例"。他在书中写道,这是因为日本人与西方人和中国人有着"不同的价值观"。[36] 历史修正主义者们加入田中的阵营,共同批判洞富雄和本多胜一。右翼作家渡边升一为田中正明的书作序,也在其中攻击本多胜一,说他不仅将所有罪责"强加在战争期间的日本官员和军人身上,而且强加在所有日本人身上,甚至连我们尚未出世的子孙也不放过"。[37]

两个阵营之间很快展开了激烈的论战。一方是持自由主义观点的

191

"屠杀存在派",由洞富雄、本多胜一和他们的支持者组成;另一方是保守的"屠杀假象派",由铃木明和田中正明领军。自由派的研究成果主要发表在《朝日新闻》及其他杂志上,保守派则主要在《文艺春秋》《诸君》《正义》等右翼出版物上发表文章。自由派要求日本政府为其在中国犯下的罪行道歉,保守派则认为此类道歉是对日本老兵的侮辱,是外国对日本内政的干涉。

具有嘲讽意味的是,为证明南京大屠杀并不存在,修正主义者亲自深入调查这一课题以加强对"屠杀存在派"的攻击时,结果却适得其反。例如,20世纪80年代,日本一个军校毕业生联谊会"偕行社"要求其1.8万名成员站出来提供证词,证明南京大屠杀并不存在。令"屠杀假象派"失望的是,许多偕行社成员确认了南京大屠杀的细节,并描述了许多令保守派的中坚分子都感到恐怖的暴行。一名曾是松井石根手下的军官估计,在一名参谋官的命令下,曾有大约12万俘虏被杀。但后来,无疑是迫于压力,这名军官将该数字改为"至少数万人"。[38] 但是他的证词推翻了这次调查的目的,甚至偕行社的一位编辑也受到触动,在本次调查的系列文章结论部分写道:"如此大规模的非法处决是不能原谅的。作为一名与日本旧时军队有关联的人,我必须向中国人民深表歉意。"[39]

最令保守派难堪的事情还在后面。1985年,一份广受欢迎的历史刊物《历史人物》发现,新近出版的松井石根战时日记竟有多达900处错误。大部分错误都是故意篡改原始文献造成的,这一发现令全日本的历史学家都极为愤慨。更令人吃惊的是,篡改者不是别人,正是田中正明本人,他曾自称是歪曲历史行为的坚定批评者。

第十章 被遗忘的大屠杀：再次凌辱

恐 吓

东史郎是第一个公开承认自己在南京所犯暴行的日本老兵，之后他的遭遇是日本的恐吓制度在最坏情况下的绝好例证。[40]1987年，作为第一个公开为自己在南京大屠杀中的罪行而道歉的日本老兵，东史郎引起了极大轰动。在启程去往南京参加大屠杀50周年纪念仪式前夕，他在京都的一次记者招待会上接受了报纸和电视台记者的采访，结果招致排山倒海般的批评，甚至死亡威胁。为求自保，东史郎从公司退休，与妻子搬到京都郊外一个小村庄居住，并在家中存放了大量武器以自卫，如警棍、球棒、辣椒喷雾、锁链和指节环。

长崎市前市长本岛等的麻烦始于该市议会的一名共产党员提问他如何看待天皇对战争的责任。[41]那天是1988年12月7日，日本袭击珍珠港47周年纪念日。此时日本天皇因身患癌症已经奄奄一息，日本举国上下都停止了假日庆祝活动，哀悼昭和时代即将结束。本岛等回答说，通过阅读国外对战争的描述，并基于自己的从军经历，他认为天皇对战争负有一定责任。这一回答立即引起轩然大波。第二天，愤怒的城市立法委员和自民党的地方党部都要求他收回自己说的话。但本岛等拒绝了，并称他不能"违背自己的良心"。

为了迫使其屈服，他的对手们发起了一场猛烈的骚扰和恐吓运动。自民党不仅解除了他的顾问资格，而且成功地说服县知事拒绝在政治上与市长合作。右翼组织甚至要求处死本岛等。1988年12月19日，24个极端民族主义团体驾驶30辆载有扩音喇叭的卡车在长崎市游行示威，叫嚣着处死本岛等以对其进行"神圣惩罚"。两天后，长崎游行示威的团体数目已增加到62个，载有扩音喇叭的卡车增加到82辆。众多保守组织的代表，包括许多神社的代表，都呼吁弹劾本岛等。1989年1月7日，昭和天皇去世。此后不到两周，一名右翼狂热分子从背后对本岛等开了一枪。子弹击穿了他的肺部，但这位市长奇迹般地活了下来。此次暗杀企图令全日本的极端主义分子欢欣鼓舞，许多人宣称本次行动不啻"天谴"。

结　语

　　南京大屠杀只是在漫长的 9 年战争中日军无数野蛮暴行中的一个事件。早在南京大屠杀之前，日本就已作为亚洲第一个违反战争禁忌的国家而臭名远扬，它不仅将空军作为战场上的武器，还将其作为恐吓平民的手段。接着，日本又发动军队进行了一场始于上海、经由南京并推进到中国内地的杀戮运动。

　　虽然日语中并没有对中国人进行"最后解决"的说法，但日本帝国政府批准了在中国某些地区彻底消灭所有人的政策。最残忍的政策之一是在中国华北地区实行的"三光政策"（抢光、杀光、烧光）[1]，中国共产党的游击队在该地区与日军展开了激烈的战斗，有效打击了日本侵略者。一位沮丧的日本上校在日记中透露了这一残暴政策是如何简单明了："我接到上级命令，要把这里的每一个人都杀掉。"[2]

　　这一政策的结果是，1941 年日军发动了旨在消灭华北农村地区所有人的大规模恐怖主义运动，导致该地区人口从 4 400 万锐减到 2 500 万。至少有一位研究中国问题的学者，即朱尔斯·阿彻（Jules

Archer）认为，从该地区消失的1 900万人中大部分遭日军杀害，不过其他学者推测有几百万人逃到了安全地带。³《中国的血腥世纪》（*China's Bloody Century*）一书的作者R·J·拉梅尔（R. J. Rummel）指出，即使该地区消失的人口中仅有5%的人遭到日军屠杀，这一数字也接近100万。⁴

日本人还对中国发动了残忍的生物实验战。有些生物战是报复性的，由于怀疑某些村庄曾在1942年4月协助美国飞行员对东京进行空袭，日军直接对这些村庄进行报复。在可以用作轰炸机着陆区的地方，日军屠杀了25万名中国平民，并在2万平方英里的区域内破坏了所有中国机场。⁵战争期间，华北同其他地区一样，所有城市和地区都成为生物武器的袭击目标。我们现在知道，日军飞行员将带有瘟疫病菌的跳蚤撒播到上海、宁波和承德等大城市，并将装有致病细菌（霍乱、痢疾、伤寒、鼠疫、炭疽、副伤寒）的烧瓶投入河流、井水、水库和民房。⁶

日本人还在食物中掺入致命的细菌，使中国平民和军队受到感染。将掺有伤寒病菌的饼丢在露营地周围，诱惑饥饿的农民食用；在释放数千名中国战俘之前，将带有伤寒和副伤寒病菌的食物分发给他们。

最终的死亡人数令人难以置信，在157.8万~632.5万人之间。⁷拉梅尔提出了一个审慎的估计数字：死亡394.9万人，其中只有40万人不是平民。他还指出，在很大程度上，日军的抢劫、轰炸和医学实验所导致的饥荒和疾病还导致了另外数百万人死亡。如果这些死亡人数也被记入最终的统计数字，那么可以说日本在对中国的战争中杀害了1 900多万中国人。

大多数人都无法准确地理解，日军在施暴时究竟出于什么心态。

许多历史学家、目击证人、幸存者甚至当年的施虐者本人总结了日军赤裸裸的残暴行为背后的动机。

许多日本学者认为，南京大屠杀这一恐怖暴行与日军在中日战争期间的其他暴行是由一种名为"压迫转移"的现象导致的。[8]《隐藏的恐怖：日本在"二战"期间的战争犯罪》(Hidden Horrors: Japanese War Crimes in World War II)一书作者田中雄喜认为，现代日本军队自诞生之日起就潜藏着极大的施暴隐患，原因有二：一是日本军队对其官兵施加的独断专行和残酷虐待；二是日本社会的等级特性，这种等级制度中的社会地位是由与天皇的亲疏远近决定的。在侵占南京之前，日本军队就已令自己的士兵蒙受了无尽的羞辱。日本士兵被迫给军官洗内裤，或是顺从地站着任由上级打自己耳光，直到被打得鲜血直流。[9] 用奥威尔式的说法，对日本士兵的日常打骂称为军官"爱的行动"，日本海军通过"铁拳"整肃军纪的做法则被称为"爱之鞭打"。[10]

有人指出，在等级制度中，那些权力最小的人一旦掌握了更低阶层的生杀大权，往往极具虐待狂倾向，而日本士兵到达海外后，他们在严酷的等级制度中积聚的愤怒突然找到了发泄口。在国外或殖民地，日军作为天皇的代表，对该地民众享有极大的权力。在中国，即使地位最低的日本士兵也比当地最有权势和名望的中国人地位高，由此不难看出，多年来一直压抑的对权威的愤怒、仇恨和恐惧终于在南京爆发为无法控制的暴虐行为。长期以来，日本士兵一直默默忍受上级施加给他们的一切虐待，而今中国人也必须接受日本士兵给予他们的任何惩罚。

学者们认为，导致日军暴行的第二个因素是日本军队中许多人对中国充满仇恨的蔑视——这种蔑视是通过数十年的宣传、教育和社会教化培养而成的。尽管日本人和中国人有类似的（如果不是完全相同的话）种族特征（也许正因如此，日本人以扭曲的方式认为这威胁到他们自身的独特性），但日本军队中许多人将中国人视为低于人类的物种，杀死他们就像捏死一只臭虫或杀掉一头猪一样，无须承受任何道德压力。事实上，无论在战前还是战争期间，日本各级军人经常将中国人与猪相提并论。例如，一位日本将军曾这样告诉记者："坦率地说，你对中国人的看法与我完全不同。你将中国人看作人，我则将他们看作猪。"[11] 南京大屠杀期间，一位日本军官将中国俘虏10人一组捆在一起，然后把他们推入坑中烧死，他为自己开脱罪责时解释说，他杀死这些中国人时的感觉与杀猪是一样的。[12] 1938年，日本士兵东史郎在南京写的日记中坦言："现在一头猪比一个中国人的性命更有价值。因为猪肉还可以吃。"[13]

　　第三个因素是宗教。日本军队为暴力赋予某种神圣的意义，将其视为一种必不可少的文化要素，它所产生的力量同十字军东征和西班牙宗教法庭时期驱策欧洲人的宗教力量一样强大。1933年，一位日本将军在一次演讲中声称："每一颗子弹都必须注入帝国的光辉，每一把刺刀的刀尖上都必须烙有民族精神。"[14]

　　几乎没有日本士兵怀疑他们在中国的使命是否正当。曾参与南京大屠杀的日本老兵永富角户说过，他从小所受的教育使他相信，天皇是全世界理所当然的统治者，日本人是世界上最优秀的种族，控制亚洲是日本的天定命运。一位当地的基督教牧师问永富："上帝与日本天皇，哪一个更伟大？"他毫不怀疑正确答案是"天皇"。[15]

　　有一个比上帝地位更高的天皇站在自己一边，日本军队便坚定地采取下一步行动——相信战争（甚至与之相伴的暴力）最终不仅使日

结 语

本人民受益，而且使战争的受害者从中获益。许多日本人认为暴力是取得胜利的必要工具，日本的胜利将对所有人有利，并有助于日本在"大东亚共荣圈"的框架下创建一个更美好的中国。日本那些无情殴打学生和士兵的教师和军官也持同样的观点，当他们对受害者拳脚相加时，坚持认为这完全是为了他们好。

松井石根将军在为日本侵略中国辩护时，他或许对日本人这种自欺欺人的普遍心理进行了最佳总结。1937 年，他在前往上海之前告诉自己的支持者："我去前线并不是与敌人作战，而是怀着抚慰兄弟的心情前往中国。"[16] 后来，他经常这样评论日本对中国的侵略：

> 日本与中国之间的斗争一直是"亚洲大家庭"内部的兄弟之争……战争期间我一直怀有这样一种观念，即我们必须将这场战争视为促使中国人自我反思的手段。我们这样做并不是因为恨他们，相反，我们深爱他们。这就像在一个家庭中，当兄长对弟弟的不端行为忍无可忍时，为使他改邪归正，不得不对他进行严惩。[17]

无论战后的事态如何发展，南京大屠杀永远是人类荣誉的污点。然而，这一污点之所以如此令人生厌，是因为历史从来没有为南京大屠杀写下恰当的结局，甚至到了 1997 年，日本作为一个国家仍然试图再度掩埋南京的受害者——不是像 1937 年那样把他们埋在地下，而是将这些受害者埋葬在被遗忘的历史角落。另外，南京大屠杀在西方世界依然鲜为人知，因为极少有人系统地收集相关文献，并向公众讲述这个历史事件，这同样是对受害者可耻的冒犯。

本书在开篇试图拯救南京大屠杀的受害者，使他们免遭日本修正主义者的再度羞辱，并为数十万南京的无名坟墓献上我的祭文。在本书最后，我将对人性的阴暗面进行一些个人探索。南京大屠杀留给世人很多重要的教训，第一个教训就是人类文明本身十分脆弱，如同薄纸。有人认为，日本民族是一个危险的种族，具有独一无二的邪恶本性，永远也不会改变。但通过阅读大量关于日本战争罪行的档案文献，以及世界历史上关于古代各种暴行的记载，我不得不得出这样的结论：日本在"二战"期间的行为与其说是危险民族的产物，倒不如说是危险政府的产物，该政府身处脆弱的文化氛围和危险的时代，因而能够将貌似理性的危险观念兜售给它的国民，而这些观念原本是与人性相悖的。南京大屠杀应该被视为一个警世事件——它告诉我们人类极易被煽动，容许青少年压抑善良的天性，被塑造成高效的杀人机器。

应该从南京大屠杀中吸取的第二个教训是权力在种族灭绝中所起的作用。研究过历史上大规模屠杀模式的人注意到，政府高度集权具有致命的危险性——只有不受监督的绝对权力，才会使南京大屠杀这样的暴行成为可能。20 世纪 90 年代，世界上研究大规模屠杀（拉梅尔提出的一个概念，包括种族灭绝和政府实施的大规模屠杀）的泰斗拉梅尔完成了对 20 世纪以及古代暴行的系统性量化研究，并引用著名的阿克顿勋爵（Lord Acton）的一句话来总结这一令人印象深刻的研究成果："权力导致杀戮，绝对的权力导致绝对的杀戮。"拉梅尔发现，政府权力所受的约束越小，该政府就越有可能根据其领导人一时的突发奇想或心理阴暗面的冲动行事，发动对外战争。[18] 日本也不例外，诸如南京大屠杀之类的暴行即使不是必然的，也是可预见的。由军队和皇室精英控制的威权政体，利用不受约束的权力策动整个民族去实现少数精英群体的病态目标。

要吸取的第三个教训也许是最令人痛心的，即人类心灵竟能如此

结 语

轻易地接受种族屠杀，并使我们所有人都成为消极旁观者，在面对最不可思议的暴行时无动于衷。南京大屠杀当时是世界媒体的头版新闻，然而当南京整座城市陷入肆意屠杀时，世界上大部分人却袖手旁观，无所作为。当年国际社会对南京大屠杀的反应，与世人对发生在波黑和卢旺达的暴行的反应，竟然如出一辙：当成千上万人以令人难以置信的残忍方式死去时，全世界的反应不过是一边收看新闻报道，一边搓搓手而已。人们可以辩解说，"二战"期间美国和其他国家没能及早阻止纳粹对犹太人的"最后解决"是因为种族屠杀是在战争期间秘密进行的，而且纳粹的屠杀冷酷而高效，直到盟军士兵解放集中营，亲眼看到那里的恐怖景象后，大多数人才相信之前不断收到的相关报告确实是真实的。但是，就南京大屠杀或是发生在南斯拉夫的屠杀而言，这种借口却不成立。南京暴行早就显著地刊登在《纽约时报》之类的报纸上，而波斯尼亚暴行则几乎每天都在每户人家客厅的电视里播放。显然，人性中存在诸多怪诞之处，可以在几分钟内将最恶劣的邪恶行径化作平淡无奇的小事，前提是此类罪恶远在天边，不会对我们个人构成直接威胁。

可悲的是，世界依旧以消极的旁观者心态面对日本的二次强暴——拒绝道歉，甚至拒绝承认曾经在南京犯下的暴行，更有甚者，日本极端主义分子还试图将这一事件从世界历史中抹去。若想更好地了解这种不公平的严重程度，人们只需比较一下战后日本和德国政府对受害者的赔偿情况即可。毫无疑问，单靠金钱并不能换回罹难者的生命，也无法抹去幸存者记忆中的创伤，但金钱补偿至少可以表达这样一种态度，即受害者所遭受的一切是由于施虐者的邪恶。

截至1997年，德国政府至少已经支付了880亿德国马克的补偿金和战争赔款,并且在2005年之前还会支付另外200亿德国马克。[19]如果将德国政府支付的所有赔款都计算在内的话,包括个体受害者赔偿、财产损失赔偿、抚恤性赔偿、国家法定赔偿、个别案例的最后赔偿,以及根据与以色列和其他16个国家达成的战争赔款协定而做出的赔偿,总数将近1 240亿德国马克,约合600亿美元。日本则几乎没有对其战争罪行支付过任何赔偿。在当今时代,甚至瑞士都保证将出资数十亿美元设立一个基金,用以归还曾经从犹太人账户上盗取的资金。许多日本领导人则继续相信(或假装相信)他们的国家没有做过任何需要对他国进行赔偿的事,甚至无须为日本过去的行为道歉。他们声称,有人指责日本政府曾犯下的许多极其严重的暴行从未发生过,那些证明这些暴行的确发生过的证据不过是中国人和想打击日本的人捏造出来的。

日本政府认为,所有战争赔款问题都已在1952年的《旧金山对日和约》中解决了。然而,仔细阅读该条约就会发现,赔款问题不过是被推迟到日本财政状况改善时解决。该条约在第五章第十四条规定:"兹认定,日本应对其在战争中所引起的损害及痛苦给盟国以赔偿,但同时承认,如欲维持可以生存的经济,则日本目前的资源不足以全部赔偿此种损害及痛苦,并同时履行其他义务。"

冷战期间最具讽刺意味的事件之一是,日本不仅逃避了战争赔偿责任,而且得到美国数十亿美元的援助。美国帮助之前的敌国成长为经济强国和自己的竞争对手。而今,亚洲许多国家都对日本军国主义复苏的前景非常关切。里根执政期间,美国推动日本增强军力——这让许多战争期间曾遭受日本多年侵略的国家非常不安。"漠视历史的人往往会成为历史的受害者。""二战"期间曾担任麦克阿瑟将军副官的

结　语

菲律宾外交部部长、普利策奖得主卡洛斯·罗慕洛警告说。他还很了解日本文化所激发的竞争性民族精神："日本是意志非常坚定的民族，他们也很有头脑。第二次世界大战刚结束时，没人料到日本会变成世界上重要的经济强国之一，但它现在已经是了。如果给日本成为军事强国的机会，它一定能够成为军事强国。"[20]

冷战已经结束，中国正在迅速崛起。其他曾在战争期间遭受日本侵略的国家如今也在国际经济领域崭露头角，并有可能挑战日本。未来几年，声讨日本战争罪行的激进主义或许会获得迅速发展。从人口统计学的角度来讲，亚洲人在北美公共领域的影响越来越大。年青一代的华裔美国人和华裔加拿大人与其主要集中在科学领域工作的父母不同，他们正迅速在法律、政治和新闻领域获得越来越大的影响力。过去，在北美的亚洲人极少涉足这些领域。

从我开始着手本书的研究到完成写作这段时间，公众对南京大屠杀的认知有了重大进展。20世纪90年代，关于南京大屠杀、慰安妇、日本人利用战俘进行活体实验以及日本在"二战"期间所犯其他暴行的小说、历史图书、报刊文章大量增加。截至1997年，旧金山学区计划将南京大屠杀的历史列入课程表，华裔地产商们也已经设计好建造南京大屠杀遇难同胞纪念馆的蓝图。

本书即将完成之际，美国政府开始回应活跃分子的要求，向日本施压，促其直面自己在战争期间的恶行。1996年12月3日，美国司法部列出了一份日本战犯的观察名单，禁止他们进入美国。1997年4月，美国驻日本前大使沃尔特·蒙代尔告诉媒体，日本需要诚实地直面历史，他还表达了自己的愿望，希望日本能就其战争罪行进行充分道歉。[21]另外，南京大屠杀甚至已经成为一项议案，很快就会提交众议院。[22] 1997年春，美国国会议员同人权活动家起草了一份谴责日本在"二战"期间虐待美国及其他国家战俘的法案，要求日本正式道歉并对战争受害者进行赔偿。

迫使日本政府面对其战时恶行的运动甚至在日本也赢得了支持。日本官方拒绝承认战争期间的暴行，这在许多有良知的日本人中激起相当的羞愧和不安。少数敢于直言的日本民众认为，如果日本政府想在未来获得邻国的信任，必须坦承自己的过去。1997年，日本唯爱社发表如下声明：

> 在过去的战争中，日本傲慢自负地侵略亚洲其他国家，给许多人（尤其是中国人）带来苦难。在20世纪30年代前后的15年间，日本不断发动对中国的战争。旷日持久的战争使数千万中国人成为受害者。在此，我们诚挚地为日本过去的错误道歉，并恳请你们原谅。[23]

当代日本人面临一个重大的抉择：他们可以继续自欺欺人，相信日本的侵略战争是一场圣战，仅仅因为美国强大的经济实力，自己才不幸落败；他们也可以承认真相，即世界之所以变得更美好是因为日本在侵略战争中战败，未能将其可怕的"爱"强加于更多民族。唯有正视历史，日本才能与本民族过去的恐怖行径一刀两断。如果当代日本人在维护历史真相方面继续无所作为，他们就会在历史上留下同其战时先辈一样的污点。

日本必须承认自己在南京犯下的罪恶，这不仅是一种法律责任，更是一种道德义务。至少，日本政府应该正式向受害者道歉，并对在

结　语

浩劫中蒙受损失的受害者进行赔偿；最重要的是，日本要教育下一代正确面对南京大屠杀的真相。如果日本期望获得国际社会的尊重，并为玷污其历史的黑暗一章画上句号的话，这些早该采取的行动对日本至关重要。

尾声

1988年10月，我第一次见到我的妻子张纯如，那时她是一个美丽可人、才华横溢的女孩，浑身充满朝气。如果当时有人告诉我，她将来会写出一部被翻译成15种语言的畅销书，我丝毫不会感到惊讶。但我万万没想到的是，在她去世7年后的今天，我竟然在为她的著作《南京大屠杀》写一篇尾声。我曾经以为，以纯如在30岁时表现出来的活力、激情和干劲，她即使到了80岁甚至90岁，也能写出伟大的作品。

虽然在遇到对方之前，我们都没有太多的约会经历，但相识不久我们就发现我们是完美的一对。我们幸运地在一起度过了16年的幸福时光。在我写作这篇尾声之前，有两本关于纯如生平的书已经出版：保拉·卡门（Paula Kamen）的《发现张纯如》（*Finding Iris Chang*），以及纯如母亲张盈盈的《张纯如：无法忘却历史的女子》（*The*

Woman Who Could Not Forget）。这两本书写得都很好，我建议想进一步了解纯如的人不妨一读。纯如的离世太过突然，加之她是一个不事张扬的人，因而她生活的许多方面和她的死因都被蒙上了一层神秘色彩。感谢基本书局（Basic Books）给我这个填补空白的机会，澄清纯如生命中的诸多谜团，从而让她的精神和作品永留于世。

　　张盈盈的《张纯如：无法忘却历史的女子》一书详细描述了纯如一生的点点滴滴，我无意对此做进一步的补充完善。相反，我将集中介绍几个我认为促进纯如成功的关键因素。纯如的父母都曾在哈佛大学获得博士学位并以科学研究为业，因此纯如从小就重视智力成果的价值。青少年时期，她在伊利诺伊大学图书馆和其他地方图书馆中花费数千小时，锻炼阅读和快速处理信息的能力。纯如编辑了一份详尽的诺贝尔奖和普利策奖获奖作品清单，以及奥斯卡获奖电影名单，并着手阅读其中每一部作品，观看每一部影片。她连休息日都在系统研究这些著作和电影。

　　纯如中学阶段就读于伊利诺伊大学附属中学（University of Illinois's University High School，简称伊大附中），学校很小，但学习压力很大，学生主要由通过了严格入学考试的教授子女组成，大家学习都很刻苦。该校出了好几位诺贝尔奖得主，以及其他许多获得杰出成就的毕业生。1985年，纯如被伊利诺伊大学厄巴纳-香槟分校竞争激烈的数学和计算机专业录取，她是少数获得这一录取资格的女性之一。她大学期间的成绩非常优秀，原本有望在短短三年多的时间内毕业，但她在即将获得学位时转到了新闻学专业。当时，学习数学和计算机科学的女孩相对较少，能在这么短的时间内完成培养计划的人则少之又少，而如此轻松地完成培养计划后又改换专业的人更是凤

尾 声

毛麟角。

多数人会认为，入学几乎三年以后再改换专业会大大落后于新专业的其他同学，但纯如很快就迎头赶上，并获得了在《新闻周刊》、美联社和《芝加哥论坛报》的实习机会。在《芝加哥论坛报》实习期间，纯如发现自己的真正兴趣在于撰写长篇专题报道，于是她申请了约翰·霍普金斯大学一个颇负盛名的写作研讨班项目，并被录取。就读该项目期间，她年仅 22 岁，此时她遇到了自己的图书编辑，也是她后来的图书代理人——苏珊·拉宾娜。苏珊给了她一个题目，于是纯如开始为写作自己的第一本书《蚕丝》而开展相关研究工作。

纯如获得约翰·霍普金斯大学的写作硕士学位之后，搬到加州圣巴巴拉与我住在一起。纯如一直对电影怀有浓厚的兴趣，于是她带着自己的一组照片去了某家人才机构，很快被选中在 MC 哈默的歌曲视频中担任一名舞者。然而，纯如第二天获得了一份麦克阿瑟基金会的资助申请书，于是决定放弃这一工作机会。我们觉得这可能是第一次有人拒绝 MC 哈默及其公司的工作邀请。纯如的决定是对的，她最终获得了麦克阿瑟基金会的资助。

纯如后来又获得了国家科学基金会的资助，得以继续《蚕丝》的研究工作。非常令人吃惊的是，纯如从未获得过任何自然科学方面的学位，也不隶属于任何大学或研究机构。

除了她的美貌、智慧和教育背景之外，还有另外两个因素促进了纯如的成功。不论自己名气多大，她从不羞于向别人寻求帮助或建议，她总是尽力完善自己。例如，1991 年我们结婚时，纯如一想到需要向现场的 200 名亲友致简短的祝酒词，就非常紧张。然而，她自觉练习在公众面前发言，到 1997 年《南京大屠杀》一书出版时，她已经能在长达 1 小时或更长的时间内吸引 1 000 名观众的注意力，就自己的研究和著作侃侃而谈。

在我们相处的前 10 年，看着纯如从一个时常害羞且有点儿内向的人转变成"超级纯如"，不仅成为能够写出畅销作品的著名作家和历史学家，而且能用演讲打动听众，并赢得国家电视台的辩论，这真是一件令人开心的事。然而，2004 年夏天，"超级纯如"却在短时间内被精神疾病击倒，这又令人不胜悲伤。

关于纯如的生活和事业，世人心中一直存在很多谜团和误解。即使我自己，对此也仍然有一些疑问。但是，我认为我提供的信息可以澄清本书读者的某些谜团和误解。第一个谜团是，纯如是否有过灵光一闪的"尤里卡时刻"。1994 年年底，纯如参加了在加州库比蒂诺举行的一次会议，并在那里看到了许多南京大屠杀的照片。一个流传最广的神话是，纯如正是因为见了这些照片，才在彼时彼刻决定写一本关于南京大屠杀的著作。这是一个美好的故事，但与事实恰好相反。纯如一直保留着一份新书写作构想的详细清单，截至 2004 年她已经积累了 400 个构想。纯如从小就从他的父母和祖父母那里听说过南京大屠杀。1988 年 10 月我们开始约会后不久，她就告诉过我自己想就南京大屠杀写一本书的愿望。一完成《蚕丝》的终稿，她就下定决心将日军对南京的蹂躏作为下一本书的首选主题，并开始进行相关研究。一个月之后，即 1994 年秋天，她参加了在库比蒂诺举行的会议，并见到了赞助会议的一群热心人士。通过这次会议，她见到了许多南京大屠杀受害者的照片，也结识了许多后来为她的研究提供极大帮助的人。但从某种程度上说，正是从那时起，人们开始认为，恰恰是那次会议上的照片给了她写作南京大屠杀的灵感，这一神话广为流传。但纯如从

尾　声

未做出过如此冲动的职业选择，她为《南京大屠杀》的写作计划了好多年，早在参加那次会议之前，她已经开始了相关研究工作。

第二个谜团是，南京大屠杀和巴丹死亡行军这两个选题导致了纯如的精神崩溃和最终死亡。纯如早在1997年就完成了《南京大屠杀》的写作，而且在2004年之前从未真正表现出任何精神疾病的迹象。在研究南京大屠杀和巴丹死亡行军的过程中，她阅读了大量相关资料。她几乎每天都会向我介绍自己的最新进展，并经常与自己的父母和几位密友一起探讨相关资料。我的感觉是，与其说相关照片和阅读资料令她心烦意乱，倒不如说激发了她的工作动力，鞭策她尽最大努力叙述这些事件。令她难过的是，那些在1937年和1938年经历了如此多苦难的民众，60年后依然过着极度贫困的生活。她与巴丹死亡行军的许多老兵保持着密切联系，这些老兵在1942~1945年遭到日军的残酷迫害。许多老兵与我和纯如的许多童年玩伴一样，都曾是来自美国中西部小镇的男孩，因此纯如对他们怀有深切的同情。纯如做相关调研时，大部分老兵都已年过八旬，到2004年，许多已经去世，或被诊断出患了不治之症。当纯如得知一位她以朋友相待的巴丹老兵去世后，我第一次见到她因为与工作相关的问题而崩溃并哭泣。

第三个谜团是，职业母亲的压力导致了她的精神疾病。从我们的儿子克里斯托弗出生到纯如精神崩溃的两年间，我们雇了一位全职保姆照顾克里斯托弗，并承担做饭、打扫卫生、洗衣、购物等家务劳动。我花了大量时间照顾克里斯托弗，我的父母和纯如的父母也来帮忙。在照顾孩子和料理家务方面，很难想象能有人获得比纯如更好的支持。

第四个谜团是，美国中央情报局和美国政府应为纯如的精神崩溃负责。纯如自己相信这一点，这跟她在肯塔基采访时曾被强行送到路易斯维尔的精神病房有关。对她来说那是一段极为恐怖的经历，连续几天很少进食、喝水或是睡觉，她认为美国政府在背后盯着她。在她生命的最后三个月，她曾跟好几个人谈过这一想法，但我从未发现支持她这种想法的任何证据。

第五个谜团是，日本政府在某种程度上应该为纯如的自杀负责。纯如的生活经历使她有足够的理由害怕日本人。1937~1945年，她的父母和他们的家人都经历了日本人对中国的侵略和占领，因此，纯如是听着日军暴行的故事长大的。在研究南京大屠杀期间，她所接触的许多人都经历过日军对中国的侵略。纯如巡回推介自己的图书期间，许多美国老兵（甚至许多来自韩国、中国大陆、中国台湾、越南、泰国、马来西亚和菲律宾的人）经常找到纯如，告诉她日军占领下发生的恐怖故事，以及他们对日本政府的恐惧。日本媒体和激进分子抓住任何机会对纯如进行文字攻击。1998~1999年，当纯如积极推介《南京大屠杀》一书时，她收到了许多恐吓信。那时，纯如生活中的每件事都使她有理由害怕日本人，并造成恐惧的恶性循环。然而，当纯如开始专注于下一本书《美国华人》的研究与写作时，恐吓信逐渐减少，后来几乎没有了。在我与纯如共同生活的整整13年间，我从未发现任何证据能证明有来自日本的人威胁到纯如的人身安全，或做了导致纯如精神崩溃或自杀的事情。

很多人推测，纯如在2004年前就患上了精神疾病。这一观点可能与纯如的生活背景有关，另外可能是由于她的职业和生活方式。纯如的父母都经历过日本对中国的侵略以及中国内战，他们给纯如讲过许多自己看到或听到过的恐怖事件。在纯如的写作生涯中，她研究过亚美尼亚种族大屠杀、纳粹的崛起及其对犹太人的迫害、"二战"期间的种种暴行，以及中国的内战、"大跃进"和"文化大革命"。在她生命的最后几年，美国政府的许多做法让纯如深受困扰，尤其是2003年小布什政府对伊拉克的攻击。大卫教派的袭击和杀戮、克林顿政府在莱温斯基丑闻期间对多个中东国家的轰炸、发生在科索沃的"人道主义轰炸"、2001年小布什政府对中国的敌对行为、《爱国者法案》对个人隐私和自由的侵犯，以及在没有犯罪指控的情况下无限期拘禁可疑恐怖分子的做法，这些都令纯如极为不安。在纯如看来，这一系列事件都在使美国变成一个能够实施各种暴行的社会，就像她所研究的那些暴行一样。她经常与别人就类似的话题进行长时间的讨论，并探讨如果目前的趋势持续下去，将会导致怎样的灾难性后果。纯如在公开场合能很好地控制自己的情绪，但在私下的交谈中，她经常会情绪激动地讨论对她来说很重要的话题。偶尔与纯如有过私下交谈的人可能会认为她的行为属于狂躁症。我想这是因为她对许多话题都怀有浓厚的兴趣和感情，并且有足够的精力和智慧满怀激情地表达自己的观点。1988~2004年，我没看出她这方面的行为有什么异常。

纯如是个目标导向的人，不太善于处理人际关系，她大多数时候都专注于实现自己的目标，而并不在意别人的看法。在她职业生涯的早期，当需要讨好自己的老板、同事、编辑和出版商时，这种性格给她带来不少麻烦。然而，随着《南京大屠杀》的出版，当她发现自己的写作和演讲技巧如此受欢迎之后，她知道自己无须再为任何人工作了。极少有人能在30岁时获得这种自由，为公司或其他机构工作很容易使人变得顺从。当其他人不断根据上级和同事的反馈调整自己的行为时，纯如在自己生命的最后13年却不必在意其他任何人的看法。我认为，纯如在许多人眼中的反常行为并不是精神疾病的结果，而是因为她足够幸运，可以随心所欲地以自己的方式行事。

新书促销给她增添了沉重的负担。对此我能想到的最贴切的类比就是摇滚歌星的巡回演唱会。大部分时间，纯如一起床就要赶到机场，飞往另一个城市参加图书签售活动，并出席随后的聚会，直到夜里很晚才能回到自己在宾馆的房间。在图书签售过程中，很多人跑来告诉纯如"二战"期间落入日军之手的战俘和日军占领区的平民的恐怖经历。纯如通常会连续多日重复着同样的签售活动。她曾在1998年的大部分时间、1999年上半年、2003年的6个星期和2004年的5个星期，过着这样的生活。在她生命的最后7年中，生活状态无比混乱的情况下，纯如遇到的大部分人都是向她讲述战争期间日军恐怖暴行的人。

很多人都想过究竟是什么因素导致了纯如的精神崩溃。我自己也不清楚。原因可能是多方面的。

1999年夏天，为期一年半的《南京大屠杀》巡回签售活动终于结束。纯如打算在家休息和调整一段时间，我们也开始试着要第一个孩子。接下来的几个月，纯如遭遇了几次流产，这造成严重的荷尔蒙紊乱，我们后来知道荷尔蒙不调可能导致躁郁症的发病。她变得比2004年以前的任何时候都反复无常，并且极易激动。那时候见到她的人如果不了解她正因巡回签售和荷尔蒙紊乱而身心俱疲的话，或许会以为她患了精神疾病。

纯如的工作习惯也与常人不同。她大学毕业后直接成为一位自由作家，从未像大多数美国人一样从事朝九晚五的工作。在她的整个职业生涯中，她经常通宵工作，以便能在自己设定的最后期限前完稿。她使用富兰克林每日规划记事本，以便最大限度地提高每天的工作效率。当有人请她为即将出版的新书写书封推荐时，她总是逐页阅读该

尾声

书后再给出一份认真的推荐意见。因此，为避免拖延自己的工作计划，她总是工作到深夜。等她 30 岁以后，这样的工作习惯无疑使她承受着更大的身体和精神压力，这或许也是导致她精神崩溃的原因之一。

纯如 29 岁开始《南京大屠杀》的巡回签售活动，31 岁时结束。在此期间，她至少去过 65 个城市，有些城市甚至去过多次。那时她还年轻，似乎能很快从旅途劳顿中恢复过来。然而，当她为《美国华人》一书宣传时，她已经三十五六岁了。她的旅行日程更短，但活动安排却更紧凑，而她没法再像 6 年前一样快速从疲惫中恢复过来。2004 年 4 月，纯如动身去参加新书巡回签售，但 5 周后再回来时，她完全变成了另一个人。

我认为纯如长久以来对日本右翼极端分子的恐惧和忧虑、频繁的通宵工作以及紧张的图书巡回签售等因素最终导致了 2004 年 8 月她在路易斯维尔的精神崩溃。保拉·卡门曾在书中写过，有一种精神疾病就是无法控制自己的恐惧。以下就是纯如的恐惧不断升级的过程。

当我们的儿子克里斯托弗开始有自闭症的迹象时，纯如发现许多人认为疫苗是致病原因。她深入研究后发现，海湾战争中给士兵们注射的疫苗和服用的药物可以引起各种疾病。那时，我们去看了 2004 年版的电影《谍影迷魂》，影片中美国政府对海湾战争中的士兵实施了精神控制。这部影片让纯如更加焦虑。接下来的几天，她准备去路易斯维尔出差，会见亚瑟·凯利上校，并采访巴丹死亡行军的幸存者。这几天她晚上不睡觉，而是在网上查阅关于自闭症、海湾战争综合征以及各种阴谋论的资料。那时我们都非常担心她的路易斯维尔之行，但我们原以为她继续研究之旅的话就能够把精力集中在工作上，不再理会那些阴谋论的内容。然而，由于缺乏睡眠，她的意识开始作弄她。

她相信美国政府正试图给她下毒,因此她离家之后滴水不进、粒米不沾。由于不吃不喝且缺乏睡眠,她的状况迅速恶化。在状态极差的情况下,她给自己的母亲打了电话,她母亲建议她联系凯利上校。凯利上校的妻子是一位退休护士,他们看到纯如的状况后叫了救护车。在此之前纯如从未当面见过凯利,她开始觉得凯利夫妇或许是试图伤害她的同谋,因此她试图逃跑。警察和医护人员强行把她送到医院,以便对她进行全面检查。根据纯如的说法,她被安置到精神病房,在那里一再遭到看护人员的威胁。此时她已坚定地相信,他们正试图给她下毒或实施麻醉,因此她在医院时再次拒绝饮食或睡觉。如果纯如是在家中出现精神崩溃,有她深爱和信任的人陪在身旁,她或许不会遭受如此严重的精神创伤。然而事实恰好相反,纯如断定那些在路易斯维尔试图帮助她的人都是小布什政府阴谋加害于她的一部分。在她生命的最后3个月里,我们一直没法使她摆脱这种想法。

　　纯如的父母把她从路易斯维尔接回家中之后,我们在为她寻找合适的精神病专家方面遇到麻烦。更糟的是,纯如是一个不配合的病人。我们解决生育问题的经历使她丧失了对大多数医生的信任。纯如对生育问题进行了全面深入的研究,通常比她遇到的医生知道得还要多。有了这种经历之后,她对大多数医生都不太信任。在这种情况下,我们迫切需要寻找一位出色的精神病专家,更需要纯如能够遵从治疗方案,但她对治疗过程的每一步骤都很抗拒。

　　纯如的父母和我都认为,送纯如去参加一个躁郁症患者互助小组是个不错的主意,于是他们带纯如去参加该小组在斯坦福大学的一次会议。她在那里见到的都是没有战胜躁郁症的人,他们几乎都没有工作,许多甚至同时服用五六种药物。纯如描述说,这些人如同行尸走

尾　声

肉一般，并表示自己永远都不会像他们那样接受治疗。此后不久，她的精神病医生正式诊断她患有躁郁症，并要求纯如服用情绪稳定药物进行治疗，而非抗抑郁症和抗精神病药物。后来我们知道，精神疾病患者在改换药物时，自杀的风险会上升。

纯如去世之后，她母亲对医生给她开的药物进行了大量研究，发现亚洲人对许多普通的处方药更敏感。由于亚洲人只占美国人口的一小部分，这些药物很少对亚洲人进行测试，因此亚洲患者在服用这些药物时产生副作用的风险更高。纯如的情况可能正是这样，她所服用的药效强劲的抗精神病药物和情绪稳定药物似乎在她身上产生了许多副作用。

医生诊断她患有躁郁症并为她改换药物两天之后，纯如的母亲在她手包中发现了一份里德枪械商店的枪支安全使用手册。这是我们第一次发现她计划买枪的迹象。当我们就此质问她时，她说自己确信美国政府即将加害于她，她需要一支枪自卫。在会议上见到重度躁郁症患者、被正式确诊患有躁郁症、更换药物以及药物的副作用等因素综合在一起，使纯如陷入一种极不稳定的状态。纯如的父母、精神病专家和我都努力找来一些成功战胜躁郁症的人与她聊天并鼓励她，但已经来不及了。

有了在路易斯维尔的经历之后，纯如坚信小布什政府想要加害于她。她希望约翰·克里在2004年11月的总统大选中能击败小布什，然而11月3日小布什宣布赢得选举。想到还要再遭受4年的迫害，纯如觉得难以忍受。警察在她去世后调查发现，她在小布什获胜后的第二天就购买了一支手枪。

我认为导致纯如自杀的另一个因素是她的骄傲，这一点其他人从

217

未提到过。纯如在自杀前留给我们的遗书上写道："如果你们能记住我作为一名畅销书作者最意气风发的样子，而非我从路易斯维尔回来之后眼神憔悴的病人形象，那再好不过了。"

就个人层面而言，纯如完全是一个不爱炫耀的人。在长达5年的时间里，她开着一辆杰傲米特罗汽车。如果有人未经预约来到我家，会发现纯如戴着厚厚的眼镜，没有化妆，穿着T恤衫和松松垮垮的运动服。然而纯如出席公共场合时，发型和妆容都堪称完美，她戴着隐形眼镜，身穿传统的职业套装，向公众发表早已准备好且预先排练过的演讲。她花费大量时间和精力树立并维持自己的公众形象。我认为，她觉得自己精神崩溃之后再也无力维持这种形象了。

纯如在短暂的一生中共写过三本书。第一本书《蚕丝》是基本书局的编辑苏珊·拉宾娜为她选的题目。最后一本书《美国华人》是维京企鹅出版社的出版人给她选的题目。《南京大屠杀》的题目则是纯如自己选择的。这是她自小就想写的一本书，这本书占据美国畅销书排行榜数周之久，被翻译成15种文字。鉴于她已经拥有的财富和在出版界的影响力，她可以在有生之年就任何自己喜欢的题目进行写作。我们无法预料如果她能够继续写作50年，将会取得何种成就。

纯如去世之后，很多人说纯如的精神激励着他们继续从事纯如未竟的工作。我曾建议他们查阅纯如在斯坦福大学胡佛档案馆、加州大学圣巴巴拉分校和伊利诺伊大学收藏的资料。只有对这些卷帙浩繁的原始资料有充分认识，才能真正读懂纯如的三本著作。胡佛档案馆中保存着一份纯如的写作构想清单，我支持那些想继承纯如遗志的人完成其中的任何一个题目。

纯如的梦想是能把她的书拍成纪录片或故事片。尽管许多人声称

尾声

他们在《南京大屠杀》一书的基础上拍摄了电影，但截至我写作本文之时，还没有哪位制片人就纯如的任何一本著作拍成纪录片或故事片。纯如是个无神论者，但如果她能从天堂俯瞰人间，没有什么比看到自己的作品被拍成电影更令她高兴的了。

有很多默默无闻的英雄，正从事着纯如未竟的工作。2004年夏天，当我们的儿子克里斯托弗表现出自闭症的最初迹象时，曾于1991~2002年写过三本书的纯如作为一个出色的母亲更是无人可及。为能给克里斯托弗提供最好的治疗方案，从而最大限度地发挥其潜能，纯如进行了所有必要的研究。然而，2004年的纯如已经开始走向精神崩溃。她自杀之后，克里斯托弗变成了一个年仅2岁就失去母亲的自闭症儿童。这时几位女性伸出援手，并在某种程度上弥补了由于纯如的精神疾病和去世留给克里斯托弗的母爱缺失。纯如去世后第二年的大部分时间，我们的邻居孙密·卡布拉尔（Sun-Mi Cabral）及其姐妹孙宁·帕克（Sunny Park）对克里斯托弗悉心照料，视如己出。纯如的母亲张盈盈在接下来的两年一直为克里斯托弗烹制营养丰富的饭菜。克里斯托弗被诊断为自闭症之后，我的女朋友水洁冰（音译，Jiebing Shui）辞掉工作，搬来跟我们住在一起，成为他的继母，并把全部时间用在带他进行治疗上。他的第一个适应性行为分析治疗师汉娜·阿尔梅达（Hanna Almeda）在让克里斯托弗与他人进行口头交流方面获得了巨大进展。然而，当水洁冰开始忙于照顾我们的新生儿，汉娜·阿尔梅达去帕洛阿尔托公立学校工作后，克里斯托弗的状况开始倒退。

在这种情况下，我的父母肯·道格拉斯和劳恩·道格拉斯卖掉他们退休后的房子，搬到伊利诺伊大学附近的诺马尔居住，因为这里有全美最好的特殊教育项目。我和家人也从加利福尼亚的圣何塞搬到了父母所在的社区。我的父母将退休时间全都花在照顾克里斯托弗上，从而为他创造一个能够发挥自己全部潜能的机会。自2007年以来，梅丽莎·沃森（Melissa Watson）开始担任克里斯托弗的适应性行为分析治疗师，她比任何人对克里斯托弗的帮助都要大。其他许多治疗师也曾参与过对克里斯托弗的治疗，他们是：汉娜·戈梅（Hannah Gomez）、莫妮卡·博泽克（Monica Bozek）、特里西娅·弗格森（Tricia Ferguson）、苏珊·孔卡尔（Susan Konkal）、萨拉·康克伦（Sarah Conklen）、梅甘·沃森（Megan Watson）、格雷斯·沃森（Grace Watson）、安杰拉·沃森（Angela Watson）、蕾切尔·弗拉格（Rachael Wrage）、克里斯廷·亨斯伯格（Kristin Hunsburger）、贝瑟尼·英格拉姆（Bethany Ingrum）、加文·米多尔（Gavin Meador），以及其他许多伊利诺伊州布卢明顿复活节印封协会和伊利诺伊州诺马尔自闭症中心的治疗师。

纯如是一个英雄，她勇敢地向世人讲述了南京人民在1937年冬天至1938年期间所遭受的种种劫难。纯如或许又是一个悲剧式英雄，因为她那异乎寻常的激情和干劲不仅使她在29岁时就取得惊人成就，而且也导致了她的精神崩溃，年仅36岁便英年早逝。纯如通过她的著作和图书巡回签售活动影响了成千上万的人。她所认识的人中，我只见过一小部分，而且在她去世7年之后，我对她的了解仍在不断加深。

布雷特·道格拉斯
2011年9月23日

致　谢

在写作《南京大屠杀》一书的过程中，我获得了许多人的帮助。很多组织和个人自始至终给予我无尽的支持。虽然无法向数年来所有为我奉献宝贵时间和专业知识的人一一致谢，但我依然要特别感谢一些人。

我的父母张绍进和张盈盈博士最先告诉我南京大屠杀这一历史事件，并向我强调其历史重要性。他们花了大量时间阅读本书初稿，为我翻译重要文件，并在长时间的电话讨论中提供许多宝贵意见，这一切都令我深受感动。他们是大多数作家梦寐以求的父母——睿智、热情并给人以灵感。在写作过程中，只有我自己能真正体会他们给我的帮助有多大。

我的编辑苏珊·拉宾娜也认识到这本书的重要历史意义，并给予我很多鼓励。她不仅花费数周甚至数月的时间认真校阅本书手稿，还以她的真知灼见为本书增色不少。苏珊作为编辑部主任，行政工作繁忙，后来在离开基本书局之前还承受着巨大的个人压力，尽管如此，她依然为我做了这一切。在当今出版界，很少有人像苏珊这样，兼备文学天赋和严肃非小说类作品的专业知识，并真正关心作者。能够与她进行如此深入的合作，不仅是一种乐趣，更是一种殊荣。

在研究南京大屠杀的过程中，亚洲史维会给了我极大的支持，为我提供了许多照片、文章，并向我介绍遍布世界的重要联系人。我要特别感谢史维会的丁元夫妇（Ignatius and Josephine Ding）、臧大化和吕建琳（David and Cathy Tsang）、张碚（Gilbert Chang）、魏乐（Eugene Wei）、J·J·曹（音，J. J. Cao），以及张国灏（Kuo-hou Chang）。

许多人帮我翻译重要文献，为本书增添了许多新鲜内容。为完成本书，需要使用四种语言（英文、中文、日文和德文）的原始资料，我不得不依靠朋友、同事甚至陌生人善意的帮助。我的朋友芭芭拉·梅森（Barbara Masin）是位杰出的高科技行政主管，精通五种语言，她花费许多宝贵时间，将大量德国外交报告和日记翻译成英文。圣迭哥的杉山智子（Satoko Sugiyama）不仅自愿为我翻译日军的战时日记，还帮我翻译与日本老兵东史郎之间的通信。

汉堡的历史学家查尔斯·伯迪克和玛莎·贝基曼帮我找到了前南京安全区国际委员会主席约翰·拉贝的后人。非常感谢约翰·拉贝的外孙女赖因哈特，她为我详细描述了拉贝的生平，并为我提供了拉贝的日记和报告的复印件。还要感谢《朝日新闻》的杰夫·海嫩（Jeff Heynen），他出于友善之心，极其出色地翻译了拉贝的文件。

幸有几位朋友的帮助，我在美国东海岸的研究之行非常成功。在纽约，汤美如借给我许多与她杰出的纪录片《以天皇的名义》相关的资料。邵子平及其家人热情好客，慷慨地为我提供在纽约的住宿，甚

致 谢

至把他们的汽车借给我，方便我前往纽黑文的耶鲁大学神学院图书馆。我在华盛顿特区逗留期间，《华裔美国人论坛》的前出版人李圣炎夫妇（Shen-Yen Lee & Winnie C. Lee）和历史学家玛丽安·史密斯（Marian Smith）无私地为我提供出行工具和住宿，并给予我情感支持。在国家档案馆，约翰·泰勒指导我查阅了大量南京大屠杀的资料，帮我找到了当时的军事和外交报告、美国拦截的日本外交部门的通信、美国战略服务处的录音和文字记录以及远东国际军事法庭的相关文件。在耶鲁大学神学院图书馆，档案保管员琼·杜菲（Joan Duffy）和玛莎·斯莫利（Martha Smalley）非常友好，孜孜不倦地向我介绍传教士的日记和南京大屠杀的照片。

太平洋文化基金会资助了我的亚洲之行。在南京，江苏省社会科学院历史研究所副所长孙宅巍教授和侵华日军南京大屠杀遇难同胞纪念馆副馆长段月萍向我提供了宝贵的有关南京大屠杀的中国档案，并带我全面考察了当年日军在南京城内的处决现场。翻译杨夏鸣和王卫星长时间陪我工作，帮我翻译了许多档案和采访幸存者的录像资料。

在中国台湾，台湾"中央研究院近代史研究所"的李恩涵研究员安排我在那里继续研究南京大屠杀。《中国时报》记者卡洛琳·林（Caroline Lin）慷慨地向我提供了南京大屠杀的资料，并向我介绍相关联系人。老兵林保丁、林荣坤、王万勇和刘勇忠都慷慨地让我使用了他们的资料。

多位南京大屠杀的幸存者克服过去的恐怖阴影，向我讲述了他们的经历。他们是：洛杉矶的钮先铭，南京的陈德贵、侯占清、李秀英、刘芳华、刘永兴、潘开明、唐顺山、夏淑琴，以及台湾的商兆福（音）和朱传玉（音）。

欧美大多数在世的南京大屠杀目击者及其家人都极为慷慨地奉献他们的时间和资料，接受我的电话采访，向我提供照片、文献资料，甚至关于南京大屠杀的影片。他们是：罗伯特·贝茨（Robert Bates）、莫顿·贝茨（Morton Bates）、丹耶·康登（Tanya Condon）、弗兰克·提尔蔓、德丁、马里恩·菲奇·埃克斯特（Marion Fitch Exter）、罗伯特·菲奇、玛吉·加勒特（Marge Garrett）、彼得·克勒格尔、艾玛·莱昂（Emma Lyon）、戴维·马吉、安吉·米尔斯（Angie Mills）、哈里特·米尔斯（Harriet Mills）、弗雷德·里格斯、查尔斯·索恩（Charles Sone）、利兰·斯图尔特（Leland Steward）、伊迪丝·菲奇·斯瓦普和小罗伯特·威尔逊。

牛津大学的拉纳·米特和克里斯汀·耶森—克林珍堡（Christian Jessen-Klingenberg）博士、哥伦比亚大学的卡罗尔·葛拉克（Carol Gluck）和哈佛大学的柯伟林，在本书出版之前花费时间进行审阅，并提出了一些学术性建议，令本书增色不少。

在旧金山，几个日本人和亚洲其他国家的人找到我，向我谈论了他们对南京大屠杀和日本否认战争责任的看法。非常感谢村川治颜（Haru Murakawa）帮我组织1997年3月30日的研讨会，并感谢奇塔尼·塔姆（Citania Tam）慷慨地提供会议场所。还要感谢研讨会的参与者，他们是：度沼彰（Akira Donuma）、伊藤景子（Keiko Ito）、冈健二（Kenji Oka）、秦健（音）、川末子（Sueko Kawamshi）、康妮伊（Connie Yee）、山路広津（Hirokiu Yamaji）、山路纪子（Noriko Yamaji）和山路康弘（Yasuhiro Yamaji）。

我写作该书期间，其他的以各种方式给予我帮助的人还有：西蒙·埃文（Simon Avenell）、玛里琳·博尔（Marilyn Bolles）、弗兰克·博林（Frank Boring）、马克·卡西告（Mark Cajigao）、朱利叶斯·张（Julius Chang）、芭芭拉·卡利顿（Barbara Culliton）、吉姆·卡尔普（Jim Culp）、爱德华·多得斯（Edward Dodds）、马克·艾克浩特（Mark Eykholt）、戴维·法恩斯沃思（David Farnsworth）、罗伯特·弗里德里（Robert Friedly）、理查德·富莫萨（Richard Fumosa）、克莉丝·葛弗（Chris Goff）、保罗·戈洛布（Paul Golob）、吉尔伯特·海尔（Gilbert Hair）、井口弘（Hiro Inokuchi）、罗恩·肯（Ron King）、彼得勒斯·刘（Petrus Liu）、戴维·麦克维特（David McWhirter）、丹尔·迈哈瑞德（Dale Maharidge）、卡伦·帕克（Karen Parker）、阿克塞尔·施耐德（Axel Schneider）、约翰·斯维尼（John Sweeney）、寺尾茂久（Shigehisa Terao）、马乔里·特拉沃索（Marjorie Traverso）、王鄂、盖尔·温斯顿（Gail Winston）、吴天威、尹集钧和史咏。

最后，感谢我的丈夫布雷特·道格拉斯博士。在研究南京大屠杀过程中，一个个骇人听闻的故事给研究者带来无尽的精神折磨，他毫无怨言地陪我承受着这一切。他的爱、智慧和鼓励给了我完成本书的力量。

参考文献

前言

1. "Table: Estimated Number of Victims of Japanese Massacre in Nanking," document no. 1702, Records of the International Military Tribunal for the Far East, court exhibits, 1948, World War II War Crimes Records Collection, box 134, entry 14, record group 238, National Archives.

2. 吴志铿（音）的估计，引自 *San Jose Mercury News,* January 3, 1988.

3. Frank Chalk and Kurt Jonassohn, *The History and Sociology of Genocide: Analyses and Case Studies* (New Haven, Conn.: Yale University Press, 1990), p. 76.

4. Arnold Toynbee, 1947, p. 347, 转引自 Leo Kuper, *Genocide: Its Political Use in the Twentieth Century* (New Haven, Conn.: Yale University Press, 1981), p. 12.

5. 有关欧洲的统计人数，参见 R. J. Rummel, *China's Bloody Century: Genocide and Mass Murder Since 1900* (New Brunswick, N.J.: Transaction, 1991), p. 138.

6. 关于轰炸德累斯顿的资料，来自 Louis L. Snyder, *Louis Snyder's Historical Guide to World War II* (Westport, Conn.: Greenwood Press, 1982), pp. 198–99.

7. Brigadier Peter Young, ed., *The World Almanac Book of World War II* (Englewood Cliffs, N.J.: World Almanac Publications/Prentice-Hall, 1981), p. 330. 关于广岛和长崎原子弹爆炸的死亡人数，参见 Richard Rhodes, *The Making of the Atomic Bomb* (New York: Simon & Schuster, 1996), pp. 734, 740. Rhodes称，截至1945年年底，广岛约有14万人，长崎约有7万人死于原子弹爆炸。此后死亡人数继续增加，5年后，广岛与原子弹爆炸相关的死亡人数总共有20万，长崎有14万。值得注意的是，即使是5年后两个城市的死亡人数之和也少于对南京大屠杀死亡人数的最大估计数字。

8. Catherine Rosair, "For One Veteran, Emperor Visit Should Be Atonement," Reuters, October 15, 1992; George Fitch, "Nanking Outrages," January 10, 1938, George Fitch Collection, Yale Divinity School Library; 台湾的历史学家李恩涵估计，有8万名妇女遭到强奸或肢解。("'The Great Nanking Massacre' Committed by the Japanese Army as Related to International Law on War Crimes," *Journal of Studies of Japanese Aggression Against China* [May 1991]: 74).

9. 作者对幸存者的采访。

10. Christian Kröger, "Days of Fate in Nanking," unpublished diary in the collection of Peter Kröger; also in the IMTFE judgment, National Archives.

11. Robert Leckie, *Delivered from Evil: The Saga of World War II* (New York: Harper & Row, 1987), p. 303.

12. R. C. Binstock, *Tree of Heaven* (New York: Soho Press,1995); Paul West, *Tent of Orange Mist* (New York: Scribners, 1995); James Yin and Shi Young, *The Rape of Nanking: An Undeniable History in Photographs* (Chicago: Innovative Publishing Group, 1996).

13. 作者对吉尔伯特·海尔（Gilbert Hair）的电话采访。

第一章　通往南京之路

1. Tanaka Yuki, *Hidden Horrors: Japanese War Crimes in World War II* (Boulder,

Co.: Westview, 1996), pp. 206–8. 根据田中的观点，现代日本人出于个人目的而败坏了古代武士道的规范。最初的武士道规范要求武士必须为正义事业而牺牲，且不是死于无意义的琐事。但在"二战"期间，日本军官却因最荒唐的原因而自杀，如在背诵武士准则时出现了结巴。武士道中的忠诚与勇敢被盲从和鲁莽所取代。

2. Meirion Harries and Susie Harries, *Soldiers of the Sun: The Rise and Fall of the Imperial Japanese Army* (New York: Random House, 1991), p. vii.

3. Samuel Eliot Morison, *"Old Bruin": Commodore Matthew C. Perry 1794–1858* (Boston: Atlantic–Little, Brown, 1967), p. 319.

4. Delmer M. Brown, *Nationalism in Japan: An Introductory Historical Analysis* (Berkeley and Los Angeles: University of California Press, 1955), p. 75. (Italics mine.) (Brown's citation: Satow, trans., *Japan 1853–1864*, or Genji Yume Monogatari, p. 4).

5. Taiyo, July 1905, quoted in ibid., p. 144.

6. Ibid., p. 152.

7. *The World from the Twenties to the Nineties* (New York: Harper- Collins, 1991), p. 189.

8. W. T. deBary, ed., *Sources of the Japanese Tradition* (New York, 1958), pp. 796–97, quoted in ibid., p. 189.

9. Quoted in ibid., p. 189.

10. Ibid., p. 393. 关于当时许多日本极端主义分子对美国的野心，更多资料参见 Records of the Deputy Chief of Naval Operations, 1882–1954, Office of Naval Intelligence, Intelligence Division—Naval Attaché Reports, 1886–1939, box 525, entry 98, record group 38, National Archives. 早在1932年12月，一份美国海军情报官员的报告就注意到，日本最畅销的书籍通常都以战争（尤其是美日战争）为主题。该报告及其他文件分析了以日本侵占美国为主题的日本书籍、文章、手册和演讲的内容。其中许多此类出版物取了诸如《空袭阿拉斯加》、《突袭夏威夷》以及《进攻加利福尼亚》之类的题目。以下是美国海军情报档案中关于20世纪30年代日本的一些宣传案例。（下述人名直接来源于英文报告，可能会有拼写错误）：

——水野上尉（K. Midzuno）的演讲，不仅透露日军制定了空袭夏威夷的战略，而且预见了美国空袭东京的可能性。

——中岛健（Nakadzima Takesi）在《危险中的日本：太平洋海军大战》

(*Japan in Danger: A Great Naval War in the Pacific Ocean*) 一书中描述了日本通过海战和空袭成功发动对美战争的情景。

——海军中将左胤次 (Sesa Tanetsugu) 在《不断增长中的日美危险》(*Increasing Japanese-American Danger*) 一书中写道,他相信日美冲突不可避免。

——田中池崎 (Ikedzaki Talakta) 在《注定的日美战争》(*The Predestined Japanese- American War*) 一书中,汇集了以日美不可避免的战争为主题的文章。一篇发表在报纸上的书评称赞该书"充满了对祖国的热爱",并让读者相信"如果日本拔剑出鞘,虚伪、傲慢的美国必将无力应对"。(February 3, 1933, report, p. 260)。

11. Delmer Brown, *Nationalism in Japan*, p. 187; see also Okawa Shumei, "Ajia, Yoroppa, Nihon (Asia, Europe, and Japan)," p. 82, translated in "Analyses," IPS document no. 64, pp. 3–4 (italics added).

12. Tessa Morris-Suzuki, *Showa: An Inside History of Hirohito's Japan* (New York: Schocken, 1985), pp. 21–29.

13. 转引自 Ian Buruma, *The Wages of Guilt* (New York: Farrar, Straus & Giroux, 1994), pp. 191–92.

14. Ibid., p. 172.

15. Letter from Rana Mitter to author, July 17, 1997.

16. Harries and Harries, *Soldiers of the Sun*, p. 41.

17. Iritani Toshio, *Group Psychology of the Japanese in Wartime* (London and New York: Kegan Paul International, 1991), pp. 177, 191.

18. Ibid.

19. Ibid., p. 189.

20. 106/5485, February 1928 report, p. 136, Papers of the British War Office in the Public Record Office, Kew, London. 美国战略情报局(OSS)的一份关于日军训练的报告总结了军事灌输的过程:"最微不足道的犯规或是出错都会立即遭到最严厉的惩罚。表现强硬——吼叫,不许说话——怒视,不能看起来快乐,顽强,没有欲望,忘掉家人,永远不要流露自己的感情,为每件事而拼搏,不要让自己安于舒适,克制并训练自己对舒适、食物和水的欲望,默默忍受艰难和痛楚——你是天之骄子";report no. 8974-B, dissemination no. A-17403, distributed December 28,

1943, Research and Analysis Branch Divisions, Intelligence Reports "Regular" Series, 1941–45, box 621, entry 16, record group 226, National Archives.

21. 106/5485, February 1928 report, p. 84, Papers of the British War Office.

22. David Bergamini, *Japan's Imperial Conspiracy* (New York: Morrow, 1971), p. 11.

23. John Toland, *The Rising Sun: The Decline and Fall of the Japanese Empire* (New York: Random House), p. 47. 陆相Sugiyama曾预言："在三个月内击溃中国人，他们就会求和。"

第二章　六周暴行

1. David Bergamini, *Japan's Imperial Conspiracy* (New York: William Morrow and Company, 1971), p. 16.

2. Kimura Kuninori, *Koseiha Shogun Nakajima Kesago [Nakajima Kesago, General of the Individualist Faction]*. (Tokyo: Kôjinsha, 1987), p. 212.

3. Sugawara Yutaka, Yamatogokoro: *Fukumen Shogun Yanagawa Heisuke Seidan [Spirit of Japan: Elevated Conversation from the Masked Shogun Yanagawa Heisuke]*. (Tokyo: Keizai Oraisha, 1971), p. 9.

4. 吴天威：《南京大屠杀再研究》，载《抗日战争研究》，1994年第4期，第43页；中央档案馆、中国第二历史档案馆、吉林省社会科学院编：《南京大屠杀图证》（长春：吉林人民出版社1995年版，第31页）；Dick Wilson, *When Tigers Fight: The Story of the Sino-Japanese War, 1937–1945* (New York: Viking, 1982), p. 69.

5. *China Weekly Review* (March 1938).

6. 这段文字是《曼彻斯特卫报》记者田伯烈写的，由另一位记者于1938年1月14日发往伦敦。

7. 有关朝香宫取代松井石根的内容，参见 Bergamini, *Japan's Imperial Conspiracy*, ch. 1, p. 22.

8. Kido, Nikki, 468, quoted in ibid., p. 23.

9. Nakayama Yasuto, testimony before IMTFE, "Proceedings," p. 21893 (see also pp. 33081ff., 37238ff., and 32686 [Canberra]), quoted in ibid., p. 23.

10. Quoted in ibid.; see also IMTFE judgment, pp. 47171–73, National Archives.

11. Bergamini, *Japan's Imperial Conspiracy*, p. 24; Information on footnote on Tanaka Ryukichi comes from *Pictorial Evidence of the Nanjing Masacre*, p. 35. (Bergamini's book is poorly footnoted so it must be used with caution. However, the citation suggests that he interviewed Tanaka.)

12. 转引自中央档案馆、中国第二历史档案馆、吉林省社会科学院编：《南京大屠杀图证》，第62页。该命令的英文翻译见 Yin and Young, *The Rape of Nanking*, p. 115.

13. Kimura, "The Battle of Nanking: Diary of 16th Division Commander Nakajima," *Chuo Kouron Sha* [Tokyo] (November 24, 1984). 中岛的日记刊登在日本期刊《历史人物》1984年12月的增刊上。该日记的部分英文翻译见 Yin and Young, *The Rape of Nanking*, p. 106.

14. Azuma Shiro, *Waga Nankin Puratoon [My Nanjing Platoon]* (Tokyo: Aoki Haruo, 1987).

15. IMTFE verdict.

16. 转引自 Honda Katsuichi, *Studies of the Nanking Massacre* (Tokyo: Bansei Sha Publishing, 1992), p. 129.

17. Kurihara Riichi, *Mainichi Shimbun*, August 7, 1984.

18. Honda Katsuichi, *The Road to Nanking* (*Asahi Shimbun*, 1987), quoted in Yin and Young, p. 86.

19. 关于"屠杀平民"这一部分，参见高兴祖、吴世民、胡允恭和查瑞珍（南京大学历史系）著，Robert P. Gray (pgray@pro.net)译：《日本帝国主义在南京的大屠杀》。还可参见 *China News Digest*, special issue on the Nanjing massacre, part 1 (March 21, 1996).

20. 高兴祖：《论南京惨案》，载《日本侵华研究》，1990年11月，第70页。

21. 有关日本记者对南京大屠杀的描述的英文翻译，参见 Yin and Young, *The Rape of Nanking*, pp. 52–56.

22. Ibid.

23. 转引自《日本侵略军在中国的暴行》，解放军出版社，1986年版，第143–144页。

24. Omata Yukio, *Reports and Recollections of Japanese Military Correspondents* (Tokyo: Tokuma Shoten, 1985).

25. 转引自森山康平：《南京大屠杀与三光作战：记取历史教训》，四川教育出版社，1984 年版，第 8 页。

26. 转引自杨奇桥：《对田中正明九点质疑的反驳》，载《百姓》（香港）第 86 期，1985 年。

27. 转引自胡华玲：《南京暴行中的中国妇女》，载《日本侵华研究》，1991 年 11 月，第 70 页。

28. 东史郎 1996 年给作者的信，日期不明。

29. George Hicks, *The Comfort Women: Japan's Brutal Regime of Enforced Prostitution in the Second World War* (New York: Norton, 1994), p. 32.

30. 纪录片《以天皇的名义》中对东史郎的采访。

31. 转引自胡华玲：《南京暴行中的中国妇女》，第 70 页。

32. 东史郎 1996 年给作者的信，日期不明。

33. 《对谷寿夫的公开起诉，一个南京大屠杀的主要参与者》，载《和平日报》，1946 年 12 月 31 日。

34. Quoted in Bergamini, *Japan's Imperial Conspiracy*, p. 45.

35. Quoted in Bergamini, *Japan's Imperial Conspiracy*, p. 39.

36. Hallett Abend, "Japanese Curbing Nanking Excesses," *New York Times*, December 18, 1937.

37. Okada Takashi, testimony before IMTFE, p. 32738.

38. Ibid., pp. 3510–11.

39. Dick Wilson, *When Tigers Fight*, p. 83.

40. Ibid., p. 83.

41. Bergamini, *Japan's Imperial Conspiracy*, p. 43; IMTFE exhibit no. 2577; "Proceedings" (Canberra), p. 47187.

42. Hidaka Shunrokuro's testimony, IMTFE, p. 21448.

43. Hanayama, p. 186, quoted in Bergamini, p. 41.

44. Yoshimi Yoshiaki, "Historical Understandings on the 'Military Comfort Women' Issue," in *War Victimization and Japan: International Public Hearing Report*

(Osaka-shi, Japan: Toho Shuppan, 1993), p. 85.

45. 关于吉见义明在防卫厅所发现资料的英文信息，参见 *Journal of Studies of Japanese Aggression Against China* (February 1992): 62. 1992 年 1 月，日本首相宫泽喜一访问韩国首尔时，该发现成为《朝日新闻》的头版新闻。

46. 作者对西奥多·库克的电话采访。

47. "Some Notes, Comparisons, and Observations by Captain E. H. Watson, USN (Ret) (Former Naval Attaché) After an Absence of Fifteen Years from Japan," Office of the Chief of Naval Operations, Division of Naval Intelligence, general correspondence, 1929–42, folder P9–2/EF16#23, box 284, record group 38, National Archives.

48. Ruth Benedict, *The Chrysanthemum and the Sword: Patterns of Japanese Culture* (Boston: Houghton Mifflin, 1946).

49. Bergamini, *Japan's Imperial Conspiracy*, p. 21. The Osaka newspaper *Mainichi Shinbun* as well as the Tokyo newspapers *Nichi Nichi Shinbun and the Japan Advertiser* (English edition) all reported this killing competition.

50. Quoted in Wilson, *When Tigers Fight*, p. 80.

51. Ibid.

52. 对富永的口述历史采访，参见 Haruko Taya Cook and Theodore F. Cook, *Japan at War: An Oral History* (New York: New Press, 1992), p. 40.

53. 东史郎 1996 年给作者的信，日期不明。

54. Quoted in Joanna Pitman, "Repentance," *New Republic*, February 10, 1992, p. 14.

55. Ibid.

第三章　南京沦陷

1. 有关南京的文学和艺术遗产、古代历史、结束鸦片战争的条约等情况，参见 *Encyclopedia Britannica*, vol. 24 (1993)。

2. *Encyclopedia Americana*, vol. 29 (1992).

3. 有关鼓楼的历史，参见 Julius Eigner, "The Rise and Fall of Nanking," *National Geographic* (February 1938)。其文章用彩色照片生动地描述了南京大屠杀不久前南

京的生活。

4. *Encyclopedia of Asian History*, vol. 3 (1988).

5. 有关日军对南京的入侵，参见 Julius Eigner, "The Rise and Fall of Nanking," *National Geographic* (February 1938): 189; Jonathan Spence, *The Search for Modern China* (New York: Norton, 1990), pp. 805, 171–74.

6. Julius Eigner, "The Rise and Fall of Nanking"; Anna Moffet Jarvis, "Letters from China, 1920–1949," box 103, record group 8, Jarvis Collection, Yale Divinity School Library; 对曾经的人力车车夫、南京大屠杀幸存者潘开明的采访。

7. Rev. John Gillespie Magee, "Nanking Yesterday and Today," lecture given over the Nanking Broadcasting Station, May 28, 1937, archives of David Magee.

8. 作者对幸存者的采访。

9. Chang Siao-sung, letter to friends, October 25, 1937, Ginling correspondence, folder 2738, box 136, series IV, record group 11, UBCHEA, Yale Divinity School Library。信中的内容在1997年作者电话采访张小松时得到证实，她目前居住在马萨诸塞州沃尔萨姆。

10. 1997年1月28日，作者在旧金山对刑峰鑫的采访。

11. 1996年5月25日，作者在纽约对外祖母张以白、母亲张盈盈、姨妈张菱舲的采访。

12. 关于11月上海战事仍在继续时南京的情况，参见 Commanding Officer J. J. Hughes to Commander in Chief, U.S. Asiatic Fleet (letterhead marked "Yangtze Patrol, U.S.S.Panay"), November 8, 1937, intelligence summary for week ending November 7, 1937, Office of the Chief of Naval Operations, Division of Naval Intelligence, general correspondence, 1929–42, folder A8–2/FS#2, box 194, entry 81, record group 38, National Archives.

13. 793.94/11378A, general records of the Department of State, record group 59, National Archives; Yin and Young, *The Rape of Nanking*, p. 9.

14. 孙宅巍：《1937：南京悲歌》，台湾先智出版社，1995年版，第31–32页。

15. Ibid.p.27-31.

16. 106/5353, January 2, 1938, Papers of the British War Office in the Public Record Office, Kew, London；孙宅巍：《1937：南京悲歌》，第33页。

17. Harries and Harries, *Soldiers of the Sun*, p. 219.

18. 孙宅巍：《1937：南京悲歌》，第 33 页。

19. Commander E. J. Marquart to Commander in Chief, U.S. Asiatic Fleet (letterhead marked "Yangtze Patrol, U.S.S. *Luzon* [Flagship]"), November 22, 1937, intelligence summary for week ending November 21, 1937, Office of the Chief of Naval Operations, Division of Naval Intelligence, general correspondence, 1929–42, folder A8–2/FS#2, box 194, entry 81, record group 38, National Archives.

20. Minnie Vautrin, diary 1937–40, November 16 and 19, December 4, 1937, pp. 71–72, 94–95, Yale Divinity School Library.

21. Ibid., November 17, 1937, p. 72.

22. Commanding Officer J. J. Hughes to Commander in Chief, U.S. Asiatic Fleet (letterhead marked "Yangtze Patrol, U.S.S. *Panay*"), November 29, 1937, intelligence summary for week ending November 28, 1937, Office of the Chief of Naval Operations, Division of Naval Intelligence, general correspondence, 1929–42, folder A8–2/FS, box 194, entry 81, record group 38, National Archives.

23. 孙宅巍：《南京大屠杀与南京人口》，载《南京社会科学》，1990 年第 3 期，第 79 页。

24. F. Tillman Durdin, "Japanese Atrocities Marked Fall of Nanking After Chinese Command Fled," *New York Times*, December 22, 1937; "21 U.S. Citizens Now in Nanking: Only Eight Heed Warning to Evacuate Besieged City," *Chicago Daily News*, December 7, 1937; 793.94/11466, General Records of the Department of State, microfilm, record group 59, National Archives; Harries and Harries, *Soldiers of the Sun*, p. 219.

25. A. T. Steele, "Nanking Ready for Last Stand; Defenders Fight Only for Honor: Suburban Areas Aflame; Chinese May Destroy City in Defeat," *Chicago Daily News*, December 9, 1937, p. 2; Durdin, "Japanese Atrocities Marked Fall of Nanking," p. 38; Minnie Vautrin, diary 1937–40, December 7, 1937, p. 99, Yale Divinity School Library.

26. Durdin, "Japanese Atrocities Marked Fall of Nanking," *New York Times*, p. 38.

27. Minnie Vautrin, diary 1937–40, December 2, 1937, p. 93, Yale Divinity School Library.

28. 关于蒋介石撤离的相关情况，参见Reginald Sweetland, "Chiang Flees to Escape Pressure of 'Red' Aides," *Chicago Daily News*, December 8, 1937; Frank Tillman Durdin, "Japanese Atrocities Marked Fall of City after Chinese Command Fled," *New York Times*, December 22, 1937, p. 38; 793.94/12060, report no. 9114, December 11, 1937 (day-by-day description of Japanese military maneuvers), restricted report, General Records of the Department of State, record group 59, National Archives.

29. 有关中国和日本空军的统计数据，参见孙宅巍：《1937：南京悲歌》，第18页。还可参见Julian Bloom, "Weapons of War, Catalyst for Change: The Development of Military Aviation in China, 1908–1941" (Ph.D. dissertation, University of Maryland, n.d.), San Diego Aerospace Museum, document no. 28–246; Rene Francillon, *Japanese Aircraft of the Pacific War* (London: Putnam, 1970); Eiichiro Sekigawa, *Pictorial History of Japanese Military Aviation*, ed. David Mondey (London: Ian Allan, 1974); Robert Mikesh and Shorzoe Abe, *Japanese Aircraft, 1910–1941* (Annapolis: Naval Institute Press, 1990).

30. Bergamini, *Japan's Imperial Conspiracy*, p. 11.

31. A. T. Steele, "China's Air Force, Disrupted by Superior Planes of Foes, Leaves Nanking to Its Fate," *Chicago Daily News*, December 8, 1937.

32. 中国第二历史档案馆、南京市档案馆、南京大屠杀史料编辑委员会编：《侵华日军南京大屠杀档案》，江苏古籍出版社，1987年版，第46页。

33. 1997年1月17日，作者在加利福尼亚州森尼维尔对当年在南京的中国军队医护人员魏虎（音）的采访。

34. Ibid.

35. 中国第二历史档案馆、南京市档案馆、南京大屠杀史料编辑委员会编：《侵华日军南京大屠杀档案》，江苏古籍出版社，1987年版，第46页。

36. Ibid.

37. 转引自尹集钧和史咏编《南京大屠杀：历史照片中的见证》，第32页；徐志耕：《我们不要忘记：南京大屠杀，1937年》，中国文学出版社，1995年版，第43页。

38. 孙宅巍：《1937：南京悲歌》，第98–99页；徐志耕：《我们不要忘记：南京大屠杀，1937年》，第43页。

39. General Records of the Department of State, 793.94/11549, record group 59, National Archives; "Deutsche Botschaft China," document no. 203 in the German diplomatic reports, National History Archives, Xingdian, Taipei County, Republic of China. 蒋介石拒绝该提议对唐生智和南京安全区国际委员会是一个打击。W·普卢默·米尔斯在1938年1月24日的一封信中写道："唐将军向我们保证蒋委员长会接受该停火协议。因此，当第二天收到来自汉口的电报称蒋委员长不同意这个提议时，我们都感到吃惊。"参见 the family archives of W. Plumer Mills's daughter, Angie Mills.

40. 徐志耕:《我们不要忘记：南京大屠杀，1937年》，第44页；Bergamini, *Japan's Imperial Conspiracy*, p. 29.

41. 唐生智致蒋介石的电报，中国第二历史档案馆、南京市档案馆、南京大屠杀史料编辑委员会编：《侵华日军南京大屠杀档案》，江苏古籍出版社，1987年版，第45页。

42. 孙宅巍：《1937：南京悲歌》，第122–123页。

43. Ibid, p. 123.

44. Ibid., p. 124.

45. Yin and Young, *The Rape of Nanking*, p. 38.

46. Commanding Officer C. F. Jeffs to the Commander in Chief, U.S. Asiatic Fleet (letterhead marked the U.S.S. *Oahu*), February 14, 1938, intelligence summary for the week ending February 13, 1938.该报告包括一个传教士书信的节录（引自乔治·菲奇的日记，未透露姓名），由于害怕日本人的报复，该书信没有交新闻界发表；Office of the Chief of Naval Operations, Division of Naval Intelligence, General Correspondence, 1929–42, folder A8–21/FS#3, box 195, entry 81, record group 38, National Archives; 也参见 George Fitch, *My Eighty Years in China* (Taipei: Mei Ya Publications, 1974), p. 102.

47. 孙宅巍：《1937：南京悲歌》，第124–126页。

48. Ibid.

49. Wilson, *When Tigers Fight*, p. 70.

50. Durdin, "Japanese Atrocities Marked Fall of Nanking"; A. T. Steele, "Reporters Liken Slaughter of Panicky Nanking Chinese to Jackrabbit Drive in US," *Chicago*

Daily News, February 4, 1938; F. Tillman Durdin, "U.S. Naval Display Reported Likely Unless Japan Guarantees Our Rights; Butchery Marked Capture of Nanking," *New York Times*, December 18, 1937; author's interviews with survivors.

51. 有关挹江门之前的混乱、大火、死亡以及人们在绝望中试图渡江的细节，参见 A. T. Steele, "Panic of Chinese in Capture of Nanking, Scenes of Horror and Brutality Are Revealed," *Chicago Daily News*, February, 3, 1938, p. 2; Arthur Menken, "Witness Tells Nanking Horror as Chinese Flee," *Chicago Tribune*, December 17, 1937, p. 4; Durdin, "Japanese Atrocities Marked Fall of Nanking," p. 38; Fitch, *My Eighty Years in China*, p. 102; Wilson, *When Tigers Fight*; Gao Xingzu, Wu Shimin, Hu Yungong, and Zha Ruizhen, "Japanese Imperialism and the Massacre in Nanjing"；作者对幸存者的电话采访。

52. 有关唐生智前往下关码头的情况，参见孙宅巍：《1937：南京悲歌》，第 133—135 页。

53. 作者在加利福尼亚蒙特利公园对幸存者钮先铭的采访，以及在南京对其他幸存者的采访。

54. 挹江门附近的大火是怎么燃起来的是一个有争议的问题。A·T·司迪尔写道，中国士兵点燃了交通部——价值 100 万美元的漂亮办公楼和礼堂，为的是销毁存放在里面的弹药，参见"Power of Chinese in Capture of Nanking, Scenes of Horror and Brutality Are Revealed," *Chicago Daily News*, February 3, 1938；另一种推测是，日本打偏的炮弹在附近爆炸引燃了弹药；还有另一种说法认为，两辆军车在挹江门下面的门洞里相撞，引发了大火，参见 Dick Wilson, *When Tigers Fight*, pp. 66—85。

55. 孙宅巍：《1937：南京悲歌》，第 133—135 页。

第四章　恐怖的六星期

1. 孙宅巍：《南京大屠杀和南京人口》，载《南京社会科学》，1990 年第 3 期，第 75—80 页。

2. Frank Tillman Durdin, "Japanese Atrocities Marked Fall of Nanking after Chinese Command Fled," *New York Times*, December 22, 1937, p. 38; Minnie Vautrin, diary 1937—40, December 14, 1937, p. 110.

3. 许传音在远东国际军事法庭上的证词，参见the Allied Operational/Occupation Headquarters, IMTFE transcript, entry 319, record group 331, p. 2562, National Archives。许传音作证说："当日本士兵进入南京城时，他们非常非常粗暴，极其野蛮；他们见人就开枪射击。无论是谁，只要逃跑，站在街上，在某处逗留，或从门缝中窥探，都将会遭到枪击——瞬间毙命。"有些报纸文章、日记和信件也印证了许传音的话。德丁在1937年12月22日发表在《纽约时报》上的文章中写道："由于紧张或恐惧，任何见到日本士兵后逃跑的人都有被枪击的危险。经常看到脸朝下倒在人行道上的老年人，显然是被日本士兵随意从背后开枪射杀所致。"也可参见乔治·菲奇发表在1938年2月《读者文摘》上的日记，他在日记中写道："逃跑会被立刻射杀。许多人被射杀似乎是由于日本人产生了打猎的兴趣。看到那些苦力、商人、学生等脸上现出恐慌神情时，他们就放声大笑。这令我联想到魔鬼的野餐。"

4. 作者于1995年7月25日对唐顺山的采访。

5. 南京大屠杀史料编辑委员会、南京图书馆编：《侵华日军南京大屠杀史料》，江苏古籍出版社，1985年版，第142页。

6. 关于将俘虏钉在木板上，参见林娜：《血泪话南京》，载《宇宙风》，1938年7月，第71期，收录于《南京大屠杀侵华史料》，第142–143页。林娜不是见证者，而是采访了一位姓唐的幸存者。关于将俘虏钉在树上进行电击或在其身上进行刺刀训练的信息，参见朱成山编：《侵华日军南京大屠杀幸存者证言集》，南京大学出版社，1994年版，第53页；南京大屠杀史料编辑委员会、南京图书馆编：《侵华日军南京大屠杀史料》，第142–143页。关于日本人从受害者身上割下一条条的肉，参见《侵华日军南京大屠杀史料》，第68–77页。有关挖眼的信息，参见高兴祖、吴世民、胡允恭、查瑞珍编：《日军帝国主义在南京的大屠杀》，第19页。有关用锥子进行扎刺的暴行，参见一名从南京逃出来的士兵（身份不明）所写的《京地兽行目击记》，发表于1938年2月7日汉口的《大公报》，收录于《侵华日军南京大屠杀史料》，第129页。

7. 徐志耕：《南京大屠杀》，江苏文艺出版社，1994年版，第74页；高兴祖、吴世民、胡允恭、查瑞珍编：《日本帝国主义在南京的大屠杀》，1987年版，第68–77页。

8. 高兴祖、吴世民、胡允恭、查瑞珍编：《日本帝国主义在南京的大屠杀》，

1987年版，第19页。

9. 南京大屠杀史料编辑委员会、南京图书馆编：《侵华日军南京大屠杀史料》，第68–77页。

10. 高兴祖、吴世民、胡允恭、查瑞珍编：《日本帝国主义在南京的大屠杀》，1987年版，第19页。

11. 徐志耕：《南京大屠杀》，第138页。

12. Chia Ting Chen, "Hell on Earth: The Japanese Army in Nanking During 1937–1938: A Barbaric Crime Against Humanity," *Chinese American Forum* 1, no. 1 (May 1984).

13. Wilson, *When Tigers Fight*, p. 82.

14.《京地兽行目击记》，载于汉口《大公报》，1938年2月7日，收录于《侵华日军南京大屠杀史料》，第128页。（关于阉割、刺穿阴道和肛门的事件，也在该书第68页被提及。）

15. 作者对Susan Brownmiller的电话采访。

16. Rosair, "For One Veteran, Emperor Visit Should Be Atonement"; Fitch, "Nanking Outrages," January 10, 1938, Fitch Collection; Li En-han, "Questions of How Many Chinese Were Killed by the Japanese Army in the Great Nanking Massacre," *Journal of Studies of Japanese Aggression Against China* (August 1990): 74.

17. Oral history interview with Lewis Smythe by Cyrus Peake and Arthur Rosenbaum, Claremont Graduate School, December 11, 1970, February 26 and March 16, 1971, box 228, record group 8, Yale Divinity School Library.

18. "Deutsche Botschaft China," report no. 21, starting on page 114, in the German diplomatic reports, National History Archives, Republic of China, submitted by the farmers Wang Yao-shan, 75, Mei Yo-san, 70, Wang Yun-kui, 63, and Hsia Ming-feng, 54, "to the German and Danish gentlemen who were staying in the cement factory near Nanking on 26 January 1938."

19. 胡华玲：《南京暴行中的中国妇女》。

20. Minnie Vautrin, diary 1937–40, March 8, 1938, p. 212.

21. Ibid., December 24, 1937, p. 127.

22. Hsu Shuhsi, ed., *Documents of the Nanking Safety Zone*, no. 266 (Shanghai,

Hong Kong, Singapore: Kelly & Walsh, 1939), p. 128.

23. 高兴祖、吴世民、胡允恭、查瑞珍：《日本帝国主义在南京的大屠杀》。

24. Fitch, "Nanking Outrages," January 10, 1938, Fitch Collection.

25. 作者1995年7月29日在南京对幸存者侯占清的采访。

26. Fitch, "Nanking Outrages," January 10, 1938, Fitch Collection.

27. 引自《大公报》，转引自高兴祖、吴世民、胡允恭、查瑞珍：《日本帝国主义在南京的大屠杀》。

28. Hsu Shuhsi, *Documents of the Nanking Safety Zone*, no. 436, p. 154.

29. Dick Wilson, p. 76; Hsu, p. 123.

30. 胡华玲：《南京大屠杀中的中国妇女》；"All Military Aggression in China Including Atrocities Against Civilians and Others: Summary of Evidence and Note of Argument," submitted to IMTFE by David Nelson Sutton, November 4, 1946, p. 41, National Archives.

31. Shuhsi Hsu, *Documents of the Nanking Safety Zone*, no. 428, p. 152.

32. 作者对侯占清的采访。

33. "Deutsche Botschaft China," report no. 21, starting on page 114, in the German diplomatic reports, National History Archives, Republic of China. 另一篇报告写道："由于这些小女孩的身体大多都没有发育成熟，不足以满足日本士兵的兽欲。但是，他们仍然对她们施加暴行，撕裂她们的生殖器，并轮奸了她们。"杜呈祥：《日寇暴行论》，时代出版社，1939年版，第55页，转引自高兴祖、吴世民、胡允恭、查瑞珍编：《日本帝国主义在南京的大屠杀》。

34. 胡华玲：《南京大屠杀中的中国妇女》；Robert Wilson, letter to family, December 30, 1937, folder 3875, box 229, record group 11, Yale Divinity School Library.

35. IMTFE judgment, p.451, National Archives.

36. Chu Yong Ung and Chang Chi Hsiang, in "All Military Aggression in China Including Atrocities Against Civilians and Others," p. 37.

37. 《血债：南京日军兽行目击记》，《大公报》1937年2月7日；《新华日报》，1951年2月24日；胡华玲：《南京暴行中的中国妇女》；1995年7月26日，作者对唐顺山的采访；高兴祖、吴世民、胡允恭、查瑞珍：《日本帝国主义在南京的大屠杀》，第 35 页。

38. 文献中 1937 年 12 月 13 日所拍摄的照片，讲述了夏家的故事。Ernest and Clarissa Forster Collection, box 263, record group 8, Miscellaneous Personal Papers, Yale Divinity School Library.

39. 作者 1995 年 7 月 27 日在南京对幸存者夏淑琴（大屠杀发生时她只有 8 岁）的采访。

40. Hsu Chuang-ying (witness), testimony before the IMTFE, Records from the Allied Operational/Occupation Headquarters, entry 319, record group 331, p. 2572, National Archives.

41. Document about John Magee film no. 7 describing the pictures taken at Nanking after December 13, 1937, Ernest and Clarissa Forster Collection.

42. Bergamini, *Japan's Imperial Conspiracy*, p. 27. 参见该书图片说明中一位受害者的照片。不清楚图中的女孩是死是活。

43. 高兴祖、吴世民、胡允恭、查瑞珍编：《日本帝国主义在南京的大屠杀》。

44. 有关将婴儿闷死的内容，参见 George Fitch diary, entry dated December 17, 1937, quoted in Commanding Officer C. F. Jeffs to the Commander in Chief, U.S. Asiatic Fleet (letterhead marked the U.S.S. Oahu), intelligence summary filed for the week ending February 13, 1938, folder A8–21/FS#3, box 195, entry 81, record group 38, National Archives; and James McCallum diary, January 7, 1938, Yale Divinity School Library. 关于一个妇女被强奸时，她的孩子被用衣服塞住嘴窒息死亡的例子，参见 Chang Kia Sze, testimony of April 6, 1946, Records from the Allied Operational/Occupation Headquarters, IMTFE transcript, entry 319, record group 331, pp. 4506–7, National Archives.

45. Hsu Shuhsi, editor, *Documents of the Nanking Safety Zone*. Prepared under the Auspices of the Council of International Affairs, Chung King (Shanghai, Hong Kong, Singapore: Kelly & Walsh, Ltd., 1939), p. 159.

46. 王潘氏（东京审判时 24 岁，南京大屠杀时 15 岁）在远东国际军事法庭上的证词，Records of the IMTFE, court exhibits, 1948, World War II War Crimes Records Collection, box 134, entry 14, record group 238, National Archives.

47. "日本士兵有时会用刺刀割掉妇女的乳房，露出胸部的白色肋骨；有时会用刺刀刺入妇女的生殖器,使她们在路边痛苦地哭喊;有时将木棍、坚硬的芦苇甚至萝卜,塞进她们的阴道,并将她们暴打至死。其他士兵站在一旁鼓掌喝彩,放声大笑。"引自国民党军事委员会政治部:《日本侵略军所犯暴行的真实记录》,1938年7月,转引自高兴祖、吴世民、胡允恭、查瑞珍编:《日本帝国主义在南京的大屠杀》;王潘氏,在远东国际军事法庭上的证词;胡华玲:《南京暴行中的中国妇女》,载《日本侵华研究》,1991年11月。

48. Forster to his wife, January 24, 1938, Ernest and Clarissa Forster Collection.

49. 朱成山编:《南京大屠杀幸存者证言》,第50页。

50. 参见 Shuhsi Hsu, *Documents of the Nanking Safety Zone*, no. 430, p. 153. Also Dick Wilson, p. 76.

51.《失守后的南京》,载《闽政与公舆》,1938年1月。这篇文章是1938年1月28日,对从南京逃到武汉的人进行采访的基础上写出的。转引《侵华日军南京大屠杀史料》,第150页。

52. 徐志耕:《南京大屠杀》,第115页;孙宅巍:《1937:南京悲歌》,第353页。

53. 郭岐:《陷都血泪录》,写于1938年上半年,1938年由西安的一家报纸《西京平报》刊出。转引自《侵华日军南京大屠杀史料》,第13页。

54. "Deutsche Botschaft China," report no. 21, starting on page 114, in the German diplomatic reports, National History Archives, Republic of China.

55. 许传音(目击者)在远东国际军事法庭上的证言,见 the Allied Operational/Occupation Headquarters, entry 319, record group 331, p. 2573, National Archives. 一个名为李克的幸存者亲眼看到4个日本兵强奸了一位40岁的妇女后,又强迫她的公公和儿子与她发生性关系;参见胡华玲:《南京暴行中的中国妇女》,第68页。远东国际军事法庭的记录也提到日本人强迫父亲与自己的女儿、兄弟与自己的姐妹、公公与儿媳妇发生性关系,并记载了"乳房被割掉,胸膛被刺伤,下巴被打碎,牙齿被打落。种种情形惨不忍睹"。参见 court exhibits, 1948, box 134, entry 14, record group 238, p. 1706, World War II War Crimes Records Collection, National Archives.

56. Minnie Vautrin, diary 1937–40, January 23 and February 24, 1938, pp. 167, 201.

57. Ibid., February 23, 1938, p. 200.

58. John Magee to "Billy" (signed "John"), January 11, 1938, Ernest and Clarissa Forster Collection.

59. Bergamini, *Japan's Imperial Conspiracy,* p. 37; Minnie Vautrin, diary 1937–40, December 17, 1937, p. 115.

60. Minnie Vautrin, diary 1937–40, January 23, 1938, p. 168.

61. Hsu Shuhsi, *Documents of the Nanking Safety Zone*, no. 408, p. 158.

62. Forster's undated letter to his wife, Ernest and Clarissa Forster Collection.

63. John Magee, letter to his wife, January 1, 1938, archives of David Magee.

64. 高兴祖、吴世民、胡允恭、查瑞珍编：《日本帝国主义在南京的大屠杀》，第 62 页。

65. 胡华玲：《南京大屠杀中的中国妇女》，第 68 页。

66. 作者于 1995 年 7 月 27 日对李秀英的采访。

67. Miner Searle Bates testimony before the IMTFE, pp. 2629–30.

68. 李恩涵：《关于有多少中国人在南京大屠杀中被日军杀害的问题》，《日本侵华研究》，1990 年 8 月。

69. 作者对南京大屠杀遇难同胞纪念馆馆员的采访。30 万的死亡数字被永久地刻在纪念馆的入口处。一位日本作家本多胜一，在几十年后来到南京，亲自核对这些说法。他认为南京被占领的第二天就有 20 万中国人被杀害，截至 1938 年 2 月，死亡人数已达 30 万，参见 Wilson, *When Tigers Fight*, pp. 81–82. ；台湾历史学家李恩涵说："估计死亡人数……30 万是绝对可靠的。"（胡华玲：《纪念南京大屠杀 53 周年：驳石原慎太郎的谬论和谎言》，《日本侵华研究》，1990 年 11 月，第 27 页。）

70. "Table: Estimated Number of Victims of Japanese Massacre in Nanking," document no. 1702, box 134, IMTFE records, court exhibits, 1948, World War II War Crimes Records Collection, entry 14, record group 238, National Archives.

71. 胡华玲：《纪念南京大屠杀 53 周年：驳石原慎太郎的谬论和谎言》，《日本侵华研究》，1990 年 11 月，第 72 页。

72. John Rabe, "Enemy Planes over Nanking," report to Adolf Hitler, in the Yale Divinity School Library. 拉贝写道："根据中国人的报告，总共有 10 万中国平民被杀害，但这一数字似乎被夸大了——我们欧洲人估计的数字是五六万。"

73. Cook and Cook, *Japan at War*, p. 39.

74. Ibid.

75. United Press International, May 10, 1994.

76. 孙宅巍：《南京大屠杀与南京人口》，载《南京社会科学》，1990 年第 3 期，第 75–80 页；《关于南京大屠杀尸体处理的研究》，载《南京社会科学》，1990 年第 3 期，第 72–78 页。

77. 建立类似的傀儡政府是日本人在中国占领区长期一贯的做法。日本人由此保存了当地的权力结构，并获得了地方名流的支持。

78. 中国第二历史档案馆、南京市档案馆、南京大屠杀史料编辑委员会编：《侵华日军南京大屠杀档案》，江苏古籍出版社，1987 年版，第 101–103 页；"150,000 Bodies Dumped in River in Nanking Massacre Affidavit," Reuters, December 14, 1990.

79. 吴天威：《让全世界了解南京大屠杀：近来有关南京大屠杀及其研究的三本画册评述》，1997 年由日本侵华研究会分发的报告。

80. 作者对史咏的电话采访。

81. 很难说有多少被江水冲上岸的尸体最终埋在了江边。1938 年 4 月 11 日，魏特琳在其日记中记录，有人曾对她说："据报道，长江两岸仍有很多尸体，而且很多肿胀的尸体沿江漂去，包括士兵和平民。我问他是否有成百上千的尸体，他说看起来有成千上万具尸体。"；diary 1937–40, p. 247.

82. "Red Machine" Japanese diplomatic messages, no. 1263, translated February 1, 1938, record group 457, National Archives. 该电报的内容最初是由《曼彻斯特卫报》记者田伯烈所写，但被上海的日本新闻审查官员扣留。(参见 "Red Machine" Japanese diplomatic messages, no. 1257.) 后来，他所估计的 30 万死亡人数由日本的外务大臣发送给了华盛顿。这一信息意义在于，当时日本政府不仅知道田伯烈提出的 30 万死亡数字，而且试图隐瞒这一信息。

第五章 南京安全区

1. 吴天威：《让全世界都了解南京大屠杀》，第 16 页。

2. 安吉·米尔斯于 1997 年 2 月 16 日写给作者的信。在她的家族档案中，米尔斯发现了一份约翰·拉贝在 1938 年 2 月 28 日讲话的副本，是在上海外国基督教青年会上对一群西方人士的讲话。拉贝在讲话中说："米尔斯先生是最先想到要创建安全区的人。可以说，我们组织的中心在平仓巷 3 号（按照安吉·米尔斯的说法，该地址是洛辛·卜凯的住宅，在金陵大学附近，在南京大屠杀期间曾有 9 个或 10 个美国人住在这里）。凭借着这些美国朋友的聪明才智，安全区委员会才得以建立。他们是米尔斯先生、贝德士先生、史迈士先生、菲奇先生、索恩先生、马吉先生、福斯特先生和里格斯先生；正是由于他们的辛勤工作，委员会才得以在我们所处的恐怖环境中顺利运行。"

3. "Sinking of the U.S.S. Panay," ch. 11 of *Some Phases of the Sino-Japanese Conflict* (July–December 1937), compiled from the records of the Commander in Chief, Asiatic Fleet, by Captain W. A. Angwin (MC), USN, December 1938, Shanghai, Office of the Chief of Naval Operations, Division of Naval Intelligence, general correspondence, 1929–42, folder P9–2/EF16#23, box 284, entry 81, record group 38, National Archives; "The Panay Incident," Records of the Office of the Chief of Naval Operations, Records of the Deputy Chief of Naval Operations, 1882–1954, Intelligence Division—Naval Attaché Reports, 1886–1939, box 438, entry 98, record group 38, National Archives; "The Bombing of the U.S.S. Panay," drawn by Mr. E. Larsen after consultation with Mr. Norman Alley, December 31, 1937, box 438, entry 98, record group 38, National Archives; Weldon James, "Terror Hours on Panay Told by Passenger," *Chicago Daily News*, December 13, 1937; A. T. Steele, "Chinese War Horror Pictured by Reporter: Panay Victims Under Japanese Fire for Full Half Hour; Butchery and Looting Reign in Nanking," *Chicago Daily News*, December 17, 1937; Bergamini, pp. 24–28.

4. 作者对马乔里·威尔逊的电话采访。

5. Alice Tisdale Hobart, *Within the Walls of Nanking* (New York: Macmillan, 1928), pp. 207–8.

6. "Deutsche Botschaft China," German diplomatic reports, document dated January 15, 1938, starting on page 214, National History Archives, Republic of China.

7. 关于约翰·拉贝早期的生活细节，来自作者与其外孙女赖因哈特之间的通信以及德国柏林西门子公司的档案。

8. 约翰·拉贝对于南京大屠杀的叙述可以在他给阿道夫·希特勒的报告中找到，报告的题目为"敌机飞临南京上空"，副本存于耶鲁大学神学院图书馆、侵华日军南京大屠杀遇难同胞纪念馆、德意志联邦共和国档案馆。本章相关内容的引文如果没有专门注释说明来源，均来自该报告。

9. 1937 年 12 月 27 日，南京安全区国际委员会主席拉贝给日本大使馆的信，enclosure to report entitled "Conditions in Nanking," January 25, 1938, Intelligence Division, Naval Attaché Reports, 1886–1939, Records of the Office of the Deputy Chief of Naval Operations, 1882–1954, Office of Naval Intelligence, box 996, entry 98, record group 38, National Archives.

10. Fitch, *My Eighty Years in China*, p. 101.

11. Hsu, p. 56.

12. Hsu, p. 2.

13. Letter from John Rabe to Fukuda Tokuyasa, December 15, 1937, box 996, entry 98, record group 38, National Archives.

14. George Fitch, diary entry for December 14, 1937, reprinted in *My Eighty Years in China*, p. 106. One of the original copies can be found in Commanding Officer C. F. Jeffs to the Commander in Chief, U.S. Asiatic Fleet (letterhead marked the U.S.S. *Oahu*), February 14, 1938, intelligence summary filed for the week ending February 13, 1938, Office of the Chief of Naval Operations, Division of Naval Intelligence, general correspondence, 1929–42, p. 5, folder A8–21/FS#3, box 195, entry 81, record group 38, National Archives. 菲奇在日记中写道："整个人群中没有一声抱怨，我们心里很沉重……我是多么愚蠢呀，居然告诉他们日本人会饶了他们的性命！"

15. Letter from John Rabe to the Imperial Japanese Embassy, December 17, 1937, enclosure no. 8 to report entitled "Conditions in Nanking," January 25, 1938, box 996, entry 98, record group 38, National Archives. This letter can also be found in Hsu Shuhsi, ed., *Documents of the Nanking Safety Zone: Prepared under the Auspices of the*

Council of International Affairs, Chungking (Shanghai, Hong Kong, Singapore: Kelly & Walsh, 1939).

16. 拉贝于1937年12月17日致日本大使馆的信；Hsu Shuhsi, *Documents of the Nanking Safety Zone*, p. 12.

17. 拉贝于1937年12月17日致日本大使馆的信；Hsu Shuhsi, *Documents of the Nanking Safety Zone*, p. 20.

18. 拉贝于1937年12月17日致日本大使馆的信；Shuhsi Hsu, *Documents of the Nanking Safety Zone*, p. 17.

19. IMTFE judgment, National Archives. See "Verdict of the International/Military Tribunal for the Far East on the Rape of Nanking," *Journal of Studies of Japanese Agression Against China*, November 1990, p. 75.

20. Fu Kuishan's warning to Rabe, recorded in John Rabe diary, February 10, 1938, p. 723.

21. Robert Wilson, letter to family, January 31, 1938, p. 61.

22. 日本大使馆的人似乎也对日本军队的过激行为暗自高兴。当许传音碰到一个日本士兵在浴室里强奸一名中国妇女时，他报告给了日本大使馆参赞福田。在这种情境下，他看到福田"脸上露出一丝微笑"。Transcript of the International Military Tribunal of the Far East. Testimony of Hsu Chuang-ying, witness. RG 311, Entry 319, page 2570-2571. Records from the Allied Operational/Occupation Headquarters, National Archives, Washington, D.C.

23. Copy of George Fitch diary, enclosed in file from Assistant Naval Attaché E. G. Hagen to Chief of Naval Operations (Director of Naval Intelligence), Navy Department, Washington, D.C., March 7, 1938, Office of the Chief of Naval Operations, Division of Naval Intelligence, general correspondence, 1929–42, folder P9–2/EF16#8, box 277, entry 81, record group 38; also reprinted in Fitch, *My Eighty Years in China*, p. 114.

24. "Cases of Disorder by Japanese Soldiers in the Safety Zone," filed January 4, 1938, in Hsu Shuhsi, *Documents of the Nanking Safety Zone*, p. 65.

25. "Cases of Disorder by Japanese Soldiers in the Safety Zone," subenclosure to enclosure no. 1–c, Intelligence Division, Naval Attaché Reports, 1886–1939, Records of the Office of the Deputy Chief of Naval Operations, 1882–1954, Office of Naval

Intelligence, folder H–8–B Register#1727A, box 996, entry 98, record group 38, National Archives.

26. Minnie Vautrin, diary 1937–40, February 17, 1938, p. 198.

27. Fitch, "Nanking Outrages," January 10, 1938, Fitch Collection.

28. Robert Wilson, letter to family, Christmas Eve 1937, p. 6.

29. 关于罗伯特·威尔逊生平的信息来自作者对马乔里·威尔逊的采访。

30. Ibid.

31. Robert Wilson, letter to family, August 18, 1937.

32. 作者对马乔里·威尔逊的采访。

33. Robert Wilson, letter to family, October 12, 1937, p. 15.

34. Ibid., August 20, 1937, p. 9.

35. Ibid., December 9, 1937, p. 35.

36. Ibid., September 25 and 27, 1937; Minnie Vautrin, diary 1937–40, September 26, 1937, p. 33.

37. Robert Wilson, letter to family, August 23, 1937.

38. Commander Yangtze Patrol E. J. Marquart to Commander in Chief, U.S. Asiatic Fleet (letterhead marked "Yangtze Patrol, U.S.S. *Luzon* [Flagship])," intelligence summary for week ending October 24, 1937, October 25, 1937, Office of the Chief of Naval Operations, Division of Naval Intelligence, general correspondence, 1929–42, folder A8–2/FS, box 194, entry 81, record group 38, National Archives; Minnie Vautrin, diary 1937–40, October 26 and November 8, 1937, pp. 55, 64 (she writes that some 100,000 soldiers have been injured or killed in the Shanghai area).

39. Ibid.

40. Minnie Vautrin, diary 1937–40, December 5, 1937, p. 96; Ernest and Clarissa Forster, letter to parents, December 7, 1937, Ernest and Clarissa Forster Collection.

41. Robert O. Wilson (witness), testimony, Records of the Allied Operational/Occupation Headquarters, IMTFE transcript, entry 319, record group 331, pp. 2531–32, National Archives.

42. Mrs. E. H. Forster report, December 12, 1937, from newsletter in Ernest and Clarissa Forster Collection.

43. Robert Wilson, letter to family, December 2, 1937; A. T. Steele, "Tells Heroism of Yankees in Nanking," *Chicago Daily News*, December 18, 1937.

44. Robert Wilson, letter to family, December 7, 1937.

45. Ibid., December 14, 1937.

46. Ibid.

47. Durdin, "Japanese Atrocities Marked Fall of Nanking"; Rabe, "Enemy Planes over Nanking"; an excerpt from a verbal presentation by Mr. Smith of Reuters about the events of Nanking on December 9–15, 1937, document no. 178, Hankow, January 1, 1938, in "Deutsche Botschaft China," German diplomatic reports, National History Archives, Republic of China.

48. Robert Wilson, letter to family, December 18, 1937.

49. Ibid., December 28, 1937.

50. Ibid., December 19, 1937.

51. Ibid., December 15, 1937.

52. Ibid., December 18, 1937.

53. Ibid., December 19, 1937.

54. Ibid., December 24, 1937.

55. Ibid., December 30, 1937.

56. Durdin, "Japanese Atrocities Marked Fall of Nanking."

57. Robert Wilson, letter to family, December 24, 1937.

58. Robert Wilson, letter to family, December 21, 1937, p. 6; 作者对马乔里·威尔逊的电话采访；John Magee to "Billy" (signed "John"), January 11, 1938, Ernest and Clarissa Forster Collection.

59. 作者对马乔里·威尔逊的电话采访。

60. Ibid.

61. J. H. McCallum, diary entry for January 3, 1937, reprinted in *American Missionary Eyewitnesses to the Nanking Massacre, 1937–1938*, ed. Martha Lund Smalley (New Haven, Conn.: Yale Divinity School Library, 1997), p. 39.

62. Robert Wilson, letter to family, January 1, 1938, p. 11.

63. Ibid., December 26, 1937, p. 7.

64. 作者对尹集钧的电话采访。有关麦卡伦的情况来自他在中国进行的研究。

65. 作者对马乔里·威尔逊的电话采访。

66. 关于魏特琳生平的细节来自作者对其侄女艾玛·莱昂的电话采访。

67. 该部分的大部分资料直接来自魏特琳 1937~1940 年的日记。这些日记现存于耶鲁大学神学院图书馆。尽管魏特琳在日记中有自己的页码体系（页码在每页顶部的中间），但我使用了耶鲁大学神学院的页码顺序，他们将页码标在每页日记的右下角。

68. Minnie Vautrin, diary 1937–40, July 2–18, 1937, p. 2.

69. Ibid., September 20, 1937, p. 27.

70. Ibid., December 1 and 8, 1937, pp. 91, 100; Commanding Officer C. F. Jeffs to the Commander in Chief, U.S. Asiatic Fleet (letterhead marked the U.S.S. Oahu), intelligence summary for the week ending February 13, 1938, February 14, 1938（该报告中包含了一位传教士的书信摘录，由于担心遭到日本人报复，该书信没有发表）; George Fitch diary (name not given in report), Office of the Chief of Naval Operations, Division of Naval Intelligence, general correspondence, 1929–42, folder A8–21/FS#3, box 195, entry 81, record group 38, National Archives.

71. Minnie Vautrin, diary 1937–40, December 3, 6, and 7, 1937, pp. 94, 97, 98.

72. Ibid., October 6, 1937, p. 41.

73. Minnie Vautrin, "Sharing 'the Abundant Life' in a Refugee Camp," April 28, 1938, box 103, record group 8, Jarvis Collection, Yale Divinity School Library.

74. 可能是福斯特 1937 年 10 月 4 日从下关寄给父母的信，Ernest and Clarissa Forster Collection.

75. 793.94/12060, report no. 9114, December 11, 1937, restricted report, General Records of the Department of State, National Archives.

76. Minnie Vautrin, diary 1937–40, December 15, 1937, p. 111.

77. Ibid.

78. Ibid., December 16, 1937, pp. 112–13.

79. Ibid., December 16, 1937, p. 113.

80. Ibid., December 16, 1937, p. 114. In her diary, 魏特琳在日记中记载，有妇女高喊"Gin Ming"，但更确切的表达求助的中文说法是"Jiu Ming"（救命）。

81. Ibid., December 17, 1937, pp. 115–16.

82. Ibid., pp. 117–18.

83. Ibid., December 27, 1937, p. 130.

84.《侵华日军南京大屠杀史料》，第 9–10 页。

85. Minnie Vautrin, diary 1937–40, January 1, 1938, p. 137.

86. Ibid., December 18, 1937, pp. 119–20.

87. Ibid., December 24, 1937, p. 127.

88. Ibid.

89. Enclosure to report, "Conditions in Nanking," January 25, 1938, Intelligence Division, Naval Attaché Reports, 1886–1939, Records of the Office of the Deputy Chief of Naval Operations, 1882–1954, Office of Naval Intelligence, box 996, entry 98, record group 38, National Archives；胡华玲：《南京暴行中的中国妇女》，第 69 页。

90. Minnie Vautrin, diary 1937–40, December 28, 1937, p. 131.

91. Fitch, *My Eighty Years in China*, p. 117.

92. John Magee, letter to his wife, December 30, 1937, archives of David Magee.

93. Hsu Shuhsi, *Documents of the Nanking Safety Zone*, p. 84.

94. Minnie Vautrin, diary 1937–40, December 31, 1937, p. 135.

95. Ibid., January 4, 1938, p. 141.

96. Ibid., January 6, 1938, p. 144.

97. Ibid., December 31, 1937, p. 135.

98. Ernest Forster, letter of January 21, 1938, Ernest and Clarissa Forster Collection.

99. 作者不详，可能是刘易斯·史迈士于 1938 年 2 月 1 日所写的信，box 228, record group 8, Yale Divinity School Library.

100. Minnie Vautrin, diary 1937–40, February 4, 1938, p. 183.

101. Minnie Vautrin, diary 1937–40, December 18, 1937.

102. 住在汉口路 145 号身份不明的作者于 1939 年 2 月 12 日所写的信，Ernest and Clarissa Forster Collection.

103. Minnie Vautrin, diary 1937–40, December 16, 1937, p. 114.

104. 徐志耕：《南京大屠杀：目击者证言》，台湾时报文化出版公司，1993 年版，第 56–57 页。

105. Ibid., p. 60.

106. 胡华玲：《魏特琳小姐：南京大屠杀中受难中国人民的活菩萨》，载《中美论坛 11》，第 1 期，第 20 页；郭岐：《陷都血泪》，转引自南京大屠杀史料编辑委员会、南京图书馆编：《侵华日军南京大屠杀史料》，江苏古籍出版社，1995 年版，第 13 页。

107. Huang Shu, interview with filmmaker Jim Culp; transcript from the personal archives of Jim Culp, San Francisco.

108. 郭岐：《陷都血泪》，第 16 页；胡华玲：《魏特琳小姐：南京大屠杀中受难中国人民的活菩萨》，第 18 页。

109. Christian Kröger, "Days of Fate in Nanking," unpublished report, January 13, 1938, archives of Peter Kröger.

110. Minnie Vautrin, diary 1937–40, March 4, 1938, p. 208；关于蘑菇，作者于 1995 年 7 月 29 日对刘芳华的采访。

111. Lewis S. C. Smythe to Tokuyasu Fukuda, Attaché to the Japanese Embassy, enclosure no. 1 to report entitled "Conditions in Nanking," January 25, 1938, Intelligence Division, Naval Attaché Reports, 1886–1939, Records of the Office of the Deputy Chief of Naval Operations, 1882–1954, Office of Naval Intelligence, box 996, entry 98, record group 38, National Archives.

112. James McCallum, diary, December 30, 1937, Yale Divinity School Library.

113. Hsu Shuhsi, *Documents of the Nanking Safety Zone*, p. 24.

114. "Cases of Disorder by Japanese Soldiers in Safety Zone," subenclosure to enclosure no. 1-c, Intelligence Division, Naval Attaché Reports, 1886–1939, Records of the Office of the Deputy Chief of Naval Operations, 1882–1954, Office of Naval Intelligence, folder H–8–B Register#1727A, box 996, entry 98, record group 38, National Archives.

115. Diary of John Magee in long letter to his wife, entry for December 19, 1937, archives of David Magee.

116. "Cases of Disorder by Japanese Soldiers in Safety Zone," subenclosure to enclosure no. 1-c, Intelligence Division, Naval Attaché Reports, 1886–1939, Records

of the Office of the Deputy Chief of Naval Operations, 1882–1954, Office of Naval Intelligence, folder H–8–B Register#1727A, box 996, entry 98, record group 38, National Archives.

117. John Magee to "Billy" (signed "John"), January 11, 1938, Ernest and Clarissa Forster Collection.

118. John Rabe diary, December 22, 1937, entry, pp. 341–42.

119. 克里斯蒂安·克勒格尔在《南京遭劫的日子》中陈述了自己的观点，他认为在12月12日逃入安全区的难民有20万~25万；贝德士在《关于克里斯蒂安在南京工作的初步报告》(Preliminary Report on Christian Work in Nanking，邵子平收集的档案）中，认为逃入安全区的难民人数有25万；在南京大屠杀期间任安全区住房委员会负责人的许传音，在远东国际军事法庭上的作证说估计有30万，参见IMTFE transcript, entry 319, record group 331, p. 2561, National Archives。

第六章　世人所了解的南京大屠杀

1. Morris–Suzuki, Showa, p. 34.

2. 作者在1996年对德丁的电话采访。

3. A. T. Steele Collection, Arizona State University Library.

4. C. Yates McDaniel, "Nanking Horror Described in Diary of War Reporter," *Chicago Tribune*, December 18, 1937.

5. 第一个报道南京大屠杀整个事件的美国记者是阿奇博尔德·司迪尔。当记者们登上"瓦胡"号时，当时只有29岁的德丁没能用无线电将电报发出，因为驾驶员说那样做违反规定。但是，不知通过什么途径，司迪尔却把信息发布了出去。德丁数十年后在《提尔蔓·德丁先生在新闻发布会上的声明——驳斥日本媒体对南京大屠杀报道的歪曲》("Mr. Tillman Durdin's Statement on the News Conference—Refuting the Distortions of His Reports on the Great Nanking Massacre by the Japanese Media"，见《日本侵华研究》，1992年8月，第66页）中说："我想司迪尔当时悄悄地给了那个驾驶员塞了50美元，或是做了其他手脚！我那时年轻，在做新闻方面还是一个新手，而司迪尔却很老练。于是，他抢在我前面发出了南京大屠杀的新闻报道。"

6. C. Yates McDaniel, "Nanking Horror Described in Diary of War Reporter," *Chicago Tribune*, December 18, 1937.

7. "Mr. Tillman Durdin's Statement on the News Conference—Refuting the Distortions of His Reports on the Great Nanking Massacre by the Japanese Media," *Journal of Studies of Japanese Aggression Against China*, August 1992, p. 66.

8. McDaniel, "Nanking Horror Described in Diary of War Reporter."

9. 德丁和司迪尔在南京最后一天的详情可在他们的新闻报道、菲奇的日记以及《提尔蔓·德丁先生在新闻发布会上的声明》中找到。

10. 关于诺曼·艾利和埃里克·莫耶尔拍摄日本飞机进攻的短片，见"Camera Men Took Many Panay Pictures," *New York Times*, December 19, 1937.

11. Steele, "Chinese War Horror Pictured by Reporter."

12. Hamilton Darby Perry, *The Panay Incident: Prelude to Pearl Harbor* (Toronto: Macmillan, 1969), p. 226.

13. United Press story printed in *Chicago Daily News*, December 13, 1937.

14. "Sinking of the U.S.S. Panay," ch. 11 of *Some Phases of the Sino-Japanese Conflict* (July–December 1937), compiled from the records of the Commander in Chief, Asiatic Fleet, by Capt. W. A. Angwin (MC), USN, December 1938, Shanghai, Office of the Chief of Naval Operations, Division of Naval Intelligence, general correspondence, 1929–42, folder P9–2/EF16#23, box 284, entry 81, record group 38, National Archives.

15. United Press story printed in *Chicago Daily News*, December 29, 1937; 793.94/12177, General Records of the Department of State, record group 59, National Archives.

16. Copy of George Fitch diary, enclosed in file from Assistant Naval Attaché E. G. Hagen to Chief of Naval Operations, March 7, 1938, National Archives.

17. Commanding Officer to the Commander in Chief, U.S. Asiatic Fleet (letterhead marked the U.S.S. *Oahu*), intelligence summary for the week ending February 20, 1938, February 21, 1938, Office of the Chief of Naval Operations, Division of Naval Intelligence, general correspondence, 1929–42, folder A8–21/FS#3, box 195, entry 81, record group 38, National Archives.

18. "Red Machine" Japanese diplomatic messages, no. 1794, translated May 4,

1938, boxes 1–4, record group 457, National Archives.

19. "Deutsche Botschaft China,"document no. 214, German diplomatic reports, National History Archives, Republic of China. According to this report, the German diplomats returned to the city on January 9, 1938.

20. 有关红色机器的信息，参见 David Kahn, "Roosevelt, Magic and Ultra," in *Historians and Archivists*, ed. George O. Kent (Fairfax, Va.: George Mason University Press, 1991).

21. "Red Machine" Japanese diplomatic messages, no. 1171, record group 457, National Archives.

22. Perry, *The Panay Incident*, p. 232.

23. "Red Machine" Japanese diplomatic messages, box 2, record group 457, National Archives.

24. Robert Wilson, letter to family, December 20, 1937.

25. George Fitch diary, reprinted in *Reader's Digest* (July 1938).

26. George Fitch, *My Eighty Years in China*, p. 115.

27. *Reader's Digest* (July 1938).

28. The Smythes, letter of March 8, 1938, box 228, record group 8, Yale Divinity School Library.

29. Archives of David Magee. A copy of the article can also be found in George Fitch diary, enclosed in file from Assistant Naval Attaché E. G. Hagen to Chief of Naval Operations, March 7, 1938, National Archives.

30. James McCallum, diary entry for January 9, 1938 (copy), box 119, record group 119, Yale Divinity School Library, reprinted in Smalley, *American Missionary Eyewitnesses to the Nanking Massacre*, p. 43.

31. Copy of George Fitch diary, entry for January 11, 1938, enclosed in file from Assistant Naval Attaché E. G. Hagen to Chief of Naval Operations, March 7, 1938, National Archives.

32. *Reader's Digest* (July 1938).

33. Lewis and Margaret Smythe, letter to "Friends in God's Country," March 8, 1938, box 228, record group 8, Yale Divinity School Library.

34. *Reader's Digest* (July 1938).

35. "Deutsche Botschaft China," document starting on page 107, March 4, 1938, National History Archives, Republic of China.

36. Ernest Forster, letter of February 10, 1938, Ernest and Clarissa Forster Collection.

37. "Deutsche Botschaft China," document starting on page 134, February 14, 1938, National History Archives, Republic of China.

38. "Red Machine" Japanese diplomatic messages, D(7–1269) #1129–A, boxes 1–4, record group 457, National Archives.

39. 约翰·马吉是小约翰·马吉的父亲，后者曾在加拿大皇家空军服役并写了著名的二战诗歌《高飞》（"啊！我挣脱了大地的锁链/插上了银色的翅膀，在天空中翩翩起舞……"）

40. Copy of George Fitch diary, diary entry for December 24, 1937, enclosed in file from Assistant Naval Attaché E. G. Hagen to Chief of Naval Operations, March 7, 1938, National Archives, reprinted in Fitch, *My Eighty Years in China*, p. 98.

41. James McCallum, diary entry for December 19, 1937 (copy), box 119, record group 8, Yale Divinity School Library, reprinted in Smalley, *American Missionary Eyewitnesses to the Nanking Massacre*, p. 21.

42. John Magee, letter to his wife, December 31, 1937, archives of David Magee.

43. John Magee, letter to "Billy" (signed "John"), January 11, 1938, Ernest and Clarissa Forster Collection.

44. Fitch, *My Eighty Years in China*, p. 92.

45. Copy of George Fitch diary, diary entry for December 24, 1937, enclosed in file from Assistant Naval Attaché E. G. Hagen to Chief of Naval Operations, March 7, 1938, National Archives, reprinted in Fitch, *My Eighty Years in China*, pp. 97–98.

46. *Reader's Digest* (October 1938).

47. 一般认为，在南京大屠杀期间，约翰·马吉是唯一拥有摄像机的西方人。乔治·菲奇可能是借用这部机器拍摄了中国俘虏被抓走的镜头。约翰·马吉之子戴维·马吉仍然保存着这台他父亲当年在金陵大学医院拍摄那些镜头的摄像机。该电影的拷贝资料现在乔治·菲奇的外孙女丹耶·康登的家庭档案中、约翰·马吉的儿子戴维·马吉处和罗伯特·威尔逊的遗孀马乔里·威尔逊处。有关该电影英文解说词的摘要，参见"Deutsche Botschaft China," document starting on page 141, German diplomatic reports, National History Archives, Republic of China.

48. Fitch, *My Eighty Years in China*, p. 121.

49. 作者于1997年3月27日对丹耶·康登的电话采访。

50. Ibid.

51. John Magee, letter to family, January 28, 1938, archives of David Magee.

第七章　日本占领下的南京

1. John Magee, undated letter (probably February 1938), archives of David Magee.

2. Durdin, *New York Times*, December 18, 1937.

3. 有关破坏情况的估计，参见Lewis Smythe, "War Damage in the Nanking Area" (June 1938), 转引自Yin and Young, *The Rape of Nanking*, p. 232.

4. Lewis Smythe to Willard Shelton (editor of the *Christian Evangelist*, St. Louis), April 29, 1938, box 103, record group 8, Jarvis Collection, Yale Divinity School Library.

5. 贝德士作为目击证人在远东国际军事法庭上的证词，参见Records from the Allied Operational/Occupation Headquarters, IMTFE transcript, pp. 2636–37, entry 319, record group 331；还可参见verdict in Tani Hisao's trial in Nanking, reprinted in *Journal of Studies of Japanese Aggression Against China* (February 1991): 68.

6. Harries and Harries, *Soldiers of the Sun*, p. 223.

7. Hsu Shuhsi, *Documents of the Nanking Safety Zone*, p. 51.

8. IMTFE judgment; "German Archival Materials Reveal 'The Great Nanking Massacre,'" *Journal of Studies of Japanese Aggression Against China* (May 1991); Lewis and Margaret Smythe, letter to friends, March 8, 1938, Jarvis Collection.

9. 许传音（目击证人）在远东国际军事法庭上的证词，p. 2577; A. T. Steele, "Japanese Troops Kill Thousands: 'Four Days of Hell' in Captured City Told by Eyewitness; Bodies Piled Five Feet High in Streets," *Chicago Daily News*, December 15, 1937; James McCallum, diary entry for December 29, 1937, Yale Divinity School

Library.

10. *Reader's Digest* (July 1938).

11. "Deutsche Botschaft China," document starting on page 214, German diplomatic reports, National History Archives, Republic of China; Kröger, "Days of Fate in Nanking."

12. "Deutsche Botschaft China," report no. 21, document starting on page 114, submitted by Chinese farmers on January 26, 1938, German diplomatic reports, National History Archives, Republic of China.

13. Bates, testimony before the IMTFE, pp. 2635–36; Kröger, "Days of Fate in Nanking."

14. IMTFE judgment; Bergamini, *Japan's Imperial Conspiracy*, p. 37.

15. Bates, testimony before the IMTFE, p. 2636.

16. History Committee for the Nationalist Party, Revolutionary Documents, 1987, vol. 109, p.311, Taipei, Republic of China.

17. Lewis and Margaret Smythe, letter to friends, March 8, 1938, Jarvis Collection.

18. Hsu Shuhsi, *Documents of the Nanking Safety Zone*, p. 14 (John Rabe to Japanese embassy, December 17, 1937, document no. 9).

19. Robert Wilson, letter to family, December 14, 1937; Bates, testimony before the IMTFE, pp. 2365–36.

20. 史密斯有关1937年12月9~15日南京所发生事件的口头陈述摘录，参见 "Deutsche Botschaft China," document starting on page 178, written in Hankow on January 1, 1938, German diplomatic reports, National History Archives, Republic of China.

21. "The Sack of Nanking: An Eyewitness Account of the Saturnalia of Butchery When the Japanese Took China's Capital, as Told to John Maloney by an American, with 20 Years' Service in China, Who Remained in Nanking After Its Fall," Ken (Chicago), June 2, 1938, reprinted in *Reader's Digest* (July 1938). George Fitch was the source behind this article.

22. Fitch, "Nanking Outrages," January 10, 1938, Fitch Collection.

23. Commanding Officer to the Commander in Chief, U.S. Asiatic Fleet (letterhead

marked the U.S.S. *Oahu*), intelligence summary for the week ending February 20, 1938, February 21, 1938, Office of the Chief of Naval Operations, Division of Naval Intelligence, general correspondence, 1929–42, folder A8–21/FS#3, box 195, entry 81, record group 38, National Archives.

24. Hsu Shuhsi, *Documents of the Nanking Safety Zone*, p. 99. 截至1月底，南京的有些建筑已经开始供电，地势低的水龙头开始有了自来水；Minnie Vautrin, diary 1937–40, December 29, 1937; "Work of the Nanking International Relief Committee, March 5, 1938," Miner Searle Bates Papers, Yale Divinity School Library, p. 1；行政院宣传局新闻训练所：《南京指南》，南京新报社，1938年版，第49页（Information here comes from Mark Eykholt's unpublished dissertation at the University of California at San Diego.）。有关日本士兵屠杀发电厂工人的信息，参见 Minnie Vautrin, diary 1937–40, December 22, 1937, p. 125; and George Fitch diary, copy enclosed in file from Assistant Naval Attaché E. G. Hagen to Chief of Naval Operations, National Archives. 菲奇报道说："如此英勇的维护发电厂运行的雇员被拉出去枪毙了，理由是发电厂是政府机构（其实不是）。日本官员天天到我的办公室，试图找到这些人以启动涡轮机进行发电。我告诉这些官员说你们自己的军队将这些人中的大部分都杀害了，这多少是一种安慰。"

25. 作者对马克·艾克浩特（就大屠杀后南京的情况写作了博士论文，该论文未发表，加利福尼亚大学圣迭戈分校）的电话采访。

26. Minnie Vautrin, diary 1937–40, February 10, 1938, p. 189.

27. Ibid., January 9, 1938, p. 149; January 12, 1938, p. 153; January 27, 1938, p. 172.

28. Ibid., January 20, 1938, p. 163.

29. "A Short Overview Describing the Self-Management Committee in Nanking, 7 March 1938," in "Deutsche Botschaft China," German diplomatic reports, document starting on page 103, National History Archives, Republic of China; Minnie Vautrin diary 1937–40, December 30, 1937, and January 1, 1938; IMTFE Records, court exhibits, 1948, World War II War Crimes Records Collection, box 134, entry 14, record group 238, p. 1906, National Archives; Commanding Officer C. F. Jeffs to the Commander in Chief, U.S. Asiatic Fleet (letterhead marked the U.S.S. *Oahu*),

intelligence summary for the week ending April 10, 1938, April 11, 1938, Office of the Chief of Naval Operations, Division of Naval Intelligence, general correspondence, 1929–42, folder A8–21/FS#3, box 195, entry 81, record group 38, National Archives.

30. Commanding Officer C. F. Jeffs to the Commander in Chief, U.S. Asiatic Fleet (letterhead marked the U.S.S. *Oahu*), intelligence summary for the week ending April 10, 1938, April 11, 1938, Office of the Chief of Naval Operations, Division of Naval Intelligence, general correspondence, 1929–42, folder A8–21/FS#3, box 195, entry 81, record group 38, National Archives.

31. Ibid.; "Deutsche Botschaft China," document dated March 4, 1938, starting on page 107, German diplomatic reports, National History Archives, Republic of China; "A Short Overview Describing the Self-Management Committee in Nanking, 7 March 1938," in "Deutsche Botschaft China," document no. 103.

32. "Deutsche Botschaft China," document dated May 5, 1938, starting on page 100, German diplomatic reports, National History Archives, Republic of China.

33. "A short Overview Describing the Self-Management Committee in Nanking, 7 March 1938," in ibid., document starting on page 103.

34. Ibid.

35. 有关毒品交易的信息，参见 Bates, testimony before the IMTFE, pp. 2649–54, 2658.

36. Elizabeth Curtis Wright, *My Memoirs* (Bridgeport, Conn.: Winthrop Corp., 1973), box 222, Yale Divinity School Library.

37. "Deutsche Botschaft China," document dated March 4, 1938, starting on page 107, German diplomatic reports, National History Archives, Republic of China.

38. 作者于 1995 年 7 月 26 日在南京对幸存者唐顺山的采访。

39. Sheldon Harris, *Factories of Death: Japanese Biological Warfare, 1932–1945, and the American Cover-up* (London: Routledge, 1994), pp. 102–12.

40. "From California to Szechuan, 1938," Albert Steward diary, entry for December 20, 1939, private collection of Leland R. Steward.

41. Lewis Smythe, "War Damage in the Nanking Area," pp. 20–24; Minnie Vautrin, diary 1937–40, May 5, 1938.

42. Minnie Vautrin, diary 1937–40, May 21, 1938; "Notes on the Present Situation, March 21, 1938," p. 1, Fitch Collection, Yale Divinity School Library.

43. 作者对马克·艾克浩特的电话采访。

44. 同上。尽管日本对其他城市发动致命的生物战争，但很显然，他们却采取积极的措施，防止像南京这样的占领区出现流行病，这或许是由于日本侨民住在这个地方的原因。

45. 作者对安吉·米尔斯进行的电话采访。

46. Letter dated February 12, 1939, by unidentified author, Forster Collection, RG 8, Box 263, Yale Divinity School Library.

47. 作者对马克·艾克浩特的电话采访。

48. Ibid.

49. 作者对幸存者的采访。

第八章　审判日

1.《中国战争罪行军事法庭对谷寿夫的判决书，1947年3月10日》，载《日本侵华研究》，1991年2月，第68页。

2. 徐志耕：《南京大屠杀》，江苏文艺出版社，1994年版，第219、223、226、228页。

3. 1995年7月25日，江苏电视台第1频道关于吴旋和罗瑾的电视纪录片。

4. 徐志耕：《南京大屠杀》，第215–216页。

5. Ibid., pp. 218–30.

6. 有关远东国际军事法庭上的统计数据，参见 Arnold Brackman, *The Other Nuremberg: The Untold Story of the Tokyo War Crimes Trials* (New York: Morrow, 1987), pp.9, 18, 22; *World War II* magazine, January 1996, p. 6.

7. Ibid., p. 9.

8. IMTFE transcript.

9. Ken Ringle, "Still Waiting for an Apology: Historian Gavan Daws Calling Japan on War Crimes," *Washington Post*, March 16, 1995；作者通过电话和电子邮件与加万·道斯（Gavan Daws）的交流。根据道斯的研究，日军拘押盟军战俘的总死亡

率为 27%，其中美国人死亡率是 34%、澳大利亚人 33%、英国人 32%、荷兰人低于 20%。与之相比，德国人拘押的盟军战俘的总死亡率不足 4%。更为详细的信息，参见 Gavan Daws, *Prisoners of the Japanese: POWs of World War II in the Pacific* (New York: Morrow, 1994), pp.360–61, 437.

10. Brackman, *The Other Nuremberg*, p. 182.

11. IMTFE judgment.

12. IMTFE judgment.

13. Bergamini, *Japan's Imperial Conspiracy*, pp. 3–4.

14. Ibid., p. 47.

15. IMTFE judgment, p. 1001.

16. Buruma, *The Wages of Guilt*, p. 175; Bergamini, *Japan's Imperial Conspiracy*, pp. 45–48.

17. 有关中岛今朝吾的情况，参见 Kimura Kuninori, *Koseiha shogun Nakajima Kesago [Nakajima Kesago, General of the Individualist Faction]*. Tokyo: Kôjinsha, 1987.

18. 有关柳川平助的情况，参见 Sugawara Yutaka, *Yamatogokoro: Fukumen shogun Yanagawa Heisuke Seidan [Spirit of Japan: Elevated Conversation from the Masked Shogun Yanagawa Heisuke]*. Tokyo: Keizai Oraisha, 1971, p. 166. (Mention of his death by heart attack on January 22, 1945, is on p. 234.)

19. Herbert Bix, "The Showa Emperor's 'Monologue' and the Problem of War Responsibility." *The Journal of Japanese Studies*, summer 1992, vol. 18, no. 2, p. 330.

20. 作者对中国研究所的约翰·杨（John Young）的采访。1957 年，杨是乔治城大学的教授。当时，一些学者获准将一批美国占领军于 1945 年缴获的日本陆军部和海军部的档案文件制作成缩微胶卷，杨就是其中的一位学者。第二年，美国政府突然决定要将那些资料交还给日本——杨和其他学者对此极为震惊。（杨回忆道："我告诉你，我当时不是吃惊，而是目瞪口呆！"）由于这个决定，这些文件在 1958 年 2 月装箱归还日本之前，只有一小部分被制作成缩微胶卷。杨说，他一生最大的遗憾就是没有料到美国的这个决定，要不然，他和其他学者会抓紧时间拍摄下其中最重要的文件。归还这些资料的背后细节很神秘，至今都使参与制作缩微胶卷的历史学家感到困惑。曾在国会图书馆任职的埃德温·比尔（Edwin

Beal）1997年在接受一次电话采访时说："这是我永远无法明白的事情。他们告诉我们说归还这些文件是高层策略，不应受到质疑。"数年后，约翰·杨听到传言说，这些归还日本的文件被日本政府用于肃清他们队伍中那些对战时体制不忠的人。

21. 为了公平起见，必须指出的是，伯格米尼书中所指出的许多事实是准确无误的，他在研究过程中的发现为"二战"历史学家提供了许多重要的日语文献。因此，学者们常常会发现《天皇的阴谋》有重要价值——尽管它有缺陷且较为混乱。

22. W. Morton, *Tanaka Giichi and Japan's China Policy* (Folkestone, Kent, Eng.: Dawson, 1980), p. 205; Harries and Harries, pp. 162–63.

23. 拉纳·米特于1997年7月17日给作者的信。

24. 有关赫伯特·比克斯观点的信息来自作者对比克斯的电话采访。

25. "A Royal Denunciation of Horrors: Hirohito's Brother—an Eyewitness—Assails Japan's Wartime Brutality," *Los Angeles Times*, July 9, 1994; Merrill Goozner, "New Hirohito Revelations Startle Japan: Emperor's Brother Says He Reported WWII China Atrocities to Him in 1944; National Doubts Them Now," *Chicago Tribune*, July 7, 1994; Daily Yomiuri, July 6, 1994, p. 7.

26. *Daily Yomiuri*, July 6, 1994, p. 7.

27. Goozner, "New Hirohito Revelations Startle Japan," *Chicago Tribune*, July 7, 1994.

28. *Asahi*, Tokyo edition, December 15, 1937.

29. Ibid.

30. Asahi, Tokyo edition, February 27, 1938.

31. Bergamini, *Japan's Imperial Conspiracy*, p. 46. 有关朝香宫发展高尔夫球场的资料，参见 *Daijinmei Jiten [The Expanded Biographical Encyclopedia]* (Tokyo: Heibonsha, 1955), vol. 9, p. 16.

第九章　幸存者的命运

1. 作者对卡伦·帕克的电话采访。有关帕克对强行法方面的法律分析以及日本对"二战"受害者的债务问题，参见Karen Parker and Lyn Beth Neylon, "Jus Cogens: Compelling the Law of Human Rights," *Hastings International and Comparative Law Review* 12, no. 2 (Winter 1989): 411–63; Karen Parker and Jennifer F. Chew, "Compensation for Japan's World War II War-Rape Victims," *Hastings International and Comparative Law Review* 17, no. 3 (Spring 1994): 497–549。

在日本侵华58周年的一次学术研讨会上，学者们鼓励中国受害者向日本索赔。哥伦比亚大学的唐德刚教授说，受害者要求日本赔偿是有先例的——该先例正是日本人自己所创下的，在清朝，日本伙同其他7个国家侵略中国，要求清政府支付赔款并得逞。根据历史学家吴天威的说法，中国受害者根据国际法有权得到这些赔款；Lillian Wu, "Demand Reparations from Japan, War Victims Told," Central News Agency, July 7, 1994。

2. 作者对一名幸存者的采访（按照其要求略去姓名）。

3. 作者于1995年7月29日在南京对刘芳华的采访。

4. 作者对戴维·马吉的电话采访。

5. 作者对菲奇·斯瓦普的电话采访；Fitch, *My Eighty Years in China*, p. 125. 菲奇在该书中描述了自己记忆力丧失的问题以及看神经医生的情况："令我大感宽慰的是，医生检查报告显示我的大脑没有问题；我只是神经疲劳。我过去一直生活在紧张状态下，当然，对南京的恐怖记忆可能也与此有关。"

6. Marjorie Wilson, telephone interview with the author.

7. Minnie Vautrin, diary 1937–40, April 14, 1940, p. 526.

8. Minnie Vautrin, diary 1937–40, handwritten note on the bottom of the last page.

9. 关于魏特琳返回美国的旅途情况、她接受电击治疗、与家人的最后联系以及自杀的情况，来自作者对艾玛·莱昂的电话采访。

10. 关于拉贝在南京的最后岁月，参见Minnie Vautrin, diary 1938–40, February 21, 1928, entry, p. 199; George Rosen report "Deutsche Botschaft China," document no. 122, National History Archives, Republic of China.

11. Peake and Rosenbaum oral history interview with Smythe.

12. Martha Begemann, letter to the author, April 26, 1996.

13. 有关拉贝将南京暴行公之于众的努力，以及他回国后的厄运，来自赖因哈特 1996~1997 年给作者的信。

14. Ursula Reinhardt, letter to author, April 27, 1996, p. 2. 191.

15. 约翰·拉贝 1945~1946 年的日记，赖因哈特在 1996 年 9 月 18 日给我的信中将其翻译为英文。

16. Ibid.

17. Ibid.

18. Ibid., April 18, 1946.

19. Ibid., April 18, 1946.

20. Ibid., April 18, 1946.

21. Ibid., June 7, 1946.

22. Ibid., June 7, 1946.

23.《人民日报》，1996 年 12 月 25 日，第 6 版。

24. 根据赖因哈特的说法，米尔斯一家也曾寄给拉贝食物包裹，这些食物治愈了拉贝因营养不良导致的皮肤病。

25. 同上；还可参见赖因哈特 1996 年 4 月 27 日给作者的信，以及《人民日报》，1996 年 12 月 27 日。

26.《人民日报》，1996 年 12 月 25 日。

27. Ursula Reinhardt, letter to the author, April 27, 1996.

28.《人民日报》，1996 年 12 月 27 日。

29. 作者对赖因哈特的电话采访。

30. Peter Kröger, letter to the author, October 23, 1996.

31. Kröger, "Days of Fate in Nanking."

32.《人民日报》，1996 年 12 月 27 日。

33. Ursula Reinhardt, presentation, December 12, 1996, New York City; Reinhardt, telephone interview with the author.

34. Ursula Reinhardt, letter to the author, December 3, 1996.

35. 作者对邵子平的电话采访。

36. David Chen, "At the Rape of Nanking: A Nazi Who Saved Lives," *New York*

Times, December 12, 1996, p. A3.

37. Asahi Shimbun, December 8, 1996.

38. Ibid.

第十章　被遗忘的大屠杀：再次凌辱

1. "Playboy interview: Shintaro Ishihara—candid conversation," David Sheff, interviewer, *Playboy*, October 1990, vol. 37, no. 10, p. 63.

2. Yoshi Tsurumi, "Japan Makes Efforts to Be Less Insular," *New York Times*, December 25, 1990.

3. Reprinted in *Journal of Studies of Japanese Agression Against China* (February 1991): 71.

4. John Magee, letter to "Billy" (signed "John"), January 11, 1938, Ernest and Clarissa Forster Collection.

5. Ibid.

6. Sebastian Moffet, "Japan Justice Minister Denies Nanking Massacre," Reuters, May 4, 1994.

7. 有关永野茂门的肖像被焚烧以及在其日本大使馆前被投掷鸡蛋的报道，可参见 Reuters, May 6, 1994. 有关永野茂门辞职的信息，参见 Miho Yoshikawa, "Japan Justice Minister Quits over WWII Gaffe," Reuters, May 7, 1994.

8. Karl Schoenberger, "Japan Aide Quits over Remark on WWII," *Los Angeles Times*, May 14, 1988.

9. Ibid.

10. Ibid.

11. Ibid.

12. Ibid.

13. *Mainichi Daily News*, August 17, 1994.

14. Kyoto News Service, August 13, 1994.

15. Ibid.

16. Robert Orr, "Hashimoto's War Remarks Reflect the Views of Many of His

Peers," *Tokyo Keizai*, December 13, 1994.

17. "Japanese Official Apologizes," Associated Press, January 28, 1997.

18. Ibid.

19. Ibid.

20. Hugh Gurdon, "Japanese War Record Goes into History," *Daily Telegraph*, April 20, 1994.

21. *New York Times*, November 3, 1991.1991 年 12 月 3 日，心理学教授山路小广（Hiroko Yamaji）告诉作者，甚至连日本的大学生也问他同样的问题：美国和日本究竟是谁赢得了第二次世界大战？（1997 年 3 月 30 日在旧金山的一次研讨会上对山路教授的采访）。

22. Brackman, *The Other Nuremberg*, p. 27.

23. 有关家永三郎的教科书及审查者的意见，来自 "Truth in Textbooks, Freedom in Education and Peace for Children: The Struggle Against the Censorship of School Textbooks in Japan"（booklet）(Tokyo: National League for Support of the School Textbook Screening Suit, 2nd. ed., June 1995).

24. Buruma, *The Wages of Guilt*, p. 196.

25. David Sanger, "A Stickler for History, Even If It's Not Very Pretty," *New York Times*, May 27, 1993.

26. Shukan Asahi, August 13, 1982, p. 20.

27. 藤尾辞职前后，有关日本教科书如何处理南京大屠杀问题的信息，来自 Ronald E. Yates,"'Emperor' Film Keeps Atrocity Scenes in Japan," *Chicago Tribune*, January 23, 1988。

28. *Mainichi Daily News*, May 30, 1994. 1997 年 8 月 29 日，家永三郎对文部省起诉的三起案件中的最后一起取得了部分胜利。日本最高法院责令中央政府赔付家永三郎 400 000 日元，并做出判决：文省部强迫家永三郎从教科书中删除第二次世界大战期间日本 731 部队进行人体试验的参考资料，是一种滥用权力的行为。但是，日本最高法院仍旧支持教科书审查制度，认为它没有违反言论自由、学术自由和受教育的权利，是受日本宪法保护的(*Japan Times*, August 29, 1997)。

29. The military historian Noboru Kojima, quoted in *New York Times*, November 3,

1991.

30. Quoted in Sonni Efron, "Defender of Japan's War Past," *Los Angeles Times*, May 9, 1997.

31. Charles Smith, "One Man's Crusade: Kenji Ono Lifts the Veil on the Nanking Massacre," *Far Eastern Economic Review*, August 25, 1994.

32. Ono Kenji, Fujiwara Akira, and Honda Katsuichi, ed., *Nankin Daigyakusatsu o kirokushita Kogun heishitachi: daijusan Shidan Yamda Shitai heishi no jinchu nikki. [Soldiers of the Imperial Army Who Recorded the Nanking Massacre: Battlefield Journals of Soldiers from the 13th Division Yamada Detachment]* (Tokyo: Otsuki Shoten, 1996).

33. Yates, " 'Emperor' Film Keeps Atrocity Scenes in Japan."

34. Ibid.

35. 大部分关于"假象派"和"存在派"的争论、偕行社的调查和松井石根日记的篡改的信息，都来自Yang Daqing, "A Sino-Japanese Controversy: The Nanjing Atrocity as History," *Sino-Japanese Studies* 3, no. 1 (November 1990).

36. Quoted in Buruma, *The Wages of Guilt*, p. 119.

37. Ibid., pp. 121–22.

38. Yang Daqing, "A Sino-Japanese Controversy: The Nanjing Atrocity as History," *Sino-Japanese Studies* vol. 3, no. 1 (November 1990): 23.

39. Ibid.

40. Catherine Rosair, "For One Veteran, Emperor Visit Should Be Atonement," Reuters, October 15, 1992.

41. Buruma, *The Wages of Guilt*, pp. 249–50.

结语

1. Rummel, *China's Bloody Century*, p. 139.

2. Quoted in Wilson, *When Tigers Fight*, p. 61.

3. Jules Archer, *Mao Tse-tung* (New York: Hawthorne, 1972), p. 95.

4. Rummel, *China's Bloody Century*, p. 139.

5. Ibid., p. 138.

6. Ibid., pp. 140–41.

7. Ibid., pp. 149, 150, 164.

8. George Hicks, *The Comfort Women* (New York: Norton, 1994), p. 43.

9. Nicholas Kristof, "A Japanese Generation Haunted by Its Past," *New York Times*, January 22, 1997.

10. Tanaka Yuki, *Hidden Horrors*, p. 203.

11. Xiaowu Xingnan, *Invasion—Testimony from a Japanese Reporter*, p. 59.

12. 徐志耕:《南京大屠杀》, 第 74 页。

13. Azuma Shiro diary, March 24, 1938.

14. 荒木将军的演讲, 转引自 Maruyama Masao, "Differences Between Nazi and Japanese Leaders," in *Japan 1931–1945: Militarism, Facism, Japanism?*, ed. Ivan Morris (Boston: D. C. Heath, 1963), p. 44.

15. Joanna Pitman, "Repentance," *New Republic*, February 10, 1992.

16. Bergamini, *Japan's Imperial Conspiracy*, p. 10.

17. Toshio Iritani, *Group Psychology of the Japanese in Wartime* (London and New York: Kegan Paul International, 1991), p. 290.

18. R. J. Rummel, *Death by Government* (New Brunswick, N.J.: Transaction Publishers, 1995), pp. 1–2.

19. 有关战后德国政府赔款的信息来自纽约的德国信息中心。

20. "Japan Military Buildup a Mistake, Romulo Says," UPI, December 30, 1982.

21. Barry Schweid, AP, April 9, 1997.

22. 威廉·利宾斯基（William Lipinski）起草的一个决议, 副本可以从其办公室得到, 也可从网站上获得, 网址为: www.sjwar.org 。

23. *Chinese American Forum* 12, no. 3 (Winter 1997): 17.